W0236905

H. Norman Wright

EIN FREUND FÜRS LEBEN

H. Norman Wright

Aus dem Amerikanischen übersetzt von Jokim Schnöbbe

Ein Freund fürs Leben

Was Hunde uns über Gott,
das Leben und die Liebe zeigen

francke

Über den Autor:
H. Norman Wright ist Seelsorger, Familientherapeut und Autor von mehr als 70 Büchern. Er und seine Frau freuen sich an ihren Kindern und Enkeln, über Gartenarbeit und Angeln und nicht zuletzt an ihren beiden Golden Retrievern, die Norman zu Therapiehunden ausbilden lässt.

Die Bibelzitate wurden, sofern nicht anders angegeben,
der Bibel „Hoffnung für alle" entnommen, © 1996 und 2002 Brunnen Verlag, Basel.
Weitere verwendete Übersetzungen:
Luther 1984, © Deutsche Bibelgesellschaft, Stuttgart
Schlachter 2000, © 2003 Genfer Bibelgesellschaft, Genf
Gute Nachricht Bibel, © 1997 Deutsche Bibelgesellschaft, Stuttgart

Bibliografische Information Der Deutschen Bibliothek
Die Deutsche Bibliothek verzeichnet diese Publikation in der
Deutschen Nationalbibliografie; detaillierte bibliografische
Daten sind im Internet über http://dnb.ddb.de abrufbar.

ISBN 978-3-86827-471-4
Alle Rechte vorbehalten
TRULY DEVOTED
copyright © 2013 by H. Norman Wright
Published by Harvest House Publishers
Eugene, Oregon 97402
www.harvesthousepublishers.com
German edition © 2014 by Verlag der Francke-Buchhandlung GmbH
35037 Marburg an der Lahn
Deutsch von Jokim Schnöbbe
Umschlagbild: © iStockphoto.com / Charles Mann
Umschlaggestaltung: Verlag der Francke-Buchhandlung GmbH /
Sven Gerhardt
Satz: Verlag der Francke-Buchhandlung GmbH
Printed in Czech Republic

www.francke-buch.de

Inhalt

Begrüßung

Sie haben einen langen Arbeitstag hinter sich. Sie freuen sich darauf, nach Hause zu kommen und dort Zuflucht zu finden. Ihre Gedanken wandern zu einem köstlichen Abendessen, etwas Entspannung und all den Familienmitgliedern, die sehnlichst Ihre Ankunft erwarten. Sie fahren in die Einfahrt und betätigen „aus Versehen mit Absicht“ die Hupe, um alle wissen zu lassen, dass Sie zu Hause sind, damit Sie stürmisch begrüßt werden. Einige Sekunden verstreichen, aber niemand kommt, also steigen Sie aus dem Wagen und schlendern zur Haustür. Immer noch niemand da.

Sie gehen hinein und rufen: „Ich bin zu Hause!“

Stille. Ein Kind läuft an Ihnen vorbei und murmelt: „Hi, Papa“, ohne anzuhalten. Nach der Lautstärke der Musik zu schließen befindet sich ein weiteres Kind in seinem Zimmer. Sie gehen Richtung Küche in der Erwartung, dort ein Abendessen in Vorbereitung zu finden, doch wiederum ist weit und breit niemand zu sehen – nur ein Notizzettel mit dem Hinweis, dass sich der Koch verspäten wird, jedoch Essen für die Mikrowelle vorhanden ist.

Niemand ist gekommen, um Sie zu begrüßen. Was für eine Enttäuschung! Doch Ihnen und mir passiert so etwas ja glücklicherweise nicht. Warum nicht? Sie haben es erraten: Weil wir Hundebesitzer sind! Unsere treuen Freunde erscheinen immer und sind hellauf begeistert, uns zu sehen. Lassen Sie uns die Szene noch einmal abspielen, dieses Mal mit ihnen.

Sie gehen auf die Haustür zu. Was ist dieses Geräusch, das von innen kommt? Sie neigen den Kopf, um besser hören zu können. Ja, es ist ein Winseln, gefolgt von mehrfachem Bellen. Das Tier auf der anderen Seite der Tür wartet auf Ihre Gegenwart. Es bellt vor Freude, Sie zu sehen! Sie öffnen die Tür, und da ist er, Ihr Hund. Je nach Rasse kann er so in Ekstase geraten, dass er eine Pfütze auf dem Boden hinterlässt. Oder vielleicht läuft er immer wieder im Kreis herum und jagt seinem eigenen Schwanz nach. Oder er bleibt geduldig sitzen und wartet darauf, dass Sie ihm den Kopf streicheln. Vielleicht springt er Sie auch an, um Ihnen das Gesicht abzulecken.

Einige Hunde folgen uns überallhin, andere wollen mithilfe ihrer Hundelaute mit uns reden. Einige haben Schwänze, die pro Minute hundertmal hin und her wedeln. Möglicherweise ist Ihr Hund trainiert, Ihnen Ihre Hausschuhe zu bringen. Oder eventuell hat Ihr Hund auch eine „Ballzwangsneurose“: Er bringt Ihnen seinen Tennisball immer sofort, wenn er Sie kommen hört. Ich kenne einige Hunde, die ihre Hundeleine bringen, weil sie Gassi geführt werden wollen. In der Tat, Hunde sind wunderbare Begrüßer, und wir können eine Menge von ihnen lernen.

Die Bedeutung der Begrüßung

Wir alle wollen begrüßt, willkommen geheißen, anerkannt werden. Wenn wir verheiratet sind, hat die Art, wie man sich nach einer Zeit der Abwesenheit begrüßt, viel zu sagen. Bei einem der Eheseminare, die ich gehalten habe, erzählte ein Ehemann: „Wenn ich nach Feierabend nach Hause komme, muss ich meine Frau erst einmal suchen gehen. Sie kommt nie zur Tür, um mich zu begrüßen. Mein Hund begrüßt mich viel herzlicher. Er kommt zu mir hingerannt, wedelt mit dem Schwanz, bis er fast abfällt, läuft um mich herum, leckt mir die Hand und bellt leise."

Bevor ich etwas erwidern konnte, schaltete sich ein weiterer Ehemann ein: „Willst du etwa, dass deine Frau das alles macht?"

Schon bald beteiligte sich die ganze Gruppe an einem regen Gespräch über die Anekdote und den Kommentar dazu.

Wussten Sie eigentlich, dass letztendlich die Art der Begrüßung durch Ihren Partner, andere Familienmitglieder oder auch Freunde den Ton für den Abend angibt? Die erste Begrüßung ist ausschlaggebend. Die ersten vier Minuten legen die Grundlage für den Rest der Zeit, die man miteinander verbringt. Wenn Ihr erster Kontakt eine Liste all dessen beinhaltet, was an dem Tag schiefgelaufen ist, oder eine Aufzählung negativer Dinge oder, noch schlimmer, Klagen und Kritik, die sich gegen die andere Person richten, dann ist leicht abzusehen, wie der restliche Abend verlaufen wird. Ist der erste Kontakt am Tagesende dagegen eher wie die Begrüßung, die wir von unseren Hunden bekommen, sieht es ganz anders aus. Was wäre, wenn jeder während der ersten vier Minuten der Begrüßung positiv und liebevoll und heiter gestimmt wäre? Wenn die Probleme des Tages später diskutiert würden? Dann würde eine positive Stimmung herrschen, und jeder wäre besser gelaunt, sodass man auch vernünftige konstruktive Diskussionen führen kann. Ja, Hunde sind ein Vorbild, was die Kunst der richtigen Begrüßung betrifft.

Einer meiner Lieblingsautoren, Max Lucado, schrieb eine lesenswerte Geschichte darüber, wie sich die Begrüßung, die wir zu Hause bekommen, auf uns auswirken kann. Max Lucado ist ziemlich viel unterwegs, und in seinem Buch „Der Himmel applaudiert" beschreibt er, was in ihm vorgeht, wenn er sich auf den Heimweg macht.

> Nach Hause. Der längste Teil des Nach-Hause-Kommens ist der letzte – das Flugzeug fährt langsam von der Landebahn zum Terminal. Ich bin der Mensch, dem das Flugpersonal immer wieder sagen muss, dass er noch nicht aufstehen darf.
> Mein Herz macht immer einen Sprung, wenn ich aus dem Flugzeug steige. Ich bin fast ein bisschen nervös, wenn ich die Rampe hochlaufe. Ich gehe an Menschen vorbei. Ich schnappe mir meinen Koffer. Mein Magen krampft sich zusammen. Meine Handflächen werden feucht. Ich gehe in die Ankunftshalle wie ein Schauspieler, der auf die Bühne tritt. Der Vorhang hebt sich, und das Publikum steht in einem Halbkreis. Die meisten Menschen sehen sofort, dass ich nicht derjenige bin, auf den sie warten, und schauen an mir vorbei.
> Doch von einer Seite höre ich den vertrauten Aufschrei von zwei kleinen Mädchen. „Papa!" Ich drehe mich um und kann sie sehen – mit glänzenden Gesichtern stehen sie auf Stühlen und hüpfen auf und ab vor Freude, während der Mann in ihrem Leben auf sie zuläuft. Jenna hört gerade lang genug auf zu hüpfen, um zu klatschen. Sie applaudiert![1]

Können Sie sich vorstellen, wie das sein muss? Ein Familienmitglied zu haben, das *applaudiert*, wenn es Sie sieht? Hunde klatschen zwar nicht in die Hände wie Menschen, aber sie machen das auf ihre eigene ganz besondere Art. Max Lucado fährt mit seiner Geschichte fort:

> Das sind die Gesichter meiner Heimat. Das ist es, was die Verheißung am Ende der Seligpreisungen so verlockend macht: „Ja, freut euch, denn im Himmel werdet ihr dafür belohnt werden."
>
> Was ist unsere Belohnung? Eine Heimat.
>
> Das Buch der Offenbarung könnte man auch als das Buch des Nach-Hause-Kommens bezeichnen, denn in diesem Buch wird uns ein Bild von unserer himmlischen Heimat gezeigt.
>
> Die Beschreibungen der Zukunft, wie sie uns von Johannes gegeben werden, verschlagen uns den Atem. Seine Darstellung der letzten Schlacht ist plastisch. Das Gute und das Böse krachen aufeinander. Das Heilige trifft auf das Sündige. Die Seiten dröhnen nur so von dem Geschrei der Drachen, und von den Kohlen der feurigen Sümpfe und Löcher sind sie glatt versengt. Doch inmitten des Schlachtfelds blüht eine Rose. Johannes beschreibt sie im 21. Kapitel:
>
> *Dann sah ich einen neuen Himmel und eine neue Erde. Denn der vorige Himmel und die vorige Erde waren vergangen, und auch das Meer war nicht mehr da. Ich sah, wie die Stadt Gottes, das neue Jerusalem, von Gott aus dem Himmel herabkam: festlich geschmückt wie eine Braut an ihrem Hochzeitstag. Eine gewaltige Stimme hörte ich vom Thron her rufen: „Hier wird Gott mitten unter den Menschen sein! Er wird bei ihnen wohnen, und sie werden sein Volk sein. Ja, von nun an wird Gott selbst in ihrer Mitte leben. Er wird alle ihre Tränen trocknen, und der Tod wird*

keine Macht mehr haben. Leid, Klage und Schmerzen wird es nie wieder geben; denn was einmal war, ist für immer vorbei." Der auf dem Thron saß, sagte: „Sieh, ich schaffe alles neu!" Und mich forderte er auf: „Schreib auf, was ich dir sage, alles ist zuverlässig und wahr." (Offenbarung 21,1-5)[2]

Das Kapitel schließt mit den Worten:

Jetzt bin ich gleich zu Hause. Mein Flugzeug nähert sich San Antonio. Ich kann schon fühlen, wie sich die Spitze des Flugzeugs nach unten neigt. Ich sehe schon, wie die Flugbegleiter sich für die Landung bereitmachen. Denalyn ist irgendwo dort unten auf dem Parkplatz, hat das Auto abgestellt und führt die Mädchen an den parkenden Autos vorbei zum Terminal.

Ich bin gleich zu Hause. Das Flugzeug wird landen. Ich werde die Gangway hinuntergehen, werde meinen Namen hören und ihre Gesichter sehen. Ich bin gleich zu Hause.

Sie werden auch bald zu Hause sein. Vielleicht ist es Ihnen noch nicht aufgefallen, aber Sie sind jetzt näher an Ihrem Zuhause als jemals zuvor. Jeder Moment ist wie ein Schritt darauf zu. Jeder Atemzug ist wie eine weitere Seite, die umgeblättert wird. Jeder Tag ist eine Meile mehr gegangen, ein weiterer Berg erklommen. Sie sind jetzt näher an Ihrem Zuhause, als Sie es je gewesen sind.

Vielleicht schneller, als Sie erwarten, wird die Ihnen bestimmte Ankunftszeit kommen; dann werden Sie die Gangway hinuntergehen und die Stadt betreten. Sie werden Gesichter sehen, die auf Sie gewartet haben. Sie werden Ihren Namen hören; gerufen von denen, die Sie lieben. Und vielleicht, ganz vielleicht – ganz hinten, hinter der Menschenmenge – wird der eine, der es vorgezogen hat zu sterben, anstatt ohne Sie zu leben, seine durchbohrten Hände von seinem himmlischen Gewand nehmen und ... applaudieren.[3]

Können Sie sich das vorstellen? Applaus im Himmel, wenn Sie dort ankommen! Während ich heute Abend dieses Andachtsbuch schreibe, bin ich in einer etwas traurigen Stimmung. Heute ist nämlich der 15. August, der Geburtstag meines Sohnes Matthew. Er wäre jetzt 45 Jahre alt. Er starb mit 22. Er war behindert, und obwohl sein Körper 22 Jahre alt war, war er geistig immer noch eineinhalb Jahre alt. Er war so ein Segen und hat unser Leben total verändert. Als ich „Der Himmel applaudiert" las und zu diesem Teil über unsere Heimkehr kam, verspürte ich Freude darüber, dass Matthew ein Beifallssturm im Himmel erwartete, als er heimgerufen wurde. Auch auf Sie wartet so eine Begrüßung, wenn Sie eine persönliche Beziehung zu Jesus haben. Hunde begrüßen uns. Familienmitglieder und Freunde begrüßen uns. Selbst Fremde begrüßen uns. Doch die ultimative Begrüßung erwartet uns im Himmel.

Die *Stimme* des Herr(che)n(s)

Ihre Stimme hat einen einzigartigen Klang, genauso wie meine. Einige Stimmen unterscheiden sich besonders deutlich von anderen. Mütter können in einem Raum, in dem zwanzig oder mehr Kinder herumkreischen, die Stimmen ihrer eigenen Kinder heraushören. In einer Kuhherde mag es fünfzig brüllende Kälber geben, doch jede Mutterkuh weiß, welches ihr eigenes ist. Auch Ihr Hund kennt Ihre Stimme, und er reagiert auf sie. Mehr noch: Hunde hören die Stimme ihrer Herrchen liebend gerne. Für sie hat die Stimme etwas Vertrautes und Tröstliches an sich.

Tad, ein quirliger Boston Terrier, war drei Monate alt, als er in seine Familie kam. Es dauerte nicht lange, bis allen klar wurde, dass er sich für den Größten hielt. Tad wurde adoptiert, als die Familie gerade bei ihrer Tochter Kayla zu Besuch war. Er liebte jedes Familienmitglied – aber besonders an Kayla hatte er einen Narren gefressen.

Die Familie blieb drei Wochen bei Kayla, und Tad gewöhnte es sich an, morgens immer mit Kayla zu spielen, bevor sie zur Arbeit ging. Wenn sie nach Feierabend nach Hause kam, wartete er jeden Tag an der Tür auf sie.

Als der Besuch zu Ende war und sich die Familie zusammen

mit Tad auf den Nachhauseweg machte, durfte er unterwegs einige Male mit Kayla telefonieren. Und wann immer sie danach Kayla von zu Hause aus anriefen, ließen sie auch ihren Welpen mit ihr sprechen. Wie so viele Hunde es tun, lauschte er ihrer Stimme, neigte seinen Kopf zur Seite, kratzte mit den Pfoten am Telefon und versuchte hineinzuschauen, um sie zu finden.

Einmal rief Kayla an und sprach auf den Anrufbeantworter. Als Tads Herrchen den Knopf drückte, um sich die Nachricht anzuhören, stand der kleine Hund aufmerksam daneben und wedelte mit dem Schwanz. Ihm bereitete die Stimme solche Freude, dass sein Herrchen die Nachricht noch einmal abspielte. Einige Tage später duschte sein Besitzer gerade, als er hörte, wie der Anrufbeantworter anging. Er erkannte die Stimme seiner Tochter, die eine Nachricht hinterließ. Er hörte, wie die Nachricht noch einmal abgespielt wurde, und dann hörte er, wie das Gerät bekannt gab: „Ende der Nachricht." Einige Sekunden später erklang erneut die Stimme seiner Tochter. *Komisch*, dachte er. Weil er neugierig war, drehte er das Wasser ab, trat aus der Dusche, trocknete sich ab, warf sich einen Bademantel über und huschte ins Zimmer, wo sich der Anrufbeantworter befand. Dort stand Tad neben dem Gerät und lauschte. Als die Nachricht zu Ende war, stellte er sich mit seinen Vorderbeinen auf die Kante des niedrigen Tisches. Dann schlug er mit einer Pfote auf den Anrufbeantworter. Die Nachricht ertönte wieder! Er erlebte eine sofortige positive Verstärkung für seine Mühen.

Sein Besitzer sah zu, und als Tad es erneut tat, sagte sein Herrchen: „Nein, Tad. Böser Hund!" Dann drückte er die Löschtaste des Gerätes.

Ein paar Tage später hörte er eine Stimme aus dem Wohnzimmer: „Sie haben keine Nachrichten." Dann erklang sie erneut. „Sie haben keine Nachrichten." Und wieder. Er stand auf, um der Sache auf den Grund zu gehen, und fand Tad neben dem Gerät. Der Hund war aufgebracht, weil er jedes Mal, wenn er den Knopf berührte, die Stimme des Apparates hörte statt der Stimme, die er eigentlich hören wollte. Er fing an, mit beiden Pfoten auf das Gerät einzuschlagen. Als er zurechtgewiesen wurde, schaute er seinen Besitzer an, missachtete dessen Befehl und bemühte sich noch angestrengter als zuvor, die Stimme zu hören, nach der er sich sehnte. Aufgeregt lief er zwischen dem Anrufbeantworter und seinem Herrchen hin und her. Dieser beschloss, das Problem ein für alle Mal zu lösen. Kayla wurde angerufen und gebeten, zurückzurufen und Tad eine Nachricht zu hinterlassen. Nachdem sie das getan hatte, löschte das Herrchen sie nicht. Tad konnte also die Nachricht abspielen und die geliebte Stimme hören, wann immer er wollte.

Hunde erkennen die Stimme ihres Besitzers! Tad liebte Kaylas Stimme mehr als die irgendeines anderen. Er wusste ihre Stimme von anderen Stimmen zu unterscheiden. In unserem Alltag hören wir von morgens bis abends viele Stimmen. Einige davon mögen wir, andere nicht. Wir haben sogar Stimmen in unserem Kopf. Einige davon stehen in Verbindung zu Erlebnissen aus der Vergangenheit, positive wie negative. Teilweise dominieren diese Stimmen oder alte Erinnerungen unsere Gegenwart. Manchmal wünschen wir uns, wir könnten wie auf einem Anrufbeantworter auf eine Löschtaste drücken und so manche Nachricht einfach löschen.

Wir alle werden von den Stimmen anderer Menschen und unserer Kultur beeinflusst. Einige davon missachten wir, andere beachten wir. Auf einige sollten wir nicht hören. Es gibt allerdings eine Stimme, die wir stets beherzigen sollten, doch manchmal hören wir sie gar nicht oder lassen sie sogar mit Absicht unbeachtet. Es ist die Stimme unseres Herr(che)n(s). Er hinterlässt ständig Nachrichten. Sie erreichen uns durch sein Wort, durch andere Menschen oder auch innerlich, während wir still werden:

Die Stimme des Herrn erschallt über die Meere, der erhabene Gott lässt den Donner grollen. Er ist der Herr, der über den Weltmeeren thront. Wie gewaltig ist seine Stimme, wie herrlich und furchtbar zugleich! Sie spaltet mächtige Bäume, ja, der Herr zersplittert die mächtigen Libanonzedern. (Psalm 29,3-5)

Ihm (dem Hirten) öffnet der Wächter die Tür, und die Schafe erkennen ihn schon an seiner Stimme. Dann ruft der Hirte jedes mit seinem Namen und führt sie auf die Weide. Wenn seine Schafe den Stall verlassen haben, geht er vor ihnen her, und die Schafe folgen ihm, weil sie seine Stimme kennen. Einem Fremden würden sie niemals folgen. Ihm laufen sie davon, weil sie seine Stimme nicht kennen. (Johannes 10,3-5)

Darum gilt, was Gott gesagt hat: „Heute, wenn ihr meine Stimme hört, dann verschließt eure Herzen nicht wie eure Vorfahren, als sie sich erbittert gegen mich auflehnten." (Hebräer 3,15)

Einige Menschen hören gerne Gottes Stimme und richten sich nach ihr. Andere ziehen es vor, sie auszublenden. Die Nachrichten kommen zwar weiter herein, aber sie rufen sie entweder nie ab oder gehen nicht zum Anrufbeantworter zurück, um sie noch einmal zu hören. Gott jagt uns nach, auch wenn wir nicht am Anrufbeantworter „kratzen und klopfen", um seine Stimme zu hören. Mir gefällt, wie Howard Macy die „Jagd" Gottes auf uns beschreibt:

Diejenigen, die sich an Francis Thompsons eindringliches Bild von Gott als den „Himmelshund" erinnern, der uns durch die Hallen der Zeit jagt, mögen die gute Frage stellen, wer denn nun der Jäger und wer der Gejagte sei, ob wir Gott suchen oder ob wir gesucht werden. Was wir dann entdecken, ist die Tatsache, dass in der ganzen Zeit, in der wir nach Gott gestrebt haben, er in rückhaltloser Liebe auf uns zugerannt gekommen ist und seine Arme weit ausgebreitet hat, um uns mit einer festen Umarmung zu Hause willkommen zu heißen. Gott sehnt sich schmerzlich danach, dass jede Person, jede Kreatur, ja, jedes Stückchen Leben in der ganzen Schöpfung wieder in jener Einheit zusammenkommt, die ihre ursprüngliche Bestimmung gewesen ist. Während wir also rufen: „Wo bist du, Gott?", hallt die göttliche Stimme durch unsere Verstecke: „Wo bist du?"
Tatsächlich erinnert uns die Geschichte vom Garten Eden daran, dass es Gott ist, der uns zuerst ruft, und wir auf diesen Ruf reagieren. Gottes Sehnsucht nach uns weckt in uns wiederum ein Verlangen nach ihm. Gottes Gegenwart ist nicht unbedingt aufdringlich – ein inneres Ziehen, ein nicht nur zufälliges Zusammentreffen von Worten und Ereignissen, ein flüchtiger Blick ins Jenseitige in einem Sturm oder in einer Blume –, doch sie reicht, dass unser Herz einen Schlag aussetzt und wir mehr wissen möchten.[4]

Was sagt Ihnen Gottes Stimme? „Ich liebe dich. Du bist gewollt. Ich habe meinen Sohn für dich gesandt." Lassen Sie uns hinhören … hören auf die Stimme unseres Herr(che)n(s), dass wir uns über ihn freuen.

Geheime Hundesünden

Begeht Ihr Hund manchmal eine Sünde? Natürlich tut er das. Gut, vielleicht nennen Sie es nicht Sünde. Sie benutzen dafür wahrscheinlich ein netteres Wort wie „ungezogen" oder „ungehorsam". Aber Sünde ist Sünde. Ist es je vorgekommen, dass Sie Ihren Hund gefragt haben: „Hast du das genommen?" oder: „Hast du das gefressen?" und Sie dann ein Geständnis gehört oder wahre Reue in seinen Augen gesehen haben? „Oh, ja, stimmt. Das war ich. Es tut mir so leid." Ist Ihnen das schon einmal passiert?

Meist mogeln unsere Vierbeiner sich mit einer Unschuldsmiene aus ihrer Verantwortung oder sie kauern zerknirscht vor uns aufgrund unseres ärgerlichen Tonfalls oder sie ignorieren uns völlig. Ich weiß das, weil mich meine Hunde wiederholt angelogen haben und es immer noch tun. Beispielsweise wenn ich mit ihnen Gassi gehe und sie frage, ob sie schon auf der Toilette waren oder ob sie das erst noch machen müssen. Sie schauen mich mit einem Blick an, der sagt: „Klar, waren wir schon. Ist alles geregelt." Und dann, nach zehn Metern auf dem Bürgersteig, entleeren sie ihren Darm mitten im neuen Blumenbeet des Nachbarn.

Einer meiner Golden Retriever, Aspen, hat einige „Marley"-

Gene (ich hoffe, Sie haben John Grogans Buch *Marley & ich* gelesen oder den Film gesehen). Aspen frisst Notizzettel, die in der Küche auf der Ablage liegen, verspeist liebend gerne Gras, verschlingt die letzten Seiten aus Romanen und klaut und vertilgt Waschlappen, Socken und T-Shirts. Meine Frau hatte einmal ein königsblaues Lieblingsshirt, das sie auf einem Stuhl abgelegt hatte. Als sie später danach suchte, fragte sie mich, ob ich es irgendwo hingelegt hätte. Hatte ich nicht, aber ich hatte so meine Vermutung und zeigte mit dem Finger auf den Verdächtigten. Tess schaute Aspen an. „Aspen, hast du mein Shirt genommen?"

Er schaute sie mit dem Blick an, den ich BHB getauft habe – dem „blöden Hundeblick". Sie wissen schon, der „Hä, ich?"-Blick. Der Blick, der besagt: „Das fragst du *mich*? Wie kommst du denn auf so was? Ich bin zutiefst betroffen."

„Ja, hat er", beteuerte ich.

„Woher weißt du das?", fragte Tess. „Er blickt so unschuldig drein."

„Ich kenne Aspen. Außerdem habe ich die Überreste draußen auf dem Rasen gesehen – zumindest die Stücke, die er nicht gefressen hat."

Hat Aspen schuldig ausgesehen? Nein. Hat er Buße getan? Nein.

Sheffield war mein erster Golden Retriever, und meine Frau und ich hingen sehr an ihm, weil er acht Monate nach dem Tod unseres Sohnes Matthew in unser Leben kam. Als ich gebeten wurde, ein Begleitvideo zu einem Buch von mir über Persönlichkeitstypen aufzunehmen, beschloss ich, Sheffield als Beispiel für unterschiedliche Persönlichkeiten zu benutzen, da er eher extrovertiert als introvertiert und – um es in der Terminologie des Myers-Briggs-Typindikators auszudrücken – mehr ein Fühlender als ein Denker war. Während des Filmens forderte ich ihn an bestimmten Punkten auf, zu mir zu kommen. Und er kam auch ganz gehorsam, *nachdem* er alle im Publikum begrüßt hatte, was typisch für einen Extrovertierten ist. Er reagierte vorbildlich auf meine Aufforderung, Platz zu machen, sich hinzulegen, zu bleiben, die Pfote zu schütteln, ans Telefon zu gehen, Müll aufzulesen und den Müll in den Mülleimer zu tun.

Alle waren mächtig von Sheffield beeindruckt, da er so gehorsam und gefällig war. Nun, zumindest bis zu einem gewissen Grad. Als wir eine Pause machten und der Großteil des Publikums aufbrach, gingen Sheffield und ich in dem Gebäude nach hinten, vorbei am Bereich, wo die Filmcrew arbeitete. Mir war das nicht aufgefallen, aber jemand hatte dort neben dem Gang auf einem Stuhl einen Teller mit Donuts stehen gelassen. Sheffield fiel das jedoch sofort auf. Der Duft und der Anblick erwiesen sich als unwiderstehlich für ihn. Ohne seinen Schritt zu verlangsamen, hatte er die Hälfte der Donuts verschlungen und seinen Sabber auf den restlichen hinterlassen. Ich merkte nichts davon, aber einige der Leute dort brachen in Gelächter aus und erzählten mir, was er angestellt hatte. Von wegen „vorbildlicher" Hund!

Als die Kameramänner zurückkamen, hielten sie vor dem Teller an, schauten sich um, sahen Sheffield, grinsten und sagten: „Aha! Deine alte Natur hat wohl die Oberhand über deine neue Natur gewonnen, Sheffield. Komm, bekenne deine Sünde und tue Buße."

Ich bin mir ziemlich sicher, dass er weder das eine noch das andere tat. Vielleicht sollte er den Bibelvers auswendig lernen, der mir sehr geholfen hat, die Highschool und das College zu überstehen:

Was eurem Glauben bisher an Prüfungen zugemutet wurde, überstieg nicht eure Kraft. Gott steht zu euch. Er lässt nicht zu, dass die Versuchung größer ist, als ihr es ertragen könnt. Wenn euer Glaube auf die Probe gestellt wird, schafft Gott auch die Möglichkeit, sie zu bestehen. (1. Korinther 10,13)

Hunde sind nicht perfekt, genauso wenig wie wir. Bisweilen verhalten wir alle uns nicht richtig, obwohl wir es eigentlich besser wissen. Hunde tun sich definitiv schwer damit, Essen zu widerstehen. Einmal versäumte ich, genügend Rücksicht auf diesen Charakterzug zu nehmen. Ich ging zusammen mit einem Freund in einem Boot fischen und brachte meinen Sheltie, Prince, mit. Ich hatte zwei Angelhaken an meiner Schnur, ungefähr dreißig Zentimeter voneinander entfernt, die beide mit einem Stück Käse versehen waren. Ich drehte meinen Kopf eine Sekunde lang um, und als ich wieder zur Schnur schaute, hing da zwar immer noch ein Haken mit dem Köder dran, doch der andere ... nun, der war in Princes Kehle verschwunden. Wir fuhren, so schnell wir konnten, zurück ans Ufer und eilten zum Tierarzt. Zum Glück trug Prince keinen dauerhaften Schaden davon, aber wir mussten mehrere qualvolle Stunden durchstehen, bis wir diese Gewissheit erlangten. Prince hatte nicht die Schuld an der Situation gehabt; ich war Schuld. Ich hatte ihm die Versuchung vor die Nase gehängt. Biblisch ausgedrückt hatte ich ihm „Anlass zur Sünde" gegeben.

Wenn wir wider besseres Wissen handeln, dann handeln wir uns Schwierigkeiten ein. Versuchungen gibt es immer, und Sünde erscheint häufig so attraktiv ... so verlockend. Wir sind ein wenig wie Hunde. Wir müssen trainiert werden, um Versuchungen aus dem Weg zu gehen und sowohl körperlich als auch geistlich in Sicherheit zu bleiben. Der Mensch hat eine starke Neigung zum Falschen. Der christliche Ausdruck dafür ist unsere „alte Natur“. In 2. Korinther 5,17 (nach Luther 1984) steht: *Darum: Ist jemand in Christus, so ist er eine neue Kreatur; das Alte ist vergangen, siehe, Neues ist geworden.* Wie es in Römer 3,23 heißt: *Alle sind Sünder und haben nichts aufzuweisen, was Gott gefallen könnte.* Die Folgen davon sowie die Lösung sind in Römer 6,23 festgehalten: *Denn die Sünde wird mit dem Tod bezahlt. Gott aber schenkt uns in der Gemeinschaft mit Jesus Christus, unserem Herrn, ewiges Leben.*

Hunde haben Instinkte; wir haben die Kraft der Vernunft, um logische Entscheidungen zu treffen. Manchmal entscheiden wir uns richtig, manchmal nicht. Was kann uns helfen, auf Kurs zu bleiben? 1. Korinther 10,13, der Vers, den ich oben zitiert habe, kann in dieser Hinsicht viel ausmachen. Das hat er zumindest in meinem Leben. Ich habe ihn in der Highschool auswendig gelernt und habe ihn bis zu diesem Tag nie vergessen. Im Lauf der Jahre gab es viele Gelegenheiten, bei denen ich die Wahl hatte, das Richtige oder das Falsche zu tun. Der Heilige Geist hat mich immer wieder an diesen Vers erinnert, und er hat wie eine Richtschnur fungiert, die mich auf dem richtigen Kurs gehalten hat. (Zugegeben, ich habe die Erinnerung zu der Zeit nicht immer gebührend zu würdigen gewusst.)

Aber was ist, wenn wir die Sache vergeigen? Was ist, wenn wir sündigen? Gott hat eine Lösung parat! *Wenn wir aber unsere Sünden bekennen, dann erfüllt Gott seine Zusagen treu und gerecht: Er wird unsere Sünden vergeben und uns von allem Bösen reinigen. (1. Johannes 1,9)* Gott hat keine Freude daran, uns zu bestrafen, wenn wir sündigen. Viel lieber möchte er unsere Beziehung zu ihm, die durch unsere Sünde unterbrochen wird, wieder herstellen. Entsprechend hat er ein Mittel geschaffen, um genau das zu bewerkstelligen. Er ist so ein überwältigend guter Gott!

Warum halten Sie nicht einmal kurz inne und danken ihm für seine Gnade und Fürsorge?

Immer der *Nase* nach

„Schnüffel nicht da herum! Hör auf damit, hab ich gesagt. Warum musst du immer deine Nase in alles und jedes stecken? Igitt! Das ist so was von widerlich. Sei ein artiger Hund und lass das sein!“

Haben Sie schon mal gehört, wie Hundebesitzer so etwas sagten? Haben Sie selbst schon solche Sätze ausgerufen? Vermutlich ja. Doch wenn wir so reden, verlangen wir von unseren Hunden, ihrem gottgegebenen Wesen zuwiderzuhandeln. Hunde sind so geschaffen, dass sie *alles* beschnüffeln und beriechen müssen. Die meisten Hundebesitzer verstehen das, aber einige nicht. Einigen ist es peinlich, was die Nase eines Hundes so alles macht, obwohl es dem Hund selbst überhaupt nicht peinlich zu sein scheint.

Es stimmt, Hunde sind ständig am Schnüffeln. Sie riechen hier, da, überall. Wenn es ums Schnüffeln und Riechen geht, kennen sie keine Grenzen. Sie machen es unweigerlich, und sie machen es sehr gut. Ihr Geruchssinn ist tatsächlich viel besser als der unsrige. Wenn Hunde Gott preisen könnten, würde er vermutlich viel Dankesbellen von ihnen hören. Hunde sind olfaktorisch (das bedeutet: den Geruchssinn betreffend) hochbegabt. Verglichen mit ihnen sind wir olfaktorisch gehandicapt.

Der Geruchssinn eines Hundes ist tausendfach so stark wie unserer. Hunde entdecken die Welt mithilfe ihrer Nase. Hunde würden vermutlich sagen: „Ich rieche, also bin ich."

Nasen gibt es in verschiedenen Formen und Größen, bei Menschen genauso wie bei Hunden. Einige sind lang und schmal, andere sind breit und knollig. Einige biegen sich leicht nach oben, andere sind schlicht und gerade. Ich kenne nicht viele Hunde, die sich – wie einige Menschen – eine Nasenkorrektur wünschen. Bei den meisten Hunden dominiert die Nase das Gesicht, und genauso dominiert ihr Geruchssinn ihr Gehirn. Er gibt ihrer Welt die Farbe. Unsere Hunde riechen Dinge, die wir nie riechen können. Ihre Nasen sind so beschaffen, dass sie selbst noch die schwächste Spur eines Geruches wahrnehmen können.

Ein Hund bemüht sich normalerweise auch erheblich mehr als wir, Gerüche aufzunehmen. Wir mögen Gerüche unbeachtet an uns vorbeidriften lassen; Hunde nicht. Sie suchen sie, erschnüffeln sie gründlich und richten sich nach ihnen.

Ist Ihnen schon einmal das Hecheln Ihres Hundes aufgefallen? Beim Hecheln fließt die Luft durch die Nasenröhren und wird zur Lunge weitergeleitet. Doch wenn ein Hund schnüffelt, ist das ganz anders. Die Luft wird in den oberen Kammern der Nase aufbewahrt, damit ihr Inhalt ausgewertet werden kann.

Hat Sie schon einmal die Berührung von etwas Nassem und Kaltem, das sich gegen Ihr Gesicht drückte, plötzlich aus dem Schlaf gerissen? Überraschung! Die Nase Ihres Hundes. Haben Sie sich schon mal gefragt, warum Hundenasen kalt und nass sind? Der Grund dafür ist nicht genau bekannt, aber es gibt mehrere Theorien. Eine lautet, dass die Nase nass ist, weil der Hund sie ständig leckt. Eine andere besagt, dass die Nase des Hundes Feuchtigkeit braucht, damit der Nasenschleim die Gerüche einfangen kann. Die Schleimdrüsen fangen die Geruchsmoleküle auf, die dann in die Nase geleitet werden, wo es Zellen gibt, die sich nur damit beschäftigen, die verschiedenen Gerüche zu identifizieren. Um diese Arbeit zu leisten, ist eine Menge Schleim erforderlich.

Eine sehr nette Geschichte, warum Hunde so nasse Nasen haben, ist die folgende:

> Es fing alles mit der Sintflut an, als Noah alle Tiere in seine Arche brachte, um sie vor dem steigenden Wasser zu retten. Da die beiden Hunde auf der Arche sowohl sehr gescheit als auch sehr verlässlich waren, übertrug Noah ihnen die Aufgabe, zu patrouillieren und zu melden, wenn etwas nicht in Ordnung war. Eines Tages bemerkten die Hunde auf ihrer Patrouille, dass die Arche ein Leck hatte. Das Loch war zwar nur ungefähr so groß wie ein Geldstück, aber Wasser floss hinein, und wenn man das Leck nicht flickte, würde die Arche sinken. Während der eine Hund schnell loslief, um Hilfe zu holen, tat der andere Hund etwas wirklich Mutiges und Schlaues: Er rannte zum Leck und steckte seine Nase in das Loch, um den Fluss des Wassers zu stoppen. Als Noah und seine Söhne endlich kamen, um das Leck zu reparieren, hatte der Hund große Schmerzen und japste nach Luft. Doch die Heldentat des Hundes rettete die Arche vor dem Untergang. ... [Also] schenkte Gott dem Hund seine nasse, kalte Nase als Ehrenzeichen und als Erinnerung für die Welt an dessen mutige Tat.[5]

Hunderassen sind unterschiedlich, was die Ausprägung ihres Geruchssinnes betrifft. Rassen mit größeren Nasen haben einen Vorteil gegenüber anderen Rassen. Ein Dackel hat ungefähr 125 Millionen Zellen als Geruchsrezeptoren, ein Deutscher Schäferhund ungefähr 225 Millionen und ein Bluthund ganze 300 Millionen! Einige Hunde sind darauf trainiert, Drogen, Sprengstoff, Kadaver, Brandquellen und sogar Krankheiten wie Krebs aufzuspüren. In einem Roman, den ich las, stolperte ich über diese vielsagende Beschreibung:

> Hunde sind die günstigsten, verlässlichsten Bombendetektoren auf der Welt. Einer meiner Hunde kann einen ganzen Flughafen innerhalb von zwei Stunden absuchen. Da ist ein Park für sie ein Kinderspiel. Die Hunde können Bombenüberreste finden, die meine Leute selbst mithilfe all unserer ausgeklügelten Technik nicht sehen können. ... Es gibt nicht mal ein Gerät, mit dem man das Geruchsvermögen einer Hundenase akkurat messen kann.[6]

Die verschiedenen Hunderassen benutzen verschiedene Methoden, um einer Geruchsspur zu folgen:

> *Fußspurensuche* ist die verlässlichste Methode, um einem Individuum zu folgen, da der Hund direkt der Fährte folgen kann ... mit seiner Nase nach unten, sich von einem Fußabdruck zum nächsten bewegend.
> *Geruchsspurensuche* ist die gängigste Methode, mit der die Hunde einer Spur folgen. Sie folgen ihr nicht, indem sie sich direkt an den Fußabdrücken orientieren, sondern indem sie die winzigen Hautflocken und Schuppen (also toten Hautzellen) riechen, die vom menschlichen Körper abfallen. Da die Geruchspartikel beim Fallen häufig je nach Windstärke und -richtung wegtreiben, gehen die Hunde nicht unbedingt genau da entlang, wo die Person gelaufen

ist, sondern teilweise in einer Parallelspur viele Meter entfernt.

Sowohl bei der Fußspuren- als auch bei der Geruchsspurensuche bereitet es den Hunden keine besondere Schwierigkeit, die Gesuchten auch nachts zu finden, wenn menschliches Sehvermögen wenig nützt. Spürhunde werden dabei fast immer an einer langen Leine gehalten, damit sie in ihrer Begeisterung nicht schneller laufen als die Hundeführer.

Eine Alternative zur Spurensuche ist die *Stöbersuche*, bei der der Hund mit hoher Nase innerhalb eines bestimmten Bereiches umhergeführt wird, um zu versuchen, den Geruch des Gesuchten aufzufangen. Hat der Hund einmal den Geruch gewittert, folgt er ihm direkt bis zu dem Gesuchten, wobei er einer geraden Linie windwärts folgt, statt dem tatsächlich gelaufenen Weg der Person zu folgen.

Bluthunde sind die besten Geruchsspurensucher. Sie haben ein ausgezeichnetes Geruchsgedächtnis.[7]

Der Weltrekord der ältesten Geruchsspur, die ein Hund gefunden hat, wird derzeit von drei Bluthunden gehalten: Doc Holliday, Big Nose Kate und Queen Guinevere. Diese drei schafften es, eine fast zwei Wochen alte Spur aufzustöbern und eine dreiköpfige Familie zu suchen, die sich in einem Wald in Oregon verlaufen hatte. Der Weltrekord für die längste Spur, die ein Hund je verfolgt hat, liegt momentan bei 217 Kilometer.[8]

Manche Hunde können selbst dann noch den Geruch einer Person ausfindig machen, wenn sie sich unter Wasser befindet oder unter der Erde (eine Leiche), im Schnee vergraben (Lawinen) oder von Tonnen Schutt bedeckt ist (Erdbeben und Terroristenangriffe).

Einige Hunde werden in „Geruchsgegenüberstellungen" eingesetzt, um den Täter eines Verbrechens zu identifizieren. Wir Menschen benutzen bei der Zeugenvernehmung eine visuelle Gegenüberstellung möglicher Täter; ein Hund macht das anders. Ihm werden mehrere Gegenstände zum Schnuppern gegeben, und dann wird er aufgefordert, die Person zu identifizieren, die mit diesen Gegenständen in Verbindung steht. Da die Hunde in 80 Prozent der Fälle richtig liegen, werden die Ergebnisse in einigen Ländern als gültiger Beweis vor Gericht akzeptiert.[9]

Hunde können auch Termiten und andere Plagen ausschnüffeln. Hausbesitzer wissen, dass es nahezu unmöglich ist, die kleinen Biester aufzustöbern, nachdem sie erst einmal von ihrer Mission besessen sind, ein Zuhause zu zerstören. Doch diese Plagen strömen ihren ganz eigenen Geruch aus, und die Supernase eines Hundes kann sie wahrnehmen und den Kammerjägern genau ihr Hauptquartier aufzeigen.[10]

Es scheint auch einige Hunde zu geben, die Krebs in Menschen feststellen können. Es gibt mehrere Fälle, in denen Hunde ihre Besitzer auf Leberflecke oder Hautveränderungen aufmerksam gemacht haben sollen, die sich dann als krebsartig erwiesen. Das ist ein Bereich, in dem weiter geforscht wird.

Einige Gerüche haben Hunde nicht besonders gern, zum Beispiel Zitrus- oder Gewürzgerüche.

Gut, das waren jetzt vielleicht mehr Informationen über die Nase Ihres Hundes, als Sie haben wollten. Auf jeden Fall habe ich noch nie einen Hund getroffen, der sich über die Größe, Form, Farbe oder Fähigkeit dieser besonderen Begabung beschwert hat. Hunde scheinen ihren eigenen Körper voll zu akzeptieren und keine Probleme mit ihm zu haben. Ich wünschte mir, ich könnte dasselbe von Menschen sagen. Wir haben die Tendenz, so selbstkritisch zu sein, statt uns darüber zu freuen, dass wir Gottes Schöpfung sind.

Was für ein Selbstbild haben Sie? Haben Sie ein Ja für sich gefunden oder sind Sie zu selbstkritisch? Schauen Sie in den Spiegel. Was sehen Sie? Was sagen Sie in Gedanken über sich selbst? Gesundes oder Ungesundes? Positives oder Negatives? Wir alle führen Selbstgespräche; das ist normal. Doch bei den meisten Menschen überwiegt das Negative bei ihrer Kommunikation mit sich selbst. Glauben Sie an sich? Gott tut es! Er glaubt an Sie. Und er, der an Sie glaubt, ist auch der, der Sie auffordert, an ihn zu glauben.

Gott vergleicht Sie nicht mit den anderen Menschen, die er geschaffen hat. Er hat Ihnen einzigartige Fähigkeiten gegeben und ein auf Sie zugeschnittenes Potenzial in Sie hineingelegt. Er erwartet von Ihnen, dass Sie das entfalten, was er Ihnen gegeben hat, statt auf das neidisch zu sein und zu begehren, was er einem anderen gegeben hat. Er möchte, dass Sie Ihr Potenzial entwickeln und einsetzen, damit Sie das Leben nicht verpassen. Sie sind Gottes Schöpfung!

Gott hat etwas aus uns gemacht: Wir sind sein Werk, durch Jesus Christus neu geschaffen, um Gutes zu tun. Damit erfüllen wir nur, was Gott schon im Voraus für uns vorbereitet hat. (Epheser 2,10)

Jesus Christus lädt uns ein, zu ihm in dem Glauben zu kommen, dass er uns so, wie wir sind, in seine Familie aufnimmt:

Die ihn aber aufnahmen und an ihn glaubten, denen gab er das Recht, Gottes Kinder zu werden. Das wurden sie nicht, weil sie zu einem auserwählten Volk gehörten, auch nicht durch menschliche Zeugung und Geburt. Dieses neue Leben gab ihnen allein Gott. (Johannes 1,12-13)

Lesen Sie auch diese Bibelverse dazu:

> *Ja, du hast ihm [dem Menschen] eine hohe Stellung gegeben – nur wenig niedriger als die Engel. Mit Ruhm und Ehre hast du ihn gekrönt. (Psalm 8,6)*

> *Seht doch, wie groß die Liebe ist, die der Vater uns schenkt! Denn wir dürfen uns nicht nur seine Kinder nennen, sondern wir sind es wirklich. Als seine Kinder sind wir Fremde für diese Welt, weil Gott für sie ein Fremder ist. (1. Johannes 3,1)*

Gott liebt alle Menschen, und es macht ihn traurig, dass Menschen sündigen und von ihm getrennt sind. Er möchte uns wieder mit sich versöhnen, und deswegen hat er seinen Sohn zu uns gesandt. Obwohl wir sündige Menschen sind, schätzt Gott uns, weil er uns liebt. Unser Leben erhält durch seine Liebe einen unschätzbaren Wert. Das bedeutet, dass auch wir alle Menschen lieben sollten – uns selbst mit eingeschlossen. Dr. Lloyd Ahlem fasst in seinem Buch *Do I Have to be Me?* (übersetzt „Muss ich ich selbst sein?") zusammen, was Gott für uns getan hat:

> Die Verfasser der Bibel weisen vorsorglich darauf hin, dass, wenn Gott Sie in Jesus Christus ansieht, er Sie als einen Bruder seines eigenen Sohnes sieht. ... Sie sind die ganze Aufmerksamkeit, die Gott Ihnen schenkt, absolut wert. Wären Sie der einzige Mensch auf der Welt, würde Gott es als wert erachten, sich Ihnen bekannt zu machen und Sie zu lieben. Er verleiht Ihnen den Stand eines Erben des Universums.[11]

Haben Hunde Persönlichkeit?

Haben Sie eine Persönlichkeit? Natürlich haben Sie das. Hat Ihr Hund eine? Ganz bestimmt. Die große Frage ist, ob Ihre Persönlichkeiten gut miteinander auskommen oder ständig aufeinanderprallen. Können Sie einander in Ihren Einzigartigkeiten akzeptieren? Menschen haben ständig mit Persönlichkeitskonflikten zu tun. Viele Jahre habe ich Beratungsgespräche für Ehepaare und angehende Ehepaare durchgeführt. Ein Großteil der Beratungszeit wurde damit verbracht, die eigenen Charaktereigenschaften und die des Partners zu verstehen, um zu lernen, sich aufeinander einzustellen. Das Ziel war es, dass beide Partner Einzigartigkeiten und Unterschiede kennen- und schätzen lernten.

Da jeder Mensch eine andere Persönlichkeit hat, entsteht Harmonie in einer Beziehung nicht dadurch, dass man versucht, den anderen in eine Kopie von sich selbst zu verwandeln. Erst wenn wir lernen, die Einzigartigkeit des anderen zu verstehen, ein Ja zu dem zu finden, wer er ist, und zu lernen, uns nicht nur auf diese Einzigartigkeit einzustellen, sondern sogar dankbar dafür zu sein, kann ein harmonisches Zusammenleben gelingen.

Wie können ein extrovertierter und ein introvertierter Mensch lernen, miteinander auszukommen? Indem sie sich gegenseitig verstehen und annehmen. Zum Beispiel kann ein ruhiger, in sich gekehrter Mensch sich bewusst machen, dass sein lebhaftes, extrovertiertes Gegenüber verschiedene Möglichkeiten, die er durchdenkt, häufig laut ausspricht. Allerdings ist nicht alles, was ausgesprochen wird, auch wirklich seine Meinung oder wird in die Tat umgesetzt. Extrovertierte können dem Introvertierten mehrmals am Tag Komplimente machen und sie ermutigen, sich mit anderen auszutauschen. Jemand, der das Herz auf der Zunge trägt, kann seinen ruhigeren, in sich gekehrten Partner ermutigen, indem er sagt: „Ich habe eine Frage an dich. Denk doch mal darüber nach und lass mich dann wissen, was du davon hältst."

Extrovertierte können sich auf Introvertierte einstellen, indem sie ihnen Zeit für sich lassen, um aufzutanken, und indem sie sich bewusst machen, dass es introvertierte Menschen in der Regel nervös macht, viel mit anderen Menschen zusammen zu sein.

Vielleicht überrascht es Sie nicht, dass wir uns gewöhnlich Hunde aussuchen, die zu unserer Persönlichkeit passen. Angenommen, Sie sind extrovertiert. Sie sind kontaktfreudig und gerne mit anderen Menschen zusammen. Sie ziehen Ihre Kraft aus anderen Menschen, müssen reden, um denken zu können (Sie reden häufig, bevor Sie denken), haben viele Freunde, äußern sich zu allen und allem und haben ein hohes Bedürfnis nach Bestätigung. Sie stehen gerne im Mittelpunkt. Sie glauben nicht, dass Sie etwas gut gemacht haben, solange Sie es nicht von anderen hören. Wenn das der Fall ist – was für einen Hund würden Sie dann bevorzugen?

Oder Sie sind introvertiert. Das Zusammensein mit vielen

anderen Menschen strengt Sie an, Sie ziehen Kontakte zu Einzelnen vor, statt in Gruppen zusammen zu sein, Sie tanken auf, indem Sie allein sind, Sie müssen erst denken, bevor Sie etwas sagen, und wünschen sich, dass andere Ihnen genügend Zeit geben, um sich auszudrücken. Sie neigen dazu, Komplimente mit Misstrauen zu betrachten. Sie mögen es nicht, im Mittelpunkt zu stehen. Was für einen Hund würden Sie vermutlich wählen?

Möglicherweise fragen Sie sich: „Was hat die Persönlichkeit denn mit meinem Hund zu tun? Warum ist es so wichtig, Persönlichkeiten zu verstehen?“ Es ist der Grund, warum so viele Beziehungen zwischen Mensch und Hund auseinandergehen (wie auch zwischen Mensch und Mensch). Der Hauptgrund, warum Leute ihren Hund weggeben, ist die Persönlichkeit oder das Verhalten des Hundes. Meist liegt es nicht daran, dass der Hund schlecht ist oder der Besitzer kein Einfühlungsvermögen hat; sie passen einfach nicht zusammen. Eine andere Zusammenstellung würde funktionieren. Sie müssen wissen, dass Hunde und Menschen tatsächlich gewisse Ähnlichkeiten haben, was Emotionen und Charaktereigenschaften betrifft. Die Persönlichkeit ist etwas anderes als die allgemeinen Eigenschaften einer bestimmten Rasse. Zu den allgemeinen Eigenschaften zählt bei Terriern beispielsweise, dass sie tendenziell ziemlich beharrlich sind, dass Deutsche Schäferhunde eher sachlich und Golden Retriever gesellig sind.

Warum schauen wir uns immer gerne alle Welpen in einem Wurf an, wenn wir uns einen Hund aussuchen, statt ihn von jemand anders aussuchen zu lassen? Wir wollen die Persönlichkeiten der Welpen sehen. Bei menschlichen Beziehungen ziehen sich Gegenteile manchmal an, aber bei einer Beziehung zwischen Hund und Mensch ist das nicht sehr ratsam. Da lautet der Schlüsselfaktor Ähnlichkeit. Ein Hundetrainer, Bonnie Bergin, erläutert dieses Prinzip:

> Die glücklichste Verbindung zwischen Haustier und Besitzer entsteht, wenn die beiden so gut zueinanderpassen, dass sie fast eins werden. Der Schlüssel ist Synchronie, nicht Ergänzung. Wenn Sie nach den Sternen greifen, wollen Sie keinen Hund haben, der Sie zurück zur Erde zieht. Und wenn Sie lieber auf der Erde bleiben, dann wollen Sie keinen Hund haben, der in den äußeren Kosmos hinausstürmt.[12]
>
> Wenn ein zurückhaltender, sanfter, in sich gekehrter Mensch einen willensstarken, kontaktfreudigen, energiegeladenen männlichen Labrador aussuchen würde, wäre die Katastrophe beim Gassigehen bereits vorprogrammiert. Ein emotional sensibler, körperlich sanfter und leicht zu korrigierender Hund würde da viel besser passen. Das Grundprinzip lautet also Ähnlichkeit. Und die Beziehung funktioniert am besten, wenn der Mensch etwas bestimmender und mehr an sozialem Austausch interessiert ist als der Hund.[13]
>
> Warum ist das wichtig? Weil es funktioniert. Das ist die ideale Beziehung. Es ist besser, wenn Ihr Hund nichts initiiert, was *Sie* nicht wollen, aber bereit ist, bei allem mitzumachen, was Sie veranlassen.[14]

Denken Sie daran: Hunde brauchen Führung. Sie müssen der Leithund im Rudel sein. Wenn ein Hund keinen Leithund findet, raten Sie mal, was dann passiert? Dann versucht er, selbst die Leitung zu übernehmen. Deshalb gehorchen Hunde Ihren Kindern meist schlechter als Ihnen. Ihr Hund weiß, dass die

Kinder nicht die Führer des Rudels sind, also springen sie auch anders mit ihnen um. Ist die richtige Dominanz einmal etabliert, erfordert die Dynamik zwischen Ihnen als dem Leiter und Ihrem Hund als Untergeordnetem nur noch wenig Mühe. Schauen Sie sich Ihre Beziehung zu Ihrem Welpen an. Sind Sie der Leiter? Passen Ihre Persönlichkeiten gut zueinander?

Und was ist mit der Hunderasse?

Die falsche Zusammenstellung der Persönlichkeiten ist nicht das einzig mögliche Problem. Ein weiteres entsteht, wenn man die falsche Hunderasse auswählt, weil man sich den Grund, weshalb man überhaupt einen Hund haben möchte, nicht richtig überlegt. Warum wollten Sie einen Hund haben? Einige Leute machen eine Liste mit all den Charakteristiken und Eigenschaften, die sie sich in einem Hund wünschen. Haben Sie das getan?

Stellen Sie sich vor, Sie wollen einen Hund aussuchen. Soll es ein Männchen oder ein Weibchen sein? Bevorzugen Sie einen großen, kleinen oder mittelgroßen? Langes oder kurzes Fell? Ein Beschützer oder Verspielter? Für draußen oder für drinnen? Sie sollten sich im Klaren sein, was für eine Art von Beziehung Sie zu Ihrem Hund haben möchten.

Wünschen Sie sich einen Wachhund, der Sie auf die Gegenwart eines Fremden aufmerksam macht?

Wünschen Sie sich einen Schutzhund, der Menschen von Ihrem Grundstück fernhält?

Wünschen Sie sich einen Kinderersatz? Einige Hunde werden gerne bemuttert oder „bevätert" und mögen gerne schmusen.

Wie wäre es mit einem Kumpel oder Arbeitskollegen? Ein solcher Hund würde zusammen mit Ihnen laufen, jagen oder Schlitten fahren. Vielleicht möchten Sie einen Hund, mit dem Sie an einem Hundewettbewerb teilnehmen können?

Oder doch lieber einen Spielkameraden? Wünschen Sie sich einen körperlich aktiven Hund?

Vielleicht einen Spielkameraden für Ihre Kinder? In dem Fall wäre vermutlich ein körperlich aktiver Hund, der nicht zu aggressiv ist, am besten.

Wünschen Sie sich einen Freund, einen Lebensbegleiter? Dann wäre ein Hund am besten, der sehr loyal ist.

Einige bevorzugen einen repräsentativen Hund, der Eleganz und Schönheit ausdrücken kann.

Wenn Sie einen Hund haben wollen, der ein paar dieser Eigenschaften hat, lässt sich vermutlich einer finden. Doch kein Hund kann all diese Wünsche erfüllen. Nachdem Sie sich im Klaren darüber sind, was genau Ihnen vorschwebt, kommt die individuelle Persönlichkeit des Hundes mit ins Spiel.

In gewisser Weise ist die Wahl eines Hundes ähnlich wie die Wahl eines Ehepartners. Die meisten Leute suchen nach einem Partner, der ein bestimmter Typ Mensch ist. Ich hatte einen Freund, der eine Liste mit 14 Eigenschaften hatte, die er sich in einer Ehefrau wünschte, und er bewertete jede Anwärterin für jede dieser Eigenschaften auf einer Skala von 1 bis 10. (Sie haben recht, er brauchte Jahre, um eine Frau zu finden, und es gelang erst, nachdem er seine Liste etwas abgeändert hatte.)

Harmonie in unseren Beziehungen ist möglich, erfordert teilweise aber Arbeit. Es ist leicht, in unserer Beziehung zu Familienmitgliedern, Freunden und selbst unseren Haustieren frustriert und verärgert zu werden. Allzu oft verhalten sich Menschen und Tiere nicht gemäß unseren Wünschen und

Erwartungen, was uns dazu bringt, sie verändern zu wollen. Kennen Sie das? Es gibt aber auch einen besseren Weg, damit umzugehen. Die Bibel formuliert es so:

Überhebt euch nicht über andere, seid freundlich und geduldig! Geht in Liebe aufeinander ein! (Epheser 4,2)

Viele Jahre habe ich diesen Vers bei der Eheberatung eingesetzt, besonders den Teil, wo es heißt, dass man „in Liebe aufeinander" eingehen soll, also aufeinander Rücksicht nimmt. Das heißt, dass man versucht zu verstehen, wer der andere ist, und seine oder ihre Einzigartigkeit zu akzeptieren. Es heißt, sich auf die Neigungen des anderen einzustellen. Und wissen Sie was? Das funktioniert! Gott bringt uns so viel Verständnis und Akzeptanz entgegen, und er fordert uns auf, mit anderen genauso umzugehen. Das bedeutet, dass wir unsere Mitmenschen von einem anderen Standpunkt aus sehen müssen.

Und das gilt nicht nur für zwischenmenschliche Beziehungen. Ihr Hund wird sich vermutlich nicht viel verändern, genauso wenig wie meiner. Doch Sie und ich, wir sind Menschen, und wir können uns verändern. Und das kann den entscheidenden Unterschied machen, ob eine Beziehung funktioniert oder nicht. Vielleicht ist das etwas, worüber Sie beten können.

Nach Hause finden

Über die Jahre hinweg habe ich zahlreiche Geschichten über Hunde gelesen, die von ihrem Besitzer getrennt wurden. Sie waren weggelaufen oder auf einer Reise aus dem Auto gesprungen oder gestohlen worden. Der erstaunliche Teil vieler dieser Geschichten ist der, dass die Hunde häufig Hunderte von Kilometern – oder noch weiter – gelaufen sind, um wieder mit ihrem Herrchen vereint zu werden. Wie haben sie eine solche Reise gemeistert? Was hat sie zurück zu ihrem Heim geführt? Und wie haben sie ihren Besitzer ausfindig gemacht?

Eine der unglaublichsten Geschichten, die ich in dieser Hinsicht gehört habe, handelt von einem kleinen Terrier namens Hector, der als blinder Passagier auf einem Schiff mitfuhr und den Ozean überquerte, um seinen Besitzer in einem anderen Land zu finden!

Ein Schiffsoffizier beaufsichtigte gerade die Beladung eines Frachters, als ihm ein kleiner schwarz-weißer Terrier auffiel, der die Laufplanke hinaufkam. Als der Hund das Deck erreichte, lief er überall herum und beschnüffelte verschiedene Gegenstände. Dann ging er wieder die Laufplanke hinab an Land. Mehrmals an diesem Tag ging Hector zu verschiedenen Schiffen, schaute sie sich an, lief die Laufplanke hinauf, inspizierte das Schiff mit der Nase und ging wieder an Land. Er tat das mit vier Schiffen. Das war keine willkürliche Neugier. Er hatte ein Ziel, eine Mission.

Der Mann, der Hector gesehen hatte, schenkte ihm nicht besonders viel Aufmerksamkeit, da er sein Schiff für eine Fahrt nach Yokohama in Japan fertig machen musste. Ein paar Tage, nachdem sie in See gestochen waren, bemerkte er Hector wieder, als der auf dem Deck spazieren ging. Der Hund war an Bord gekommen und hatte sich versteckt. Die Crew des Schiffes freute sich über ihn, und er machte sich jede Nacht als Wachhund nützlich. Drei Wochen später, während das Schiff gerade einen Teil seiner Fracht entlud, wurde Hector plötzlich sehr unruhig. Er lief hin und her und wurde immer rastloser, als sie sich einem holländischen Schiff näherten, der S.S. Simolear. Auch sie war gerade beim Entladen. Einige Stunden später gingen einige Offiziere und Mannschaftsmitglieder der Simolear an Bord eines kleineren Bootes, um zur Landebrücke des Zolls hinüberzufahren. Hector flippte aus. Er sprang auf und ab und bellte, als das Boot nahe an ihrem Schiff vorbeifuhr. Fast schien es, als wolle er über Bord springen!

Schließlich hörte einer der Männer auf dem Boot das Bellen und schaute nach oben. Er winkte und rief laut. Minuten später waren der blinde Passagier und sein Herrchen wieder miteinander vereint! Hectors Besitzer erzählte, wie Hector und er sich in Vancouver aus den Augen verloren hatten, während das Schiff beladen worden war. Schiffe müssen sich an einen strikten Zeitplan halten, also gab es keine Zeit mehr, um nach dem Hund zu suchen. Das Schiff

fuhr ohne Hector ab. Doch Hector gab nicht auf. Er suchte nach Wegen, sein Herrchen zu finden. Und was für eine Wiedervereinigung sie hatten!
Wie schaffte Hector es, das eine Schiff zu finden, das ihn zu seinem Herrchen führen würde? Lag es an ähnlichen Frachten der beiden Schiffe? Gab es andere Hinweise, nach denen er sich richtete? Hängte er sich an einen Offizier, der ähnliche Pflichten hatte wie sein Herrchen? Wer weiß? Haben Hunde eine Art siebten Sinn, von dem wir nichts wissen? Es gibt viele unbeantwortete Fragen, wenn es um den besten Freund des Menschen geht.[15]

Vielleicht verbirgt sich in dieser Geschichte auch eine Lektion für uns. Manchmal geraten wir nämlich in eine ganz ähnliche Lage. Wir sind von Gott getrennt geworden. Für einige ist das eine ganz bewusste Entscheidung. Sie haben sich für einen anderen Lebensstil entschieden. Teilweise geschieht das nach tragischen Ereignissen. Wir stellen Gott infrage, was durchaus verständlich ist, aber dann entschließen wir uns, ihn aus unserem Leben auszuschließen und unseren eigenen Weg zu gehen. Wir suchen nach vernünftigen Gründen für das tragische Ereignis, und da unsere Vernunft keine finden kann, fragen wir immer und immer wieder: „Warum?" Genau das hat der Psalmist auch getan:

> *Herr, warum bist du so weit weg? Warum lässt du uns im Dunkeln umherirren, wenn wir dich am nötigsten brauchen? (Psalm 10,1)*
> *Herr, wie lange wirst du mich noch vergessen, wie lange hältst du dich vor mir verborgen? (Psalm 13,2)*

Auch Hiob zweifelte an Gott:

> *Warum bin ich nicht bei der Geburt gestorben, als ich aus dem Leib meiner Mutter kam? (Hiob 3,11)*

> *Warum nur lässt Gott die Menschen leben? Sie mühen sich ab, sind verbittert und ohne Hoffnung. (Hiob 3,20)*

Selbst Jesus drückte seine Zweifel gegenüber dem Vater aus:

> *Gegen drei Uhr rief Jesus laut: „Elo?, Elo?, lema sabachtani?" Das heißt: „Mein Gott, mein Gott, warum hast du mich verlassen?" (Markus 15,34)*

Manchmal geschieht die Trennung von unserem Herr(che)n auch ganz unmerklich und allmählich. Es kann damit anfangen, in einer Woche einen Tag das Beten und Bibellesen auszulassen. In der darauffolgenden Woche lassen wir zwei Tage aus, und schon bald hat sich ein neues Verhaltensmuster gebildet, ein Muster, das sich mit der Zeit auch auf den Gottesdienstbesuch und die Gemeinschaft mit anderen Christen auswirkt.

Ist Ihnen das schon einmal passiert? Mir schon. Und wenn uns das geschieht, dann entsteht eine Leere in unserem Leben. Etwas fehlt uns. Wir haben zwar unsere Gründe dafür, dass wir von Gott wegdriften, aber mehr ist es auch nicht: nur menschliche Rechtfertigungen, warum wir uns von Gott entfernen. Vor einigen Jahren gab es einen populären Autoaufkleber, auf dem stand: „Falls Sie diese Woche Gott nicht nahe sind, dann raten Sie mal: Wer hat sich wohl wegbewegt?"

Falls Sie die Verbindung zu Gott verloren haben, dann hoffe ich, dass Sie ihn mit derselben Intensität und Beharrlichkeit suchen, wie die Hunde ihre Herrchen in den Geschichten. Nichts konnte sie aufhalten. Nichts konnte sie stoppen. Nichts konnte sie von ihrem Weg abbringen. Sie hatten sich in den Kopf gesetzt, wieder mit ihren Familien vereint zu werden.

Ich frage mich, wie sich wohl ein Gespräch mit Gott anhören würde, nachdem sich jemand von ihm entfernt hatte und nun wieder die Verbindung sucht. Vielleicht liefe es etwa so:

Mensch: Äh, hallo Gott, ich bin's.
Gott: Ich weiß.
Mensch: Ich war weg ... 'ne Zeitlang.
Gott: Ich weiß.
Mensch: Aber jetzt bin ich wieder da.
Gott: Das freut mich.
Mensch: Ich habe dich vermisst ... viel mehr, als ich vorher gedacht hätte.
Gott: Ich habe dich auch vermisst.
Mensch: Ich wollte nur sagen, dass es mir leidtut, dass ich gegangen bin.
Gott: Ich bin froh, dass du wieder da bist!
Mensch: Ich würde gerne wieder eine enge Beziehung zu dir haben, so wie vorher.
Gott: Hmmm ... Warum nicht lieber eine *neue* Beziehung, eine, die noch stärker, tiefer und verbindlicher ist als vorher? Das wäre mir lieber.
Mensch: Mir auch.
Gott: Willkommen zurück!

Erinnern Sie sich an die Geschichte von Hiob? Er verlor seine Familie, seinen Reichtum und seine Gesundheit. Am Ende des biblischen Buches, das seinen Namen trägt, entdecken wir, dass Hiob eine neue Familie bekam, überreich mit Wohlstand und Reichtum beschenkt wurde und sich ungewöhnlich robuster Gesundheit erfreute. Viele glauben, das ist das, worum es bei der Geschichte von Hiob geht: Er verlor alles und bekam dann alles wieder überreich zurück. Aber das ist es gar nicht. Die *wirkliche* Geschichte ist, wie Hiob geistlich gesehen wieder nach Hause fand und eine stärkere, dynamischere Beziehung zu Gott aufbaute. Hiob sagte zu Gott: *„Herr, ich kannte dich nur vom Hörensagen, jetzt aber habe ich dich mit eigenen Augen gesehen." (Hiob 42,5)*

Wo immer Sie heute in Bezug zu Gott auch stehen – ich bete, dass Ihre Beziehung zu ihm morgen tiefer und stärker ist.

Sie machen wohl *Witze!*

Einige Hundebesitzer versorgen ihre Tiere nur mit dem Lebensnotwendigen. Immerhin ist es ja nur ein Hund, oder? Ab und zu gibt es aber auch Leute, die sich richtiggehend zum Knecht ihrer Hunde machen. Ihr Leben wird durchweg von ihren Kötern beherrscht. Sie wollen ihnen alles recht machen. Die folgende Geschichte illustriert das sehr schön:

Muffin, eine ältere Misch-Schäferhündin, kam bei uns zu Hause fast mit einem ganzen Laster voll an Überlebensausrüstung an. Neben fünf Mahlzeiten pro Tag (jede in ihrem eigens beschrifteten Plastikbehälter), zahlreichem Spielzeug, einer besonderen Decke, medizinischem Bedarfsmaterial, Kräcker, Taschenlampen, Ohrenstäbchen, Wattebällchen und mehr, erhielten wir die folgende getippte Anweisung für ihre Pflege. Wir geben sie hier – wir schwören es – genauso weiter, wie wir sie bekommen haben:

Muffin wird fünfmal täglich gefüttert, um 7:00 Uhr, 10:30 Uhr, 13:30 Uhr, 17:30 Uhr und 21:00 Uhr. Die vorbereiteten Portionen sind für die entsprechenden Mahlzeiten gekennzeichnet.

Sie sollten auf Raumtemperatur aufgewärmt werden, damit sie nicht zu kalt sind. (Falls sie an ihrem Knochen leckt und so aussieht, als wenn etwas in ihrem Rachen aufkommt, geben Sie ihr die 10:30 Uhr-Mahlzeit etwas früher, aber nicht vor 10:00 Uhr. In dem Fall kann sie ihre 13:30 Uhr-Mahlzeit schon um 13:15 Uhr einnehmen, aber nicht früher und auch nur, wenn notwendig – sie wird Sie das schon merken lassen.) Bitte bringen Sie die beschrifteten Mahlzeiten nicht durcheinander, da einige Vitamine enthalten, die sie nur zu bestimmten Tageszeiten vertragen kann.

Sie sollte mit jeder Mahlzeit eine großzügige Kelle Hühnersuppe bekommen, wiederum auf Raumtemperatur gewärmt, damit sie nicht zu kalt ist. Vermischen Sie die Suppe mit der restlichen Mahlzeit, bis das Essen eine cremige, puddingartige Konsistenz erreicht. Auch das Wasser sollte Raumtemperatur haben, außer wenn es draußen extrem heiß ist. In dem Fall kann es gekühlt sein.

Als Snack kann sie eine Scheibe Rinderbraten haben, in kleine Häppchen zerrissen. Auch jene sollten auf Raumtemperatur aufgewärmt werden.

Zweimal am Tag bekommt sie Bierhefetabletten, um 10:30 Uhr und um 17:30 Uhr. Sie bekommt jedes Mal drei Tabletten. Sagen Sie ihr: „Kauen, kauen, kauen." (Ja, wir sagen das dreimal, ansonsten schluckt sie die Tabletten unzerkaut herunter.) Geben Sie ihr eine Tablette mach der anderen, nicht alle drei gleichzeitig. Sie kennt Bierhefe als „B.H."

Wenn ihr übel wird, passiert das meist zwischen 5:00 Uhr und 6:30 Uhr. In dem Fall erbricht sie Galle, gewöhnlich ein bis drei Maulvoll. Nachdem das geschehen ist, schaut sie eventuell schuldig drein, als ob sie etwas falsch gemacht hätte. Wir versichern ihr, dass das nicht der Fall ist. Sagen Sie ihr, dass sie ein

braves Mädchen ist (viel positive Bestärkung). Wir geben ihr einen Esslöffel voll Coca-Cola-Sirup, was ihren Magen normalerweise beruhigt. Das ist kein Vorfall, der Versorgung durch einen Tierarzt erfordert. Nehmen Sie sie sofort vor die Tür und lassen Sie sie etwas laufen. Dadurch geht es ihr meist gleich viel besser. Sollte ihr an einem Morgen mehr als einmal übel werden, begleitet von Durchfall, nehmen Sie sofort telefonischen Kontakt mit uns auf. Meist kann man schon vorher sehen, wenn ihr übel wird. Sie hat dann einen gewissen „Blick" in den Augen. Normalerweise sind ihre Augen hell, strahlend und klar; wenn ihr übel ist, bekommt sie einen finsteren, niedergeschlagenen Ausdruck.
Okay. Ob Sie es glauben oder nicht ... wenn Sie Schwierigkeiten haben, Sie nach draußen zu bringen, sagen Sie ihr: „R – A – U – S!" Sie versteht die Buchstabierung und hört darauf.
Wenn Sie mit ihr nach draußen gehen, sagen Sie ihr: „Jetzt Häufchen machen." Das hat meist den gewünschten Effekt. Sie muss immer gleich als Erstes morgens früh nach draußen, bevor sie gefüttert wird. Lassen Sie sie dort nicht ohne Aufsicht, wo Hundekot herumliegt oder es Gras gibt. Sie frisst das sonst. Häufige Gänge vor die Tür am Morgen (zwei bis dreimal) sollten Probleme lindern. Sie hat zweimal am Tag Stuhlgang. Sollte er dünnflüssig sein, mischen Sie täglich einen viertel Teelöffel Tylan-Pulver in ihr Essen. Lassen Sie sie nach den Mahlzeiten nach draußen.
Bei Gewitter wird sie äußerst ängstlich. Es beruhigt sie jedoch meistens, wenn Sie sie auf einem der Badvorleger liegen lassen, die wir mitgegeben haben. Sagen Sie ihr, sie solle sich auf den „Zauberteppich" legen. Es kann sehr helfen, die Jalousien zuzuziehen, die Klimaanlage anzuschalten und die Lautstärke des Fernsehers oder Radios aufzudrehen, um den Donner zu übertönen. Wenn jemand in ihrer Nähe bleiben könnte, würde sie das besänftigen.

Wichtig: Ihre Spitznamen sind Muffy, Bubba-Engel-Bär, Boo-Boo-Baby-Bär, Fin-fin (für Sarah – Mamas kleines Baby), Kabooba-Baby-Bär oder irgendeine Kombination des Obengenannten. Eigentlich geht alles, was „Baby" enthält. Sie mag es, wenn man „Wo ist Mamas kleine ..." davor setzt. Sie mag es, wenn ihr Po und ihre Hinterbeine gerieben werden. Wenn nötig, bürsten und kämmen Sie sie.
Sonntags sollten ihre Ohren gereinigt und getrocknet werden. Gereinigt werden sie mit Wattestäbchen, die mit dem beigefügten Reinigungsmittel getränkt werden müssen, und getrocknet werden sie mit Wattebällchen. Wir haben auch eine Taschenlampe beigefügt, mit der Sie die Ohren untersuchen können. Nach dem Trocknen einen Tupfer Salbe in jedes Ohr tun, jedes einzeln, und sanft einmassieren. Bitte vergessen Sie auch nicht, eine Decke mit in ihren Käfig zu legen.
Am Samstag- und Montagabend sollten Muffins Zähne, wenn möglich, geputzt werden. Bitte benutzen Sie dafür beide Zahnbürsten.
Ihr Lieblingsspielzeug ist der Schnuller (den wir einfach „Schnulli" nennen). Sie kennt auch die Worte für das Booda-Seil („Booda"), den Zwitschervogel, die sterilisierten Knochen (die „Bumm"-Knochen, weil es ein lautes Geräusch macht, wenn sie einen Knochen fallen lässt) und den Dino-Knochen. Die Frisbee ist ihr Lieblingsspielzeug für draußen. Wenn jemand Frisbee mit ihr spielen könnte, würde sie sich sehr freuen.
Das mag alles nach viel Arbeit klingen, ist es aber gar nicht. Der Tag verstreicht sehr schnell, ohne dass es viele nennenswerte Vorfälle gibt. Wir nennen sie nicht einen Hund; sie ist eine „Person auf vier Beinen". Zudem sei gesagt, dass sie nicht verwöhnt ist, sondern nur gut versorgt.
Sie ist sensibel und braucht viel positive Bestärkung, Zärtlich-

keit und Liebe. Sie hört es gerne, wenn man ihr sagt, dass sie ein braves Mädchen und wunderbar ist. Sie ist sehr gut erzogen und Sie werden schon sehen, dass sie kaum Schwierigkeiten macht. Sie ist sehr zärtlich und gibt gerne viele Küsschen, besonders ins Gesicht. Sie kommt gut mit anderen Hunden zurecht.

Und ja, Sie müssen sie uns nach dem Wochenende wieder zurückgeben.

Als Nachtrag sei noch angemerkt, dass Muffin während ihres Aufenthalts bei uns keine Reaktion auf ihren Namen, auf Lob oder irgendeinen der Begriffe in ihrem breiten Wortschatz zeigte. Sie schlief die meiste Zeit, hatte keinerlei Anzeichen von Stress oder Angst, ganz gleich, wie der Geräuschpegel war. Alles deutete darauf hin, dass sie ein ganz normaler, wenn auch höchst phlegmatischer Hund war.[16]

Bestimmt haben Sie beim Lesen gedacht: „Sie machen wohl Witze!" oder: „Das kann doch nicht Ihr Ernst sein!" oder: „Hier muss wirklich jemand zum Arzt, aber nicht der Hund!" oder vielleicht einfach: „Krass. Echt krass." Doch bestimmt ist auch ein Lächeln über Ihr Gesicht gehuscht. Möglicherweise haben Sie sogar laut gelacht. Wir alle sollten gelegentlich lachen – besonders über Dinge, die witzig oder albern sind. Das Leben ist schon ernst genug, und unsere Hunde können uns auf die eine oder andere Weise zum Lachen bringen.

Die Bibel hat viel über Freude und Lachen zu sagen. Dazu gehören auch die folgenden Verse:

Weinen hat seine Zeit, lachen hat seine Zeit; klagen hat seine Zeit, tanzen hat seine Zeit. (Prediger 3,4; Luther 1984)

Einen fröhlichen Menschen erkennt man an seinem strahlenden Gesicht, aber einem verbitterten fehlt jede Lebensfreude. (Sprüche 15,13)

Für den Niedergeschlagenen ist jeder Tag eine Qual, aber für den Glücklichen ist das Leben ein Fest. (Sprüche 15,15)

Ein fröhlicher Mensch lebt gesund; wer aber ständig niedergeschlagen ist, wird krank und kraftlos. (Sprüche 17,22)

Wie steht es mit Ihrem Sinn für Humor? Kann man schwierige Zeiten schon an Ihrem Gesicht ablesen? Beeinträchtigen sie Ihre innere Haltung? Salomo nimmt in dieser Hinsicht kein Blatt vor den Mund. Unter der Führung des Heiligen Geistes schreibt er, dass wir drei Dinge erleiden, wenn wir unseren Sinn für Humor verlieren: ein bekümmertes Gemüt, Kraftlosigkeit und einen Mangel an seelischer Gesundheit. Was für eine traurige Beschreibung! Ich möchte Sie ermutigen, sich auf das Gute zu konzentrieren und auf Gottes Fürsorge zu vertrauen, damit Sie optimistisch bleiben können.

> Humor ist keine Sünde. Er ist eine gottgegebene Rettungsluke … ein Sicherheitsventil. Das Licht des Lebens sehen zu können, ist eine lebenswichtige Tugend.[17]

Veränderung?

Hunde lieben die Routine, ähnlich wie wir. Gewohnheiten sind bequem. Manchmal glaube ich, dass meine Golden Retriever eingebaute Uhren haben. Zu bestimmten Zeiten kommen sie anmarschiert, als wüssten sie genau, welcher Punkt nun auf der Tagesordnung steht. Ab und zu versuche ich, ihre Routine etwas aufzumischen. Abends ist gewöhnlich die Lieblingsaktivität dran. Wir nennen es G-A-S-S-I-G-E-H-E-N. Tut mir leid ... da habe ich es wohl aus Versehen buchstabiert. Ich habe gelernt, bestimmte Wörter nur zu buchstabieren, einschließlich B-A-L-L und A-U-T-O. Wenn meine Kleinen diese Wörter hören, erwarten sie auf der Stelle die entsprechenden Aktivitäten. Es bringt nichts, ihnen zu sagen: „Das machen wir später." Das kommt bei ihnen gar nicht an. Wenn wir Gassi gehen, wissen sie, wo sie auf mich warten müssen, damit ich sie an die Leine nehmen kann. Dann gehen wir unsere lange Auffahrt hinab und biegen rechts ab. Das ist ihnen inzwischen in Fleisch und Blut übergegangen. Wenn ich nach links abbiege, bringt sie das durcheinander. Selbst wenn ich einen anderen Hund als normalerweise anweise, dicht neben meinem linken Bein zu laufen, stößt das bei ihnen auf Widerstand, weil ihnen das ungewohnt ist.

Ich weiß, dass Veränderung nottut, aber auch bei mir stößt sie auf Widerstand. Wie sieht das bei Ihnen aus? Sie dürfen es ruhig zugeben: Wir gewöhnen uns an unsere Routine. Es ist nicht so, dass wir nichts ändern könnten; wir ziehen nur vor, es lieber nicht zu tun. Wir wissen, dass nicht alle Veränderung schlecht ist, aber wir wollen nicht aus unserer Kuschelecke heraus, um Neues zu erleben.

Für einige bringt das Wort „Veränderung" ein Gefühl der Hoffnung mit sich, das auf neue Möglichkeiten deutet und das Potenzial für Frisches in sich trägt. Sie freuen sich darauf. Für andere stellt das Wort „Veränderung" eine Bedrohung dar, die das Vertraute stört und ihnen ihre Sicherheit raubt, also widersetzen sie sich ihr. Einige nehmen zwar äußerlich einige Änderungen vor, was aber nur Kosmetik ist; im Wesentlichen versuchen sie, alles beim Alten zu lassen.

Heutzutage erleben wir mehr Veränderungen, als die meisten Menschen verarbeiten können. Wenn wir uns gerade an einen neuen Computer, Handy oder Smartphone gewöhnt haben, ist das Gerät schon wieder überholt. Gerade haben wir uns für ein neues Auto entschieden, da ist schon wieder ein noch neueres Modell auf dem Markt. Alle paar Monate erscheint ein neuer Katalog mit Zubehör für Haustiere. Auf jeder Seite blitzt das Wort „Neu" hervor. Und wir springen darauf an. Wer weiß? Vielleicht ist das ja wirklich die beste Hundebürste, die je hergestellt worden ist, oder das beste Kauspielzeug oder das beste Outfit? (Ja, es gibt Hundekleidung, aber nicht für meine Hunde.)

Doch lasst uns auch einmal kurz über eine andere Art von Veränderung nachdenken. Inwieweit sind Sie heute anders, als Sie vor fünf Jahren waren (abgesehen vom Offensichtlichen, wie Ihrem Alter)? Hoffentlich haben Veränderungen Ihren

Charakter geschliffen. Wir alle brauchen gewisse Veränderungen. Das gehört zur Persönlichkeitsentwicklung.

Obwohl zu unserem Leben Veränderung dazugehört, ist Gott für seine *Unveränderlichkeit* bekannt. Stellen Sie sich vor, Sie sind gerade bei der Arbeit und jemand kommt hereinspaziert und sagt:

> Ich sage Ihnen etwas über Gott, was Sie vielleicht noch nicht wissen: Gott lernt nichts. Er weiß alles. Er muss Leute nicht ausspionieren, um herauszufinden, was los ist. Er ist im Bilde. Wissen Sie noch, wie es war, als Sie in der Schule waren und sich abmühten, etwas zu lernen? Bei Gott ist das anders. Er kann nicht lernen und hat noch nie etwas gelernt. Hat er gar nicht nötig. Er weiß alles sofort. Er weiß alles gleich gut. Er wundert sich nie über etwas, entdeckt nie etwas und ist nie von etwas überrascht. Darüber hinaus weiß er alles, was passieren könnte.[18]

Gott verändert sich nicht. Seine Schöpfung hat einen Anfang und ein Ende, aber er selbst nicht. Er ist immer gewesen und wird immer sein. Es hat keine Zeit gegeben, in der Gott nicht existiert hat. Er wird nicht älter. Er wird nicht weiser. Er wird nicht stärker oder schwächer. Er kann sich nicht verbessern, weil er bereits vollkommen ist. Die Bibel bestätigt das:

> *Sie werden vergehen, du aber bleibst. Wie alte Kleider werden sie zerfallen, wie ein abgetragenes Gewand wechselst du sie und schaffst sie neu. Du aber bleibst ein und derselbe, du wirst immer und ewig leben. (Psalm 102,27-28)*

Genauso wenig verändert sich Gottes Charakter. Er *ist* die Wahrheit. Seine Wahrheit verändert sich nicht. Da er das Erbarmen in Person ist, muss er nie zurücknehmen, was er getan oder gesagt hat. Sein Erbarmen uns gegenüber ist jeden Morgen neu. Da er das Gute *ist*, können wir wissen, dass jede gute und vollkommene Gabe von ihm kommt. Da Jesus das verheißene Lamm Gottes ist, können wir auch dem vertrauen, was er für unser Leben verheißt, in dem Wissen, dass er sein Versprechen erfüllt. Gottes Ziele ändern sich nicht. Das, was er in einem zeitlichen Rahmen tut, hat er schon von Ewigkeit her geplant. Alles, wozu er sich in seinem Wort verpflichtet hat, wird geschehen.

Jakobus spricht davon, dass bei Gott *keine Veränderung ist, noch ein Schatten infolge von Wechsel* (Jakobus 1,17; Schlachter 2000). Gemeint ist mit diesem Bild eine Sonnenuhr, die keinen Schatten wirft, wenn die Sonne direkt über ihr steht. Gott steht immer über uns. Wir können uns auf ihn verlassen. Was für ein Trost! Gottes Eigenschaften sind für uns nicht leicht zu erfassen, doch das zeigt lediglich, was für einen riesigen Unterschied es zwischen ihm und den Menschen gibt, die er erschaffen hat.[19] Wir können uns darauf verlassen, dass Gott sich *nicht* verändert, und diese Entdeckung gibt uns Rückhalt.

Also: Falls sich Ihr Hund gegen Veränderungen sträubt, dürfen Sie beruhigt wissen, dass das völlig normal ist. Doch uns kann Veränderung guttun, da es ein Anzeichen von Wachstum ist.

Frank

Ich möchte Ihnen von einem Freund erzählen. Er ist groß. Er ist wie ein sanfter Riese. Überwiegend ist er ziemlich still – er redet nicht viel. Meist hat er das gar nicht nötig, weil seine Gegenwart auch so schon imposant genug ist. Ich laufe ihm öfters mal über den Weg, weil wir beide derselben Arbeit nachgehen.

Ich bin Trauma- und Trauertherapeut, genauso wie Frank.

In letzter Zeit habe ich in einer Highschool in Taft, Kalifornien, ausgeholfen. Genauso wie Frank. An einem Wintertag 2013 kam ein Schüler mit einer Schrotflinte in die Schule und schoss in der ersten Schulstunde auf einen Mitschüler. Er schoss ein weiteres Mal, traf aber glücklicherweise niemanden sonst. Der Lehrer schaffte es, ihn zu überreden, die Waffe niederzulegen. Doch der Schaden war bereits angerichtet. Der junge Mann, der angeschossen wurde, überlebte zwar, doch wird er den Rest seines Lebens die Wunden an seinem Körper tragen. Alle 28 Schüler und der Lehrer erlitten ein Trauma und werden die seelischen Wunden noch jahrelang tragen, einige vielleicht ihr Leben lang.

Die gesamte Schule, das Kollegium genauso wie die Schüler, war aufgrund dieses Ereignisses fassungslos. Es war ein schrecklicher Vorfall, und unser Team von Beratern und Seelsorgern hat inzwischen schon mehrere Monate die seelische Verarbeitung begleitet. Schüler haben Flashbacks, Angstzustände, eine erhöhte Wachsamkeit, unerwünschte Gedanken, scheuen sich vor dem Alleinsein, können nicht schlafen, sich nicht konzentrieren, sind wütend, kämpfen mit Zorn. Das sind alles Symptome einer posttraumatischen Belastungsstörung (PTBS).

Ich traf drei Tage nach dem Vorfall in der Schule ein. Genauso wie Frank.

Ich setzte mich mit einzelnen Schülern zusammen und führte auch Gruppengespräche, um ihnen zu helfen, seelisch zu genesen. Genauso wie Frank.

Aber es gibt auch Unterschiede zwischen Frank und mir. Ich bin um *einiges* älter als die Schüler. Frank ist eher in ihrem Alter.

Ich höre zu, aber ich rede auch und erzähle und erteile Ratschläge. Frank hört einfach nur zu.

Wenn ich in die Schule komme oder auf den Pausenhof gehe, wo Schüler versammelt sind, nehmen sie nicht viel Notiz von mir. Frank bemerken sie hingegen sofort. Wenn er erscheint, ist es so, als würde die Zeit plötzlich stillstehen. Gespräche verstummen. Köpfe drehen sich ihm zu. Einige sondern sich von ihren Gruppen ab und gehen zu ihm hin. Er wendet sich ihnen zu und lächelt. Hände strecken sich aus und berühren ihn. Seine Reaktion ist sanft und ruhig.

Frank ist imposant und würdevoll. Das sind die meisten Neufundländer. Frank hat eine Mission: Er ist ein Therapiehund. Er geht ein- bis zweimal die Woche in die Schule, aber nicht, um sich hervorzutun. Mit seinem hübschen schwarz-weißen Muster auf dem Fell könnte er das sicher. Er sieht schon königlich aus. Aber er kommt, um den traumatisierten Highschool-Schülern ein beruhigendes Gefühl zu vermitteln. Sie reden mit ihm und streicheln sein Fell, und dadurch sind sie weniger aufgewühlt und traurig. Zumindest vorübergehend lassen ihre Anspannung und ihre Angst nach. Ein kurzer Augenblick mit Frank macht das Leben besser und schafft wieder das Gefühl, dass die Schule ein sicherer Zufluchtsort ist. Frank hat noch andere Mitarbeiter dabei – einen Hütehund, einen Labrador, eine Französische Bulldogge. Auch sie helfen den Schülern.

Nach ein paar Stunden gehen Frank und seine Freunde wieder. Sie haben ihre Aufgabe erfüllt. Sie müssen gehen, weil der ganze Stress, die ganzen Sorgen und die ganze Trauer der Schüler auf sie übertragen wurden, und auch sie haben ihr Maß, was sie vertragen können.

Ähnlich wie die Schüler machen auch wir Erschütterungen und Verunsicherungen durch. Da brauchen wir jemanden, der uns mit seiner Gegenwart beruhigt und auf den wir unseren Stress und unsere Sorgen übertragen können. Und so jemanden haben wir zum Glück ja auch! Im Gegensatz zu uns und unseren Hunden kann unser Tröster alles vertragen, was wir auf ihn abladen. Er ermüdet nie und ist nie von unseren Bedürfnissen überwältigt. Er wirkt beruhigend auf uns – viel mehr, als Frank, seine Freunde und die Seelsorger je bewerkstelligen können.

Ich bin dankbar für Frank. Ich kenne ihn jetzt bereits seit einigen Jahren. Doch noch dankbarer bin ich für den, den ich schon den Großteil meines Lebens kenne – unseren himmlischen Vater. Lesen Sie sich die folgenden Bibelstellen doch am besten einen Monat lang jeden Morgen und Abend selbst laut vor. Sie werden erstaunt sein, was dabei herauskommt!

Herr, du gibst Frieden dem, der sich fest an dich hält und dir allein vertraut! (Jesaja 26,3)

Als quälende Sorgen mir Angst machten, hast du mich beruhigt und getröstet. (Psalm 94,19)

Fürchte dich nicht, denn ich bin bei dir; hab keine Angst, denn ich bin dein Gott! Ich mache dich stark, ich helfe dir, mit meiner siegreichen Hand beschütze ich dich! (Jesaja 41,10)

Gott ist unsere Zuflucht und Stärke, ein bewährter Helfer in Zeiten der Not. Darum fürchten wir uns nicht, selbst wenn die Erde erbebt, wenn die Berge wanken und in den Tiefen des Meeres versinken, wenn die Wogen tosen und schäumen und die Berge erschüttert werden. Ein breiter, mächtiger Strom belebt die Stadt Gottes, die Wohnung des Höchsten, den heiligen Ort. Gott ist in ihrer Mitte und beschützt sie schon früh am Morgen; nie wird sie zerstört. (Psalm 46,2-6)

Verirrt und gefunden

Ich fuhr gerade eine Straße entlang, als ein Zettel, der mir schon mehrfach aufgefallen war, meinen Blick auf sich zog: „Hund vermisst!" Der Rest des Zettels enthielt eine Beschreibung des Hundes, zusammen mit dem Hinweis auf einen Finderlohn von 500 Dollar. Die Besitzer wollten, dass ihr Hund gerettet wurde, und die Geldsumme ließ mich ahnen, wie viel ihnen dieser Hund wert war. Haben Sie schon mal Ihren Hund vermisst? Bei einigen dauert es nur wenige Minuten, bei anderen können es Tage oder Wochen sein. Wir sind traurig und voller Sorgen, wenn unser Hund verschwunden ist. Gewöhnlich setzen wir Hundebesitzer alle Hebel in Bewegung, um ihn oder sie wieder heimzubringen. Ich weiß das, weil ich es selbst schon erlebt habe.

Ich bin mit einem freundlichen Collie namens Laddie aufgewachsen. Da wir in den Hollywood Hills im südlichen Kalifornien lebten, hatten wir keinen eingezäunten Garten. Somit musste Laddie immer festgebunden werden, wenn er draußen war. Eines Tages ging ich nach draußen und stellte zu meiner Überraschung fest, dass er das Seil durchgekaut hatte. Laddie war weg!

Meine Eltern und ich suchten überall. Wir gingen die verschiedenen Straßen auf und ab. Wir riefen Nachbarn an und baten sie, nach Laddie Ausschau zu halten. Da er eigentlich sehr häuslich war, war sein Verschwinden ungewöhnlich. Wir suchten den Großteil des Tages, doch Laddie tauchte nirgends auf. In jener Nacht schliefen wir nicht gut. Am nächsten Tag ging ich zwar in die Schule, aber meine Gedanken waren woanders.

Sobald ich wieder zu Hause war, stiegen wir ins Auto und weiteten unsere Suche aus. Wir fuhren auf einer Straße, die auf die Spitze einer Bergkette führte, von der aus man Los Angeles überblicken und das Meer sehen konnte. An einem klaren Tag konnte man über dreißig Kilometer weit sehen. Wir stiegen aus und riefen Laddies Namen. Wenige Sekunden später hörten wir ein schwaches Bellen. Wir hörten es wieder und spähten über die steile Seite des Berges – und ich meine wirklich steil!

Schon bald merkten wir, dass Laddie nicht näher kam, also mussten wir dahin gehen, von wo das Bellen herkam. Langsam ließen wir uns den Abhang hinabrutschen, wobei wir uns ans Gestrüpp klammerten und darauf achtgaben, nicht mit den großen Kakteen zu kollidieren. Als wir ungefähr fünfzehn Meter gerutscht waren, fanden wir Laddie. Sein Halsband hatte sich im Gestrüpp verfangen. Er konnte sich kaum bewegen! Hätten wir ihn nicht gefunden, wäre er wenige Tage später gestorben. Er hatte Hunger und Durst, war aber überglücklich, uns zu sehen und gerettet zu werden.

„Rettung" ist ein Wort, das häufig mit Hunden in Verbindung gebracht wird. Wir alle haben schon von Rettungshunden gehört, die bei der Suche nach Menschen eingesetzt werden, die sich verirrt haben oder in irgendeiner Form verschollen sind. Auch auf andere Weise bieten Hunde Rettung. Sie „retten" behinderte Menschen aus einem sehr eingeschränkten Leben, indem sie ihnen neue Möglichkeiten und weitere Horizonte eröffnen. Sie leisten Menschen mit Behinderungen – Männern und Frauen, Jungen und Mädchen – Dienste, die ihr Leben total verändern. Bei uns in den USA gibt es zahlreiche Initiativen, durch die seh- und hörgestörte Menschen Hunde an die Seite gestellt bekommen, die genau für sie und für ihre Bedürfnisse ausgebildet wurden.

Canine Companions for Independence (übersetzt ungefähr „Hundegefährten für Unabhängigkeit") ist eine solche Organisation. Diese Gruppe hat bereits Hunderte trainierte Diensthunde an Notleidende weitergegeben. Wer aufgrund eines Unfalls oder einer Krankheit körperbehindert ist oder an einer geistigen Einschränkung leidet, für den bieten diese Hunde wirklich Lebensrettung.[20] Viele Hunde werden als Helfer für Leute eingesetzt, die irgendeine Einschränkung haben. Ein solcher tierischer Helfer ist darauf trainiert, einer Person bei einer oder mehreren Aktivitäten in ihrem Alltag zu helfen. Dazu kann gehören, sie zu führen, sie auf Geräusche aufmerksam zu machen, bei einem Anfall Alarm zu schlagen oder eine emotionale Stütze zu sein. Ihre Arbeit konzentriert sich auf ihr Herrchen, dem sie dienen. Zu den meisten Orten darf man diese Begleithunde mitbringen, einschließlich zu Veranstaltungsorten bei Konzerten, zu Supermärkten und Restaurants. Begleithunde werden nicht als Haustiere angesehen und sind meist im Dienst, wenn sie mit ihrem Herrchen unterwegs sind. Ihr Augenmerk liegt auf ihrem Herrchen. Diese Hunde (gelegentlich sind es sogar auch andere Tiere) stehen ihren Besitzern in vielerlei Hinsicht zur Seite.

Menschen müssen keine Beeinträchtigung haben, um der Rettung zu bedürfen. Genauer gesagt muss jeder Mensch gerettet werden. Wir alle wurden mit einer Krankheit geboren, die sich „Sünde" nennt. Wir haben keine richtige Beziehung zu Gott, und unsere Gedanken und unser Verhalten folgen nicht von Natur aus dem, was ihm für uns vorschwebt:

Alle sind Sünder und haben nichts aufzuweisen, was Gott gefallen könnte. (Römer 3,23)

Denn die Sünde wird mit dem Tod bezahlt. Gott aber schenkt uns in der Gemeinschaft mit Jesus Christus, unserem Herrn, ewiges Leben. (Römer 6,23)

Wenn es Geschöpfe gibt, die gerettet werden müssen, dann wir! Glücklicherweise hat Gott eine gewaltige Rettungsaktion in Gang gesetzt. Sie ist immer noch am Laufen und ist immer zugänglich:

Denn nur durch seine unverdiente Güte seid ihr vom Tod errettet worden. Ihr habt sie erfahren, weil ihr an Jesus Christus glaubt. Dies alles ist ein Geschenk Gottes und nicht euer eigenes Werk. Durch eigene Leistungen kann man bei Gott nichts erreichen. Deshalb kann sich niemand etwas auf seine guten Taten einbilden. (Epheser 2,8-9)

Denn Gott hat die Menschen so sehr geliebt, dass er seinen einzigen Sohn für sie hergab. Jeder, der an ihn glaubt, wird nicht zugrunde gehen, sondern das ewige Leben haben. (Johannes 3,16)

Ich bete, dass Sie sich bereits auf seinen großen Rettungsversuch eingelassen haben!

Friede ist möglich!

Einige Hunde können anscheinend durch nichts aus der Ruhe gebracht werden. Selbst wenn um sie herum alles drunter und drüber geht, schauen sie nicht einmal auf oder wedeln mit dem Schwanz. Sie gähnen nicht einmal. Während Sie in heller Aufregung sind, sehen Sie bei Ihrem Hund kein Anzeichen der Unruhe. Vielleicht fragen Sie sich sogar, ob er überhaupt einen Puls hat!

Es gibt aber auch Hunde, die mich an einige mir bekannte Menschen erinnern. Sie scheinen die „Hektik-Gene" geerbt zu haben. Ihr Körper wackelt und zuckt immerzu. Man könnte denken, dass sie sich in einem nie aufhörenden Panikmodus befinden.

In der heutigen Welt verhalten sich viele Menschen so, wenn es Elektronik betrifft. Sie sind süchtig nach ihren Geräten. „Hektik" ist da genau das richtige Wort! Haben Sie schon einmal Ihr Smartphone zu Hause vergessen oder einige Stunden lang nicht finden können? Sie vermissen das SMS-Geräusch und den Klingelton, wenn Sie einen Anruf bekommen. Ihr Leben – und alles andere – bleibt stehen, während Sie das Haus, das Auto und den Arbeitsplatz auf den Kopf stellen, bis Sie es endlich gefunden haben. Ohne Ihr Smartphone fühlen Sie sich nackt, also schauen Sie unter jedem Kissen, jedem Stuhl, in jedem möglichen Versteck nach. Ihre Augen streifen durchs Zimmer, und Sie werfen einen flüchtigen Blick auf Ihren Hund. Ihre Augen wandern weiter ... bis es Sie wie der Schlag trifft. *Hermann! Kann er es gegessen haben? Er ist ja immerhin eine 65 Kilo schwere Dänische Dogge.*

„Hermann? Nein, das kann er doch nicht getan haben ... oder? Hermann, hast du mein Smartphone gefressen? Mein Smartphone, auf dem ich all meine wichtigen Informationen, Adressen und Fotos gespeichert habe? Auf dem ich alle Apps speziell für mich eingerichtet habe? Wie konntest du nur!"

Was für eine Antwort erwarten Sie von einem Hund? Hermann schaut Sie nur an und macht den Eindruck, als lache er, während seine Zunge heraushängt, er sich streckt, sich auf den Rücken rollt und mit allen vier Pfoten auf ganz süße Art in der Luft spielt. Hat er nun das Smartphone verschlungen oder nicht? Möglich. Aber verraten wird er es nie. Sie sind außer sich vor Stress; er bleibt ganz cool, ruhig und gelassen. Frustriert setzen Sie sich hin. Da spüren Sie es. Etwas drückt gegen Ihr Hinterteil. Ihr Smartphone ist aus der Hülle gerutscht und in Ihrer Hosentasche stecken geblieben. War der ganze Stress wirklich nötig?

Eines Morgens traf ich mich mit meinem Freund zum Angeln an einem See. Leider etwas zu spät. Wäre ich zehn Minuten früher gekommen, hätte ich nicht verpasst, was passiert war, aber mein Freund erzählte es mir. Am Tag zuvor hatte es geregnet, wodurch das Ufer sehr rutschig war. Zusätzlich zu seiner Angelausrüstung hatte mein Freund auch sein neues Smartphone dabei. Der erste Schritt, den er auf den Hang setzte, der zum Ufer führte, war auch der einzige, den er machen musste. Den restlichen Weg rutschte er einfach weiter, bis er in mehr als einen Meter tiefem Wasser landete. Elektronische Geräte haben die merkwürdige Eigenschaft, dass sie nicht sonderlich gut funktionieren, wenn sie unter Wasser getaucht sind oder gerade waren. Es muss wohl nicht extra erwähnt werden, dass mein Freund über die Situation nicht gerade entzückt war.

Das Leben läuft auch dann noch weiter, wenn wir nicht auf dem Laufenden sind. Die Welt hört nicht auf, sich zu drehen, ganz gleich, was wir tun. Wir mögen uns für unentbehrlich halten, sind wir aber nicht. Einige Leute sagen: „Ich muss immer erreichbar sein, falls ich gebraucht werde." Oder: „He, es ist eine böse Welt da draußen. Da muss man auf der Hut sein. Es ist ziemlich gefährlich, also bleiben wir immer im Kontakt, damit du mich erreichen kannst, wenn du Hilfe brauchst." Wir meinen, wir müssten alles unter Kontrolle haben; wir glauben, dass alles von uns abhängt. Wir können uns nicht entspannen. Wir machen uns Sorgen und verpassen den Frieden und die Freude, die Gott uns anbietet.

Ich möchte Ihnen nahelegen, doch ab und zu mal Ihre Technik auszuschalten, um wirklich die Gegenwart Gottes zu erleben. Ob Sie zu Hause, bei der Arbeit oder mit Ihrem Hund unterwegs sind – lassen Sie es zu, in die Gegenwart Gottes zu treten, ohne dass die Technik dazwischenfunkt. Einige der friedlichsten und kreativsten Zeiten erlebe ich, wenn ich mit meinen Hunden spazieren gehe (außer, wenn sie eine Katze erspähen!). Es ist eine Zeit, in der ich abschalten kann und mir keine großen Gedanken um irgendetwas machen muss. (Der Mensch ist tatsächlich dazu in der Lage; wir haben spezielle Hirnlappen, die für „nichts" zuständig sind.)

Im Matthäusevangelium lesen wir, dass Jesus und seine Jünger in einem Boot waren, als mit einem Mal ein schwerer Sturm aufkam, *sodass die Wellen ins Boot schlugen* (8,24). Das war auf dem See Genezareth kein ungewöhnlicher Vorfall. Die Jünger hatten Stress, aber Jesus verschlief das Ganze friedlich. Einer meiner Lieblingsautoren, John Ortberg, hat etwas über diese Geschichte geschrieben, was Sie und ich erleben können:

> In Anbetracht dessen, was Jesus über seinen Vater wusste, war er überzeugt davon, dass das Universum ein absolut sicherer Ort für ihn war.
> Der Glaube der Jünger war auf Jesus gerichtet. Sie vertrauten darauf, dass er ihnen helfen konnte. Sie teilten nicht seine feste Überzeugung, dass sie sicher in Gottes Händen waren. Das ist es, was Paulus den „Frieden Christi" nennt.[21]

Vielleicht sollten wir uns einmal ausmalen, wie unser Leben aussähe, wenn wir fest im Bewusstsein verankert hätten, wer Gott ist, und wenn wir uns von der Kraft seiner Gegenwart bestimmen ließen. John Ortberg beschreibt, was das zur Folge hätte:

- Meine Besorgnis würde abnehmen. Ich würde ganz fest darauf vertrauen, dass mein Leben vollkommen in den Händen Gottes ruht. Meine eigene Unzulänglichkeit würde mir nicht zu schaffen machen.
- Ich wäre ein ziemlich geruhsamer Mensch. Selbst wenn ich viel um die Ohren habe und viele Aufgaben zu erledigen sind, hätte ich eine innere Ruhe und Sicherheit, die daher rührt, dass ich in der Gegenwart Gottes bin. Ich würde nicht mehr so viel dummes Zeug reden, das daher kommt, dass ich rede, ohne nachzudenken.
- Ich würde mich nicht von Schuldgefühlen herunterziehen lassen. Ich würde Selbstvertrauen gewinnen, das wächst, weil ich mich von Gott geliebt weiß.

- Ich würde Gott genug vertrauen, um auch das Risiko einzugehen, ihm zu gehorchen. Ich müsste nicht hamstern. Sorgen ziehen mein Augenmerk auf mich selbst. Sie rauben mir meine Freude, Kraft und Mitleidsvermögen.
- Ein Mensch, in dem der Friede Christi herrscht, wäre eine Oase der stillen Vernunft inmitten einer Welt, in der wildes Durcheinander herrscht.
- Eine Gruppe von Menschen, in denen der Friede Christi herrscht, würde die Welt verändern.[22]

Nichts *Gutes* im Schilde führen

Ein Wurf Welpen ist ein entzückender Anblick. Die kleinen Rabauken toben, kauen, beißen, ziehen und krabbeln kreuz und quer übereinander. Wir lachen über ihre Mätzchen und schauen ihnen liebend gerne zu. Haben Sie das Bild in Ihrem Kopf? Gut, und nun stellen Sie sich denselben Wurf Welpen als ausgewachsene Hunde vor. Sie sehen, wie dieselbe Gruppe Hunde durch Ihre Nachbarschaft streift. Wie würden Sie nun reagieren?

„Oh-oh! Was führen die denn im Schilde?"

„Die sollte ich lieber im Auge behalten."

„Ich frage mich, wer deren Besitzer ist und warum die so frei herumstreifen."

Aus Ihrer Verzückung ist Besorgnis geworden. Aus dem Wurf Welpen ist ein Rudel ausgewachsener Hunde geworden.

Eine Gruppe Hunde ist so ähnlich wie eine Gruppe Kinder. Man lässt sie zusammen herumstreunen, und schon stellen sie Dinge an, die sie als Einzelne nie machen würden. Es ist so, als sei aus ihnen ein Mob geworden. Verilese Graeme beschreibt ein solches Szenario gut: „Mob-Mentalität: In der Soziologie ist das eine Personengruppe, in der man sich gegenseitig anstachelt und in Aufregung versetzt, sodass man die normale rationale Kontrolle über sein Handeln verliert." In einem Artikel mit dem Titel *Bears and Dogs in Alaska* (übersetzt „Bären und Hunde in Alaska") erwähnt Beth Fowler diese Tendenz von Hunden, zu einem Mob zu werden: „Die meisten Hunde scheuen sich vor Bären, doch wenn sie mit anderen Hunden zusammen sind, macht sich ihre Rudelnatur wieder bemerkbar und sie nehmen möglicherweise sogar die Verfolgung des Bären auf. Und einen Bären zu verfolgen, ist nicht sehr ratsam." In dem Buch *Best Friends Forever – Me and My Dog* (übersetzt „Beste Freunde für immer – Ich und mein Hund") von Rebecca Currington habe ich eine Geschichte gefunden, die Ihnen bestimmt gefallen wird. Sie schildert, was passieren kann, wenn Hunde gemeinsam unterwegs sind.

> Hunde haben gerne Spaß, und Sage und Clemie sind der lebendige Beweis dafür. Diese beiden gelben Amerikanischen Labrador-Retriever sind Schwestern, die mit einem Jahr Altersunterschied von derselben Mutter geboren wurden. Robert, ihr Besitzer, erzählt, dass Sage, die ältere der beiden, als Welpe ziemlich temperamentvoll war. Einmal zerkaute sie seinen Turnschuh und ein anderes Mal versuchte sie – wenn auch erfolglos – sich unter dem hinteren Gartenzaun hindurchzugraben. Im Allgemeinen wurde aus ihr jedoch ein braver Hund. Zwar rannte sie durchaus manchmal nach Stöcken, tobte auf dem Boden herum oder grub sogar einen Knochen aus, um ihn Robert zu Füßen zu legen. Doch Sage war meist sehr sanftmütig, vielleicht sogar etwas zu sehr.
> Deswegen dachte sich Robert, dass sie vielleicht einen Kameraden brauchte. Deshalb war er begeistert, als er hörte, dass Sages Mutter gerade einen neuen Wurf Welpen hatte. Eines der Weibchen stand noch zur Verfügung, und der

Züchter versprach, sich sofort zu melden, nachdem sie entwöhnt war. Anfangs wusste Sage nicht so recht, was sie mit ihr anfangen sollte, aber schon bald fand sie Gefallen an ihrer kleinen Schwester. Robert taufte sie Clementine (kurz: Clemie). Der entzückende kleine Welpe gab Sage die Chance, das Leben noch einmal ganz anders anzugehen.

Dann bekam Robert eines Tages bei der Arbeit einen Anruf. Ein Nachbar berichtete, dass er gesehen habe, wie sich Sage und Clemie im Vorgarten eines Nachbarn rauften. Als Robert zu Hause ankam und in die Auffahrt bog, kamen seine beiden Racker angesprungen, um ihn beim Auto zu begrüßen. Er bemerkte einen kleinen Erdhügel und ein Loch unter dem Zaun, und die beiden Hunde standen mit schuldbewussten Gesichtern daneben, während er den Schaden untersuchte. Robert stopfte das Loch und legte einige Bretter über die lockere Erde. Doch ein paar Tage später hatten die beiden ihre Reue vergessen und entwischten erneut, diesmal durch ein Loch unter der Eingangspforte.

Das erste Mal, als sich die Hunde ihren Weg in die Freiheit gebahnt hatten, schienen sie überrascht zu sein, dass sie die Flucht tatsächlich erfolgreich gemeistert hatten. Doch dieses Mal musste ihre eigene Dreistigkeit sie richtiggehend berauscht haben. Für das, was danach passierte, gibt es keine menschlichen Zeugen außer einer Nachbarin, die berichtete, wie sie beobachtet hatte, wie die beiden Hunde in der Nachbarschaft hin- und herliefen. Die Beweislage war jedoch mehr als ausreichend, um ihre Verbrechenstour zu dokumentieren. Der Mülleimer eines Nachbarn war umgeworfen und der Müll über den Hof verstreut. Ein Mann auf der gegenüberliegenden Straßenseite berichtete, dass mehrere Topfpflanzen umgestoßen worden waren und im neu gepflanzten Blumenbeet Pfotenabdrücke zu sehen waren. Das Schlimmste ereignete sich jedoch zwei Häuser weiter links.

Nach mehreren grauen, verregneten Tagen schien an diesem Tag ausnahmsweise einmal wieder die Sonne, also hatte die Nachbarin Charlotte beschlossen, sich an ihren Gartentisch zu setzen und Wäsche zu falten. „Ich ging nur ganz kurz rein", berichtete sie später Robert, „nur lange genug, um ans Telefon zu gehen und eine weitere Ladung Wäsche in die Waschmaschine zu tun." Als sie zurückkam, sah sie Sage und Clemie und einen nicht identifizierten Missetäter, den Charlotte nur als „groß und braun" beschrieb, wie sie mit einem ihrer guten Badehandtücher Seilziehen spielten. Die restliche Wäsche war im ganzen Garten verstreut. Ihr Kaffeebecher lag im Gras, und alles, was von ihrem Muffin noch übrig war, war ein zerrissenes Stück Backpapier.

Robert würde sagen, dass Sage und Clemie nicht wirklich ungezogene Hunde sind. Im Gegenteil, die meiste Zeit sind sie die Musterbürger in Person. Er sieht sie quasi als sonst vorbildliche Schüler, die nur einmal die Schule geschwänzt und sich dabei in einige unglückliche Vorfälle verwickelt haben. Ein bisschen Sonnenschein, ein übermütiger Akt der Rebellion und schlechte Gesellschaft können sich zu einer Katastrophe summieren.

Auch Menschen können sich leicht auf ähnliche Weise Schwierigkeiten einhandeln. In Gruppen lassen wir uns teilweise zu Dingen hinreißen, die wir allein nie tun würden: Tratsch oder beleidigende Bemerkungen gegenüber anderen, zum Beispiel. Lasst uns eine Lektion von Sage und Clemies katastrophalem Tag lernen und uns darin üben, nicht von einer Rudelnatur mitgerissen zu werden.[23]

Es ist schon enorm, wie wir von anderen beeinflusst werden. Menschen können einer Massenmentalität verfallen. Als Menschen, die wir Jesus nachfolgen, sind wir jedoch dazu berufen, andere *zu beeinflussen*, nicht beeinflusst zu werden:

> *Passt euch nicht dieser Welt an, sondern ändert euch, indem ihr euch von Gott völlig neu ausrichten lasst. Nur dann könnt ihr beurteilen, was Gottes Wille ist, was gut und vollkommen ist und was ihm gefällt. (Römer 12,2)*

> *Wehe euch, die ihr jetzt von allen umschmeichelt werdet, denn die falschen Propheten waren schon immer beliebt. (Lukas 6,26)*

Suchen Sie *Nähe?*

Einige Hunde sind eher distanziert, während andere gar nicht genug von uns kriegen können. Sie sind, was ich „Kuschler“ nenne. Wo immer man ist, müssen auch sie sein, und zwar so nah wie möglich. Einige müssen einen sogar ständig in irgendeiner Form berühren. Das Bedürfnis nach Berührung haben wir alle. Dazu eine Geschichte:

> Bedingt durch ihre verschiedenen Rassen unterscheiden sich Hunde erheblich voneinander. Ein Bernhardiner und ein Chihuahua beispielsweise scheinen auf den ersten Blick kaum etwas gemeinsam zu haben. Es gibt jedoch eine Charaktereigenschaft, die nahezu alle Hunde haben, unabhängig von Größe, Alter, Farbe oder Temperament: ihre Hingabe an ihr Herrchen, trotz des Umstandes, dass in den allermeisten Fällen der Hund überhaupt keinen Einfluss darauf hat, welches Herrchen er bekommt. Im Gegensatz zu unseren Hundefreunden haben wir das Vorrecht, wählen zu können, wem wir dienen wollen. Wenn wir uns für Gott entscheiden, sollten wir unsere Hingabe dann auch mit entsprechend größerer Begeisterung zeigen.

Zunächst mag Holly, also „Stechpalme", ein eher unpassender Name für einen Sibirischen Schlittenhund sein. Etwas verständlicher wird die Namensgebung, wenn man zugesehen hat, wie der kleine schwarz-weiße Ballen aus Fell mit den Geschenkschleifen spielte, die von der ausgelassenen Bescherung an Weihnachten übriggeblieben waren. Einige Stunden zuvor hatte Holly selbst eine derartige Schleife getragen. Sie war das beste Weihnachtsgeschenk, das Daniel je bekommen hat. Zumindest verkündete er das immer wieder allen, die ihm geduldig zuhörten.
Schließlich rollte sich der neunjährige Daniel auf dem Sofa zusammen und schlief ein. Er war zuvor die halbe Nacht lang wach geblieben, weil er fieberhaft hoffte, dass er einen Hundewelpen zu Weihnachten bekommen würde. Dann war er um fünf Uhr morgens aufgestanden, um seine Eltern anzubetteln, endlich unter dem Baum nachschauen zu dürfen. Als sie schließlich nachgaben – es war inzwischen halb acht –, raste er die Treppe hinab und fand viele hübsch verpackte Geschenke vor, aber natürlich keinen Welpen. Enttäuschung stand ihm ins Gesicht geschrieben. Doch ein paar Stunden später brach er in großen Jubel aus, als seine Eltern den kleinen Kerl aus der Garage holten. Junge und Hund tollten durchs Wohnzimmer – und dann weiter in der Garage, als der Lärmpegel etwas zu viel für Daniels Mutter wurde. Sie endeten im schneebedeckten Vorgarten, in dem Holly – hätte sie keine schwarze Nase, schwarz-weiß gefleckte Ohren und die rote Schleife gehabt – gänzlich unsichtbar gewesen wäre. Gegen Mittag wurde klar, dass Daniel mit ihrer grenzenlosen Energie nicht mithalten konnte.
So fing alles an. Seit jenem Weihnachtsmorgen sind elf Jahre vergangen. Mein Neffe Daniel ist inzwischen an der Uni-

versität von Michigan, wo er Maschinentechnik studiert. Unterdessen haben sich seine Eltern Hollys angenommen. Der kleine Welpe ist nun fast dreißig Kilo schwer. Peg erzählt Besuchern gerne: „Wir sehen Holly nicht so sehr als einen Hund an, sondern eher als so etwas wie eine kleine Kuh." Und aus der Ferne betrachtet würden Sie vermutlich damit übereinstimmen, da ihr nicht unbeträchtlicher Körperumfang von einem flauschigen weißen Fell mit großen schwarzen Flecken bedeckt ist.

Holly ist immer noch erstaunlich verspielt für ihr Alter und ihre Größe. Trotzdem ist jetzt, in ihren goldenen Jahren, ihre Lieblingsbeschäftigung, neben Peg oder Daniels Vater Roland auf dem Boden zu liegen. Genauer gesagt, sich *auf* sie zu legen. Holly scheint einfach nie nah genug an sie heranzukommen, also positioniert sie sich genau über ihren Füßen und lässt sich dann in ein bequemes Schlummern fallen. Wenn Daniel übers Wochenende nach Hause kommt, rennt Holly im Kreis herum – ihr üblicher Freudentanz –, doch sobald er seine Sachen abgelegt und sich aufs Sofa gesetzt hat, platziert sie sich auf seinen Turnschuhen und nickt ein.

Holly begrüßt alle Gäste der Martins mit Begeisterung. Sie ist sanft und freundlich und scheint dafür sorgen zu wollen, dass sich alle Fremden bei ihnen wohlfühlen. Sie ist gerne mit im Zimmer, wenn Menschen sich unterhalten und lachen und Spaß haben. Sie ist wirklich eine große Süße. Doch sich den Fremden zu Füßen legen? Das ist für Menschen reserviert, die ihr besonders viel bedeuten, diejenigen, denen sie uneingeschränkt hingegeben ist. Nur Daniel, Peg und Roland himmelt sie so an, dass sie einfach nicht genug von ihnen bekommen kann. Und es ist eindeutig, dass dieses Gefühl auf Gegenseitigkeit beruht. Hollys Nickerchen können sich inzwischen ganz schön in die Länge ziehen, aber den Martins würde nie der Gedanke kommen, sie zu unterbrechen. Also bleiben sie sitzen, die Füße an den Boden geheftet, so lange, bis der alte Schlittenhund aufwacht und sie freigibt.

Wie hingebungsvoll ist unsere Beziehung zu Gott? Lieben wir es, in seiner Gegenwart zu sein? Einige Menschen fühlen sich Gott vor allem in der Kirche nahe. Andere, die eine besonders innige Beziehung zu ihm suchen, sind so ähnlich wie Holly: Wir können ihm gar nicht nah genug sein. Wir begnügen uns nicht mit einer Beziehung, die uns auf Armeslänge hält. Wir wollen ihm immer näher kommen, bis wir zu seinen Füßen liegen, ihn berühren, seine Wärme spüren und Leben, Stärkung und geistliche Kraft aus ihm ziehen. Die Bibel versichert uns, dass Gott diejenigen, die aufrichtige, treue und hingegebene Herzen haben, zu einer solchen innigen Nähe einlädt.[24]

Wie würden Sie das Erlebnis beschreiben, Gott ganz nah zu spüren? Wann fühlen Sie sich Gott am nächsten? Was können Sie heute tun, um ihm noch näher zu kommen?

Unterstellt euch Gott, und widersetzt euch dem Teufel. Dann muss er von euch fliehen. Sucht die Nähe Gottes, dann wird er euch nahe sein. Wascht die Schuld von euren Händen, ihr Sünder, und lasst Gott allein in euren Herzen wohnen, ihr Unentschiedenen! (Jakobus 4,7-8)

Herr, wenn ich nur dich habe, bedeuten Himmel und Erde mir nichts. Selbst wenn alle meine Kräfte schwinden und ich um-

komme, so bist du doch, Gott, allezeit meine Stärke – ja, du bist alles, was ich habe! (Psalm 73,25-26)

Abschließend noch ein lesenswertes Zitat von einem Kirchenlied, verfasst von Sarah F. Adams und übersetzt von Erhard Friedrich Wunderlich:

Näher, mein Gott, zu dir, näher zu dir!
Drückt mich auch Kummer hier, drohet man mir,
Soll doch trotz Kreuz und Pein dies meine Losung sein:
Näher, mein Gott, zu dir, näher zu dir!

Gerettet

Mein Lieblingsautor als Kind war Albert Payson Terhune. Er schrieb viel über Hunde, vor allem über Collies. Und er schrieb mit solcher Liebe zum Detail, dass ich das Gefühl hatte, Teil der Geschichte zu sein und mit den von ihm beschriebenen Leuten und Hunden zu leben. Meine Gedanken und Träume kreisten um Collies. Jahrelang bettelte ich meine Eltern um einen Collie an, und eines Tages, als ich mich gerade von einer milden Form von Polio erholte (was mehrere Monate dauerte), ging mein Vater zu einem Hundezüchter und suchte einen Collie aus. Er war kein Schauhund, und er war auch nicht der hübscheste Collie, aber er war ein Welpe, und er gehörte mir. Natürlich taufte ich ihn nach einem Hund aus Terhunes Büchern: Laddie. Er wurde mein Freund und beständiger Begleiter. Jeden Tag nach der Schule nahm ich ihn mit mir nach draußen, und zusammen streiften wir durch die Hügel Hollywoods, auf der Suche nach Wild oder Cowboys auf der Flucht. In unserer Nachbarschaft gab es keine anderen Kinder, also füllte Laddie ein Loch in meinem Leben.

Wie die meisten Hunde, so hatte auch Laddie Essen zum Fressen gern – besonders menschliche Nahrung, einschließlich Kuchen. Die Spezialität meiner Mutter war ihr „Sonnenkuchen“: ein gelber Kuchen mit Schokoguss. Einmal, als ich von der Schule nach Hause kam, sagte meine Mutter, dass sie wieder den Kuchen gebacken hatte. Ich weiß noch, wie begeistert ich darüber war; ich konnte ihn schon förmlich auf der Zunge schmecken. Normalerweise stellte meine Mutter den Kuchen immer auf der Küchentheke ab und bedeckte ihn zum Schutz. Doch aus irgendeinem Grund hatte sie den Kuchen dieses Mal in einem niedrigeren Schrank im Frühstücksraum abgestellt. Als ich die Schranktür öffnete, waren da statt eines in dunklen Guss gehüllten Kuchens nur ein paar gelbe Krümel und einige Schokoladenkleckse. Ich war so schockiert, dass ich einige Sekunden brauchte, bis ich verstand, wer den Kuchen gegessen hatte. Und er war nirgends zu sehen. Entweder war Laddie von Schuldgefühlen geplagt, weil er wusste, dass er den Kuchen nicht hätte essen dürfen und nun ahnte, dass Unheil auf ihn wartete, oder er hatte Bauchschmerzen – oder hoffentlich beides. Er erholte sich aber wieder von dem Vorfall, und meine Mutter stellte *meinen* Kuchen nie wieder irgendwo innerhalb von Laddies Reichweite ab.

Dessen ungeachtet wurde Laddie sehr geliebt, und er war viel mehr als nur ein Gefährte. Er hat unser Leben gerettet. Wirklich! Ohne meinen Hund wäre ich heute nicht hier. Laddie schlief gewöhnlich in unserem Waschraum, der sich hinten beim Haus befand. Er hatte es dort bequem, und da der Raum an die Küche grenzte, konnte er sich an all den Gerüchen erfreuen, die unter der Tür hervorkrochen.

Eines Nachts, um circa zwei Uhr morgens, kroch ein neuer Geruch unter der Tür hervor. Das war etwas, was Laddie noch nie gerochen hatte. Wie Sie wissen, haben Hunde zweihundertmal so viele Geruchsneuronen in ihrem Gehirn wie wir. Das bedeutet, dass sie Gerüche wahrnehmen können, von denen wir nichts merken. Laddie merkte, dass irgendetwas nicht stimmte. Er fing an zu bellen – und bellte und bellte. Dann wurde sein Ton eindringlicher. Ich war der Erste, der ihn hörte, und ich weckte meine Mutter. Da war der Rauch schon sehr dicht, und unsere Augen brannten. Wir wussten, wir hatten ein Problem, und ich konnte hören, wie Laddie bellte und an der Tür kratzte. Glücklicherweise dachten wir daran, nicht aufrecht zu gehen, sondern so nah wie möglich am Boden zu bleiben. Also krochen wir auf allen Vieren nach draußen. Wir schafften es alle, unverletzt aus dem Haus zu kommen, und öffneten dann die Hintertür, um auch Laddie herauszulassen. Wir spürten noch lange die Folgen des Rauches in unseren Augen und Lungen, und unsere Kleidung stank noch wochenlang nach Rauch.

Die Feuerwehr kam schnell und kümmerte sich um das Problem. Nie werde ich vergessen, was der eine Feuerwehrmann sagte: „Sie können dankbar sein, dass Sie Laddie hatten. Ohne ihn wären Sie nicht hier. Er hat Ihr Leben gerettet." Der alte Motor unseres Kühlschranks hatte sich abgenutzt, und ein heißer Draht zerriss und schmorte an dem Asbest. Es gab keine Flamme, aber der Rauch nahm zu und kroch unter der Küchentür zum Waschraum hindurch, bevor er das ganze Haus füllte.

Nicht jeder hat ein solches Erlebnis mit seinem Hund, aber jeder kann ein solches Erlebnis mit Gott haben. Die Bibel ist voll mit wahren Geschichten, die davon berichten, wie Gott die Aufmerksamkeit der Menschen gewinnen will, um uns zu retten. Mein Leben wurde gerettet, indem Gott mir seine Rettung durch seinen Sohn Jesus schenkte. Ihr Leben wurde auf die gleiche Weise gerettet. Unsere Leben wurden gerettet, weil wir eine Warnung gehört haben – ein Bellen sozusagen. Als wir aufwachten, debattierten wir nicht über die Warnung und legten uns auch nicht wieder schlafen. Wir folgten dem, wozu uns die Warnung aufforderte – wir machten uns auf, unser von Sünde geprägtes Leben hinter uns zu lassen und uns in der Liebe Gottes in Sicherheit zu begeben. Gott bietet uns allen das ewige Leben an. Lesen Sie einmal einige wenige der vielen Bibelstellen, in der es um unsere Rettung geht:

Ich allein bin die Tür. Wer durch mich zu meiner Herde kommt, der wird gerettet werden. Er kann durch diese Tür ein- und ausgehen, und er wird saftig grüne Weiden finden. (Johannes 10,9)

Wir glauben, dass wir allein durch die Gnade Jesu, des Herrn, gerettet werden. Dasselbe gilt auch für die Nichtjuden. (Apostelgeschichte 15,11)

Als wir noch seine Feinde waren, hat Gott uns durch den Tod seines Sohnes mit sich selbst versöhnt. Wie viel mehr werden wir, da wir jetzt Frieden mit Gott haben, am Tag des Gerichts bewahrt bleiben, nachdem ja Christus auferstanden ist und lebt. (Römer 5,10)

Denn wenn du mit deinem Mund bekennst: „Jesus ist der Herr!", und wenn du von ganzem Herzen glaubst, dass Gott ihn von den Toten auferweckt hat, dann wirst du gerettet werden. (Römer 10,9)

Aber Gottes Barmherzigkeit ist groß. Wegen unserer Sünden waren wir in Gottes Augen tot. Doch er hat uns so sehr geliebt, dass er uns mit Christus neues Leben schenkte. Denkt immer daran: Alles verdankt ihr allein der Gnade Gottes. ... Denn nur durch seine unverdiente Güte seid ihr vom Tod errettet worden. Ihr habt sie erfahren, weil ihr an Jesus Christus glaubt. Dies alles ist ein Geschenk Gottes und nicht euer eigenes Werk. (Epheser 2,4-5+8)

Können Sie sich noch erinnern, wann Sie Gottes rettende Gnade zum ersten Mal erlebten? Wo war das? Wie alt waren Sie? Wie geschah es? Wie hat sich dieses Ereignis auf Ihr Leben ausgewirkt? Manchmal kann es guttun, die Anfänge unseres Lebens mit Gott in Erinnerung zu rufen, um daran zu denken, dass es eine Zeit gegeben hat, in der wir *nicht* das ewige Leben hatten, das wir jetzt haben.

Wenn Sie so sind wie ich, dann erzählen Sie anderen Leuten Geschichten von Ihrem Hund – die niedlichen, witzigen und merkwürdigen Erlebnisse, die Sie mit ihm gehabt haben. Das macht viel Freude. Doch wann haben Sie mal Ihre Geschichte weitererzählt, wie Gott Sie gerettet und er durch seine Gegenwart Ihrem Leben Freude verliehen hat? Das ist wichtiger als unsere Hundegeschichten.

Die stille, sanfte *Stimme*

Teilweise versetzen uns Hunde in Staunen. Es gibt viele Geschichten darüber, wie Hunde eine Situation oder sogar Leben gerettet haben. Ich lese gerne Geschichten über „Heldenhunde“. Es kursieren so viele dieser Geschichten, dass Sie vermutlich auch schon einige gelesen haben. Wir alle hören gerne von Hunden, die Menschen und andere Tiere beschützt und gerettet haben.

Fritz war ein Suchhund, der in einem Tal in der Nähe des Matterhorns in den Schweizer Alpen lebte, einem Gebiet, das für heftige Schneestürme bekannt ist. Wen ein solches Wetterereignis unvorbereitet trifft, für den kann Unvorsichtigkeit tragische Folgen haben. Die meisten Menschen, die dort leben, sind auf solche Vorfälle gut vorbereitet, aber manchmal können die Vorräte etwas knapp werden.

Einmal beschlossen fünf Männer im Tal, neues Feuerholz zu sammeln, da der Sturm so heftig gewesen war. Während sie auf dem Hang waren, löste sich ein großer Block Schnee, kam ins Rollen und wurde zu einer tückischen Lawine, die über sie hinwegrollte und sie unter Tonnen von Schnee begrub.

17 Männer und ein Hund, Fritz, wurden ausgesandt, um

nach den Holzsammlern zu suchen. Glücklicherweise fanden sie vier von ihnen auf der Stelle und gruben sie aus. Sie waren zwar halb erfroren, lebten aber noch. Fritz gab sich mit dem Ergebnis jedoch nicht zufrieden. Er suchte immer weiter und schnüffelte, schnüffelte, schnüffelte. Der Leiter des Rettungsteams fragte die vier, ob sonst noch jemand unter dem Schnee begraben sein könnte. „Ja, da ist noch einer. Könnt ihr ihn finden?" Fritz musste aber gar nicht gesagt bekommen, dass es noch einen weiteren Mann gab. Er wusste es schon. Er konnte es ja riechen. Er suchte weiter, bis er anhielt und sich daran machte, sich durch den Schnee und die Steine zu graben. Das Rettungsteam half ihm, und schon bald fanden sie den fünften Mann, immer noch am Leben. Und das ist das glückliche Ende der Geschichte von Fritz' Rettungsleistung. Oder vielleicht doch nicht?

Fritz war immer noch unruhig. Er lief umher und schnüffelte, nur diesmal nicht auf dem Boden, sondern mit der Nase hoch in der Luft. Die Rettungsarbeiter fragten sich, ob es möglicherweise noch einen weiteren Überlebenden gab, aber es fehlte ja niemand mehr. Fritz fing an zu knurren, fletschte die Zähne und schnappte nach den Beinen des Rettungsleiters. Schließlich biss er sich an dessen Schneeanzug fest und zog und zerrte und knurrte. Der Leiter versuchte, Fritz' komisches Verhalten zu verstehen. Endlich sagte er: „Irgendetwas spürt er, und ich glaube, er will, dass wir hier wegkommen." Die Männer verstauten die Krankentragen und räumten das Gebiet. Ein paar Minuten später bedeckte eine riesige Schneelawine, die noch größer war als die erste, genau den Fleck, an dem sie eben noch gestanden hatten. Niemand hätte überlebt; niemand wäre gefunden worden.[25]

Woher wusste Fritz, was geschehen würde? Ich weiß es nicht genau. Doch der Hund wusste es und die Menschen wurden gerettet, weil er sie warnte und die Rettungsarbeiter auf seine Warnung hörten.

Auch Sie und ich erhalten ständig Warnsignale. Teilweise ist das als „Intuition" bekannt. Frauen erleben so etwas gewöhnlich viel häufiger als Männer. Sie sagen: „Ich hatte einfach das Gefühl ...", oder: „Ich wusste es einfach." Wir Männer schütteln da meist nur unseren Kopf und stellen infrage, woher die Frauen das denn bitteschön wissen wollen. Selbst einige Frauen tun ihre eigenen Intuitionen ab. Doch warum nicht auf die Intuitionen eingehen und schauen, was passiert?

Es gibt auch noch Signale von einer anderen Quelle, auf die wir hören sollten. Haben Sie schon einmal gespürt, wie der Heilige Geist Ihnen etwas eingegeben hat? Manchmal fragen wir uns, wo ein Gedanke oder ein Gefühl oder eine Entscheidung hergekommen ist. Menschen bezeugen: „Ich war gerade am Beten, und dann kam mir der Gedanke, dass ..." und dann haben sie sich nach diesem Gedanken gerichtet. Irgendetwas hat Fritz dazu gebracht, Alarm zu schlagen. Gott spricht zu uns und schlägt Alarm durch die Führung seines Heiligen Geistes. Einige denken, dass das häufig passiert, während andere meinen, dass das eher selten vorkommt. Ich frage mich selbst manchmal, wo einige meiner Ideen und Beispiele für meinen Dienst und meine Bücher herkommen.

Vor vielen Jahren, als ich auf dem College war, besuchte ich eine Kirchengemeinde in Hollywood. Eines Morgens sprach ein Prediger in der Studentengruppe der Kirche zu uns über den Dienst des Heiligen Geistes. Er forderte uns auf, nach Hause zu gehen, dort im Stillen zu beten und Gott um die Führung seines Heiligen Geistes in unserem Leben zu bitten. Ich weiß noch, wie ich genau das dann auch tat. Meine Eltern waren an dem Wochenende weg, also hatte ich das ganze Haus für mich. Es war ein bedeutungsvolles Erlebnis, wenn auch nicht sehr spektakulär. Ich sprach nur ein relativ kurzes Gebet. Doch später wurde mir bewusst, dass es mein Leben geändert hat. Noch im selben Sommer besuchte ich zusammen mit mehreren Hundert anderen Teilnehmern eine Konferenz. Während jener Woche spürte ich ein Signal, einen Impuls vom Heiligen Geist, in den vollzeitlichen Dienst zu gehen. Das ist nun schon mehr als fünfzig Jahre her, und ich bin immer noch dabei.

Es ist grundlegend fürs Leben, uns nach den Impulsen des Heiligen Geistes zu richten. *Darum rate ich euch: Lasst euer Leben von Gottes Geist bestimmen. Wenn er euch führt, werdet ihr allen selbstsüchtigen Wünschen widerstehen können. (Galater 5,16)* Die Fähigkeit, Sünde in den Griff zu bekommen, hängt nicht von unserer eigenen Kraft ab, sondern von der Kraft des Heiligen Geistes, der in uns lebt. Was auch immer Sie und ich an geistlicher Kraft haben, sie kommt vom Heiligen Geist:

> *Wir haben nicht den Geist dieser Welt bekommen, sondern den Geist Gottes. Und deshalb können wir auch erkennen, was Gott für uns getan hat. Was wir euch verkünden, kommt nicht aus menschlicher Klugheit, sondern wird uns vom Geist Gottes eingegeben. Und so können wir Gottes Geheimnisse verstehen, weil wir uns von seinem Geist leiten lassen. Der Mensch kann mit seinen natürlichen Fähigkeiten nicht erfassen, was Gottes Geist sagt. Für ihn ist das alles Unsinn, denn Gottes Geheimnisse erschließen sich nur durch Gottes Geist. (1. Korinther 2,12-14)*

Gott ...
... führt uns, wenn wir offen sind.
... spricht zu uns, wenn wir hinhören.
... weist uns an, wenn wir uns ihm fügen.
... bleibt in unserem Leben aktiv, wenn wir ihn lassen.

Der *streunende* Hund

„Zurück mit dir! Lauf ja nicht weg!"

Kommen Ihnen diese Worte bekannt vor? Sie drücken Frust aus. Ein Hund ist und bleibt ein Hund, ganz gleich, wie artig er im Moment gerade scheint oder wie gut er erzogen ist. In den meisten Hunden (wenn nicht sogar allen) steckt ein kleines Gen, das ihnen eingibt: „Ich habe es verdient, rauszugehen und herumzustreunen, wann immer und wo immer ich will." Und ganz gleich, was wir sagen oder wie laut wir es sagen – in den Ohren unserer Hunde klingt das nur wie Bellen, was sie noch mehr aus dem Häuschen bringt. Ganz gleich, welche Belohnungen wir versprechen, sie ignorieren uns einfach. „Was fällt diesem Hund nur ein, mich zu ignorieren? Ich biete ihm doch so ein bequemes Leben", murmeln wir zu uns selbst.

Doch was denkt der Hund wohl? Vielleicht: „Junge, hier ist ja so viel Platz, um herumzurennen. Und die ganzen Gerüche! Wow! Ich kann andere Hunde riechen. Wo stecken die bloß? Ah ja, da ist Rex und Schlitzohr und Daisy und Fred. Wer nennt seinen Hund denn bitteschön Fred? Oha, da ist aber jemand, den ich gerne näher kennenlernen würde. Ich glaube, ich drehe mal eine Runde durchs Wohngebiet. Da gibt es immer ein paar Katzen, die man jagen kann, und die Besitzer lassen das Katzenfutter auf der Veranda stehen. Einigen dieser Katzen wird es guttun, mal ein bisschen zu fasten. Die sind so was von fett und faul! Ich helfe ihnen etwas auf die Beine, indem ich einen kleinen Schmaus genieße. He, da ist ja ein Haus mit lauter Kindern, die draußen spielen. Spitze! Kinder lieben mich. Sie spielen immer Ball mit mir und teilen ihr Essen mit mir. Ich habe diese runden Kekse mit der süßen Cremefüllung einfach zum Fressen gern!"

Wie sollen wir gegen so viele Ablenkungen ankommen? Wir können unsere Hunde ausschimpfen, ermahnen oder loben, aber wenn sie von dem Verlangen gepackt werden, herumzustreunen und auf Kundschaft zu gehen, hat man keine Chance. Es ist fast so, als wären sie eine Rakete, dessen Radar sich auf ein Ziel außerhalb des Hauses gerichtet hat und davon nicht mehr abzubringen ist.

Ich schicke jeden Tag einen unserer Golden Retriever die Auffahrt hinab, um die Zeitung zu bringen. Meist läuft er die gut fünfzig Meter, nimmt die Zeitung auf, dreht sich wieder um und kommt zu mir zurück. Doch wenn er einen anderen Hund in der Gegend sieht, während er seinem Auftrag nachgehen soll, ist er auf und davon. Da kann man sein „Musterhundebürgerzertifikat" vergessen. Er hat den Test nicht bestanden. Für einige Hunde gibt es immer stärkere Neigungen, die ihre Erziehung außer Kraft setzen.

Niemand von uns hat es gerne, wenn unsere Stimme nicht beachtet wird, aber es passiert. Die Autorin von *Best Friends Forever* (übersetzt „Beste Freunde für immer") schrieb:

> Es soll schon vorgekommen sein, dass selbst der besterzogenste Hund sich aufgemacht hat, um Abenteuer zu su-

chen: den Geruch frischen Klees, neue Bekanntschaften und eine warme Brise, die ihm die Verheißung von noch unausgegrabenen Knochen entgegenweht. In dem Fall ist der einzige Ruf, den der Hund hört, der Ruf der Wildnis. Auch Menschen haben solche Entgleisungen. Es ist möglich, so von unserem Alltag gefangen zu werden, dass wir uns vom Haus unseres Herrn entfernen und unsere Ohren Gott gegenüber verschließen.[26]

Auch die Bibel spricht davon, dass Menschen umherziehen und abirren:

Ja, der Herr war voller Zorn über die Israeliten. Er ließ sie vierzig Jahre lang in der Wüste umherirren, bis alle tot waren, die sich ihm widersetzt hatten. (4. Mose 32,13)

Wenn habgierige Machthaber sie unterdrücken und sie immer weniger werden, gebeugt von Unglück und Leid, dann macht Gott ihre Unterdrücker zum Gespött und lässt sie in der Wüste umherirren. Die Hilflosen aber rettet er aus ihrem Elend und lässt ihre Familien wachsen wie große Herden. (Psalm 107,39-41)

Auch ich will dir treu sein; lass mich nicht von dem Weg abkommen, den du mir gezeigt hast! (Psalm 119,10)

Du schiltst die Stolzen; verflucht sind, die von deinen Geboten abirren. (Psalm 119,21; Luther 1984)

Du verwirfst alle, die von deinen Geboten abirren; denn ihr Tun ist Lug und Trug. (Psalm 119,118; Luther 1984)

Gedenke doch an mein Elend und mein Umherirren, an den Wermut und das Gift! (Klagelieder 3,19; Schlachter 2000)

In welcher Form irren Sie und ich heutzutage möglicherweise umher? Hier sind einige Gedanken dazu, die ich in meinem Buch *A Better Way to Think* (übersetzt „Eine bessere Art zu denken") weitergegeben habe:

> Auch unsere Gedanken können vom Kurs abkommen. Sie können „wegwandern", was nicht ganz so passiv klingt wie „abschweifen". ...
> Wir alle haben Gedanken, die wandern. Selbst wenn Sie sich auf ein bestimmtes Thema oder einen Sprecher konzentrieren oder mit einer bestimmten Aktivität beschäftigt sind, können Ihre Gedanken vom Kurs abkommen. Es ist leicht, Tagträumen, Plänen und Fantasien zu verfallen oder sich gedanklich einfach ziellos treiben zu lassen.
> Unser Kopf hat es so an sich, sich vom Thema abbringen zu lassen. Doch manchmal schlagen unsere Gedanken dabei eine Richtung ein, die unsere Probleme nur noch schlimmer machen, statt sie zu lösen. Falls Sie beispielsweise Eheprobleme haben, ist es keine sehr hilfreiche Verwendung Ihrer Gedanken, an einen attraktiven Arbeitskollegen oder die süße Kollegin zu denken.
> Manchmal lassen wir uns in zukünftige Ereignisse, schmerzhafte Erlebnisse aus der Vergangenheit, Sorgen und dergleichen verstricken, weil wir unsere Gedanken treiben lassen haben.

Gott versteht das. Bedenken Sie diese Bibelstelle:

> *Du aber, mein Sohn Salomo, ehre den Gott deines Vaters auch als deinen Gott! Diene ihm gern und von ganzem Herzen. Denn der Herr kennt alle Menschen durch und durch. Er weiß, wonach sie streben, und kennt ihre Gedanken. Wenn du ihn suchst, lässt er sich finden; wendest du dich aber von ihm ab, dann wird er dich für immer verstoßen.* (1. Chronik 28,9)

Ich bin mir nicht unbedingt all meiner Gedanken bewusst, aber Gott ist es. Er „kennt unsere Gedanken".

Wenn ich der Predigt am Sonntag lausche oder jemandem zuhöre, der eine Geschichte erzählt, die so lang ist, dass er einen Roman daraus machen könnte, dann schweifen meine Gedanken ab. Geht Ihnen das auch so? Denken Sie dann an etwas, was angenehmer oder interessanter ist?

Schweifen Ihre Gedanken vielleicht auch manchmal beim Beten ab oder wenn Sie in der Bibel lesen? Natürlich. Wir haben die besten Vorsätze, wenn wir uns Zeit zur Andacht oder zum Gebet nehmen. Vielleicht freuen wir uns richtig darauf, unserem Kopf, der sonst immer so viel um die Ohren hat, endlich etwas Frieden und Ruhe zu gönnen, um wieder aufzutanken. Also konzentrieren wir uns auf Gott ... eine Minute lang oder so. Und dann schlagen unsere Gedanken unvermittelt eine ganz andere Richtung ein.

Je mehr Sie sich bewusst werden, wie Ihre Gedanken Ihre guten Vorsätze sabotieren, die Bibel andächtig zu lesen oder zehn Minuten in konzentriertem Gebet zu verbringen, machen Sie eine Entdeckung. Ihr Kopf hat sozusagen „seinen eigenen Kopf". Unabhängig von Ihren guten Vorsätzen, Ihre Gedanken zu zügeln und auf Kurs zu halten, irren Sie gedanklich ab, hin zur Vergangenheit oder Zukunft, hin zu Schmerz- oder Verlustvollem.[27]

Um unsere Hunde dort zu halten, wo sie sein sollten, benutzen wir Leinen und Zäune, und möglicherweise hilft so etwas Ähnliches auch unseren Gedanken. Falls Sie an „streunenden Gedanken" leiden, wird es Ihnen helfen, die folgenden Bibelverse auswendig zu lernen und sie laut aufzusagen, wenn Ihre Gedanken in der Versuchung stehen, in den falschen Garten hinüberzuwandern:

Wer seinen selbstsüchtigen Wünschen folgt, der bleibt seiner sündigen Natur ausgeliefert. Wenn aber Gottes Geist in uns wohnt, wird auch unser Leben von seinem Geist bestimmt. (Römer 8,5)

Passt euch nicht dieser Welt an, sondern ändert euch, indem ihr euch von Gott völlig neu ausrichten lasst. Nur dann könnt ihr beurteilen, was Gottes Wille ist, was gut und vollkommen ist und was ihm gefällt. (Römer 12,2)

Darum seid bereit und stellt euch ganz und gar auf das Ziel eures Glaubens ein. Lasst euch nichts vormachen, bleibt nüchtern und richtet all eure Hoffnung auf Gottes Barmherzigkeit, die er euch in vollem Ausmaß an dem Tag erweisen wird, wenn Jesus Christus für alle sichtbar kommt. (1. Petrus 1,13)

Die Zehn *Gebote*

Teil 1

Stellen Sie sich einmal kurz vor: Was wäre, wenn Hunde eine Liste mit zehn Geboten für ihre Besitzer aufstellen könnten? So weit hergeholt ist das gar nicht. Es hat zahlreiche Abwandlungen der Zehn Gebote gegeben. Ich habe schon die Zehn Gebote für Ehemänner, Ehefrauen, Hunde und Katzen gesehen. Warum also nicht für die unter uns, die Hunde in ihrem Leben haben? (Ich benutze das Wort „Hundebesitzer" nur ungern, weil die Hunde häufig eher uns besitzen. Immerhin sind es doch wir, die zu bestimmten Zeiten zu Hause sein müssen, um unseren Hund zu füttern und herauszulassen, oder?)

Also, was würden Hunde uns vorschreiben? Wären die Gebote hilfreich oder nur witzig? Wären sie zum Lachen oder Nachdenken? Und wie würden sie im Vergleich zu den ursprünglichen Zehn Geboten abschneiden? Hier ist ein Teil der Liste, die Richard Lederer vorgeschlagen hat:

> Du sollst daran denken, dass die Spanne meines Lebens gewöhnlich zehn bis fünfzehn Jahre umfasst. Jede Trennung ist schmerzvoll für mich. Denke daran, bevor du mich adoptierst.

Du sollst mir Zeit geben, damit ich verstehen kann, was du von mir möchtest. Behandle mich gütig, mein geliebter Freund, denn kein Herz auf der Welt ist so dankbar für Güte wie das liebende Herz, das in meiner Brust schlägt.
Du sollst mir Vertrauen schenken. Das ist entscheidend für mein Wohlergehen.
Du sollst nicht lange mit mir zürnen und mich nicht zur Strafe einsperren. Du hast deine Arbeit, dein Freizeitvergnügen, deine Freunde. Ich habe nur dich.
Du sollst dir bewusst sein, dass, ganz gleich, wie du mich behandelst, ich dich nie vergessen werde.[28]

Einige Leute lachen laut, wenn sie diese Gebote lesen, während andere schmunzeln, leise in sich hineinkichern oder sogar weinen. Haben Sie unter diesen Geboten die wichtigen erkannt? Lesen Sie die Liste noch einmal. Was steht da, das auch unseren zwischenmenschlichen Beziehungen gilt? Welche biblischen Prinzipien werden dort empfohlen? Hier sind einige Punkte, die ich aus dieser Liste „herausgezogen" habe:

Bauen Sie Ihre Beziehung auf einer dauerhaften Grundlage auf. Ablehnung, besonders nachdem die Beziehung sehr eng gewesen ist, ist äußerst schmerzlich. Obwohl Trennung natürlich auch äußerlich vonstattengehen kann, ist so eine emotionale Trennung sogar noch schmerzlicher. Menschen, die einem nahestehen, zu ignorieren und ihre Annährungsversuche abzulehnen, kann verheerend für den Betroffenen sein. Auch wenn wir uns nicht die Zeit nehmen, uns einfach mit unserem Hund oder mit einem Familienmitglied „herumzutreiben", fällt das unter die Kategorie der Trennung und Vernachlässigung. Und dazu gehört auch das Zuhören. Wenn Sie momentan mit einem anderen Menschen Streit haben oder keinen Kontakt mehr zu ihm pflegen – was können Sie tun, um diese Distanz zu überwinden?

Lassen Sie die anderen Familienmitglieder genau wissen, was Sie von ihnen brauchen oder sich wünschen, oder müssen die anderen das erraten? Kein Geschöpf, weder Hund noch Mensch, kann Gedanken lesen. Äußern Sie klar, was Sie brauchen. Doch achten Sie darauf, Ihre Bedürfnisse nicht als Forderungen vorzubringen, sondern als Bitten. Und vor allem praktizieren Sie das, was in Epheser 4,32 steht: *Seid vielmehr freundlich und barmherzig, und vergebt einander, so wie Gott euch durch Jesus Christus vergeben hat.* Es kann hilfreich sein, sich jeden Tag die Frage zu stellen: „Wie kann ich heute einem anderen etwas Gutes tun?"

Wissen meine Familienmitglieder und Freunde, dass ich ihnen vertraue? Wenn Sie Ihre Familienmitglieder und Freunde fragten: „Auf welche Weise vermittle ich euch, dass ich euch vertraue?", wie würde ihre Antwort lauten? Eine andere Frage, die man stellen kann, ist: „In welcher Hinsicht zeige ich euch, dass ich vertrauenswürdig bin?" In Sprüche 11,13 steht: *Wer klatschsüchtig ist, wird auch anvertraute Geheimnisse ausplaudern; ein zuverlässiger Mensch schweigt.*

Gehe ich konstruktiv mit meinem Temperament um? Die Bibel hat viel über Wut und Zorn zu sagen. Es ist gut, seine Wut so schnell wie möglich unter Kontrolle zu bekommen, weil es einem hilft, sich zu beruhigen, entspannt zu bleiben und vernünftig zu handeln.

Wer seine Gefühle beherrscht, hat Verstand. Der Jähzornige stellt nur seine Unvernunft zur Schau! (Sprüche 14,29)

Geduld zu haben ist besser, als ein Held zu sein; und sich selbst beherrschen ist besser, als Städte zu erobern! (Sprüche 16,32)

Ein vernünftiger Mensch kann seine Gefühle beherrschen; es ehrt ihn, wenn er über Fehler hinwegsehen kann. (Sprüche 19,11)

Nur ein Dummkopf lässt seinem Zorn freien Lauf, ein Verständiger hält seinen Unmut zurück. (Sprüche 29,11)

Als ich [Nehemia] ihre Klagen hörte und von dem Unrecht erfuhr, wurde ich sehr zornig. Ich dachte über alles gründlich nach, dann stellte ich die führenden Männer zur Rede: „Eure eigenen Landsleute beutet ihr skrupellos aus!" (Nehemia 5,6-7)

Ein Mensch, der Selbstbeherrschung üben kann, wird merken, dass dadurch der Pegel seiner Wut sinkt. Die Wut gewinnt gar nicht erst so ein hohes Maß, als wenn er sich bei seiner ersten Reaktion gleich gehen ließe. Eine nüchterne Betrachtung der Ursache für Wut und deren Folgen hilft, gut mit der Situation umzugehen. Wut ist eine *sekundäre* Emotion, die gewöhnlich durch Angst, Verletzungen oder Frust verursacht wird.

Sage ich Dinge und wünsche mir hinterher, dass ich sie nicht gesagt hätte? Haben Sie schon einmal das starke Verlangen gehabt, Worte zurücknehmen zu können, die Sie gesagt haben? Ich ja. Einige unserer Worte gegenüber anderen sind nur schwer wieder wettzumachen.

Die Worte eines gedankenlosen Schwätzers verletzen wie Messerstiche; was ein weiser Mensch sagt, hilft und belebt. (Sprüche 12,18)

Denn sie [die bösen Menschen] trachten nur nach Gewalt, ihre Worte verletzen und richten Schaden an. (Sprüche 24,2)

Ihre Zungen sind scharf geschliffene Schwerter, und ihre bissigen Worte verletzen wie Pfeile. (Psalm 64,4)

Die Zehn *Gebote*

Teil 2

Im letzten Kapitel sind wir die ersten fünf Gebote durchgegangen. Hier ist eine kurze Zusammenfassung der wichtigsten Gedanken:

- Trennungen können schmerzvoll sein.
- Menschen und Tiere sind dankbar für Liebenswürdigkeiten.
- Andere wollen, dass wir ihnen vertrauen. Wir wünschen uns, dass die anderen uns vertrauen.
- Einige haben nur einen einzigen Menschen in ihrem Leben, dem sie viel bedeuten. Für wen sind wir wichtig?
- Wie wir andere behandeln, hinterlässt einen bleibenden Eindruck. Die Art, wie wir mit unseren Hunden und anderen Menschen reden, ist entscheidend.

Hier sind die nächsten beiden Gebote, die Hunde – laut Richard Lederer – für ihre Besitzer aufstellen würden:

Du sollst mit mir reden. Selbst wenn ich deine Worte nicht verstehe, so verstehe ich doch, wenn deine Stimme zu mir spricht. Rede häufig mit mir, denn deine Stimme ist die schönste Musik auf der Welt. Das kannst du daran erkennen, dass ich wild mit dem Schwanz wedele, wann immer du mich begrüßt.

Bevor du mich schlägst, sollst du dich daran erinnern, dass ich Zähne habe, die leicht die Knochen deiner Hand zermalmen könnten, und dass ich nur aus Güte davon absehe, dich zu beißen. Bevor du mich schlägst, wisse, dass Geduld und Verständnis mich viel schneller das lehren, was du mir beibringen möchtest.[29]

Lassen Sie uns die Gebote wieder einzeln beleuchten.

Verbindung entsteht durch Reden. Es macht viel aus, wie wir mit unseren Hunden oder anderen Menschen reden. Bei den meisten von uns verändert sich unsere Ausdrucksweise je nach Situation. In formalen Situationen reden wir anders als in der Familie oder mit Freunden. Es gibt auch eine besondere Art zu sprechen, die wir gegenüber unseren Hunden benutzen. Wissen Sie, woran man das feststellen kann? Wenn wir mit Erwachsenen reden, benutzen wir durchschnittlich zehn bis elf Worte pro Satz. Wenn wir mit Hunden reden, ungefähr vier. Auch sprechen wir in einer höheren Tonlage, verändern Wörter und Redewendungen, um sie weniger förmlich zu machen, und sprechen mit deutlicher Betonung.

Wenn Sie mit Ihrem Hund reden, ist die Wahrscheinlichkeit zwanzigmal größer als im zwischenmenschlichen Gespräch, etwas noch einmal zu sagen oder leicht abgeändert zu wiederholen. Auch erzählen wir unseren Hunden keine langen Geschichten oder reden wie ein Wasserfall über dasselbe Thema (was nicht heißt, dass wir nie mit unseren Hunden über unseren Tag sprechen).

Wenn es um pausenloses Reden geht, können uns andere Menschen manchmal ziemlich auf den Wecker gehen, besonders wenn wir selbst eher sparsam mit unseren Worten sind. Einige Menschen können einfach nicht aufhören zu reden oder sagen immer wieder dasselbe – oder beides. Was hat Gottes Wort über das Reden zu sagen?

> *Wer seine Zunge im Zaum halten kann, schützt sich selbst. Ein Großmaul richtet sich zugrunde. (Sprüche 13,3)*

> *Wollt ihr das Leben genießen und gute Tage erleben? Dann passt auf, was ihr redet: Lügt nicht und verleumdet niemanden! (Psalm 34,13-14)*

Seine Zunge zu zügeln, ist keine einfache Aufgabe, wenn man nur auf seine eigene Selbstbeherrschung angewiesen ist. Doch wenn man sich auf den Heiligen Geist stützt, dann lehrt und führt er einen, wodurch man Hilfe und Kraft gewinnt, die weit über das hinausgehen, was man allein aus sich heraus hinbekommen hätte.

Ob Sie nun mit Ihrem Hund oder einer anderen Person reden, so hat das, was Sie sagen, immer drei Bestandteile: 1. Inhalt, 2. Tonfall und 3. nonverbale Kommunikation. Es ist möglich, das gleiche Wort zu sagen, die gleiche Aussage zu machen oder dieselbe Frage zu stellen und doch ganz unterschiedliche Botschaften zu vermitteln, indem man einfach nur Tonfall oder Körpersprache ändert. Zu nonverbaler Kommunikation gehören Gesichtsausdrücke, Körperhaltung und andere Gesten oder Bewegungen.

Gespräche im direkten Gegenüber bestehen allgemein aus 7 Prozent Inhalt, 38 Prozent Tonfall und 55 Prozent nonverbaler Kommunikation. Sie sind sich vermutlich bewusst, was Sie inhaltlich vermitteln wollen, aber vielleicht sind Sie sich Ihres Tonfalls nicht in gleichem Maße bewusst. Menschen können demselben Satz ein Dutzend verschiedene Bedeutungen verleihen, allein durch Veränderung ihres Tonfalls. Achten Sie im Gespräch mit Menschen darauf, dass Ihr Tonfall zu Ihren Worten passt, ansonsten senden Sie gemischte Signale. Eines der besten Mittel, Ihren Hund zu trainieren, ist, den richtigen Tonfall zu treffen.

Hunde sollten nie geschlagen werden. Einen Hund zu schlagen, ändert sein Verhalten nicht, sondern hat nur zur Folge, dass er Sie angstvoll anblickt. Im Umgang mit anderen Menschen können Worte leider teilweise genauso schädlich sein wie körperliche Misshandlung. Es gibt so viele Wege, wie Menschen verbale Schläge austeilen. Es kommt darauf an, was wir sagen und wie wir es sagen.

Die Bibel zeigt eindeutig, dass unglaubliche Kraft in unseren Worten liegt. Sie können heilen, unterstützen und Trost spenden oder viel Schmerz und Schaden anrichten. Jakobus hatte Folgendes über die Zunge zu sagen:

> *So legen wir zum Beispiel den Pferden das Zaumzeug ins Maul und beherrschen sie damit. Und selbst die großen Schiffe, die nur von starken Winden vorangetrieben werden können, lenkt der Steuermann mit einem kleinen Ruder, wohin er will. Genauso ist es mit unserer Zunge. So klein sie auch ist, so groß ist ihre Wirkung! Ein kleiner Funke setzt einen ganzen Wald in Brand. Mit einem solchen Feuer lässt sich auch die Zunge vergleichen. Sie*

kann eine ganze Welt voller Ungerechtigkeit und Bosheit sein. Sie vergiftet uns und unser Leben, sie steckt unsere ganze Umgebung in Brand, und sie selbst ist vom Feuer der Hölle entzündet. Die Menschen haben es gelernt, wilde Tiere, Vögel, Schlangen und Fische zu zähmen und unter ihre Gewalt zu bringen. Aber seine Zunge kann kein Mensch zähmen. Ungebändigt verbreitet sie ihr tödliches Gift. Mit unserer Zunge loben wir Gott, unseren Herrn und Vater, und mit derselben Zunge verfluchen wir unsere Mitmenschen, die doch nach Gottes Ebenbild geschaffen sind. Segen und Fluch kommen aus ein und demselben Mund. Aber genau das, meine lieben Brüder und Schwestern, darf es bei euch nicht geben! (Jakobus 3,3-10)

Jakobus vergleicht die Kraft der Zunge mit dem Ruder eines Schiffes. Das Ruder ist ein vergleichsweise kleiner Teil des Schiffes, kann ein Schiff aber in jede beliebige Richtung steuern und sein ultimatives Ziel bestimmen. Was Sie einem anderen Menschen sagen, kann Ihre Beziehung in eine andere Richtung lenken. Kritik verbirgt sich häufig unter dem Deckmantel von Humor. Wenn man den Entsprechenden zur Rede stellt, versucht er häufig, sich seiner Verantwortung zu entziehen, indem er sagt: „He, ich hab doch nur Spaß gemacht!" Das erinnert mich an eine Stelle aus dem Buch der Sprüche: *Wer einen anderen betrügt und dann sagt: „Ich habe doch nur Spaß gemacht!", der ist wie ein Verrückter, der mit tödlichen Waffen um sich schießt! (Sprüche 26,18-19)*

Herumzunörgeln gehört zu den Lieblingsbeschäftigungen vieler. Kritik ist meist destruktiv, wird aber oft damit verteidigt, dass man ja nur versuche, aus dem anderen einen „besseren Menschen" zu machen, indem man „konstruktive Kritik" anbiete. Allzu oft kommt bei Kritik überhaupt nichts Konstruktives heraus. Sie reißt nur nieder. Kritik nährt keine Beziehung; sie vergiftet sie. Häufig kommt sie so herüber: *Wer unvorsichtig herausfährt mit Worten, sticht wie ein Schwert. (Sprüche 12,18; Luther 1984)* Destruktive Kritik beschuldigt, will Schuldgefühle in dem anderen wecken und ihn einschüchtern und erwächst häufig aus persönlicher Verbitterung.

Statt sich auf das zu konzentrieren, was Sie am anderen nervt, können Sie lieber über das reden, was Sie an dem anderen *schätzen* würden. Über das zu reden, was Ihnen am anderen nicht gefällt, bringt meist keine positive Veränderung, sondern verstärkt nur Ihre negativen Gefühle. Wenn Sie stattdessen über das reden, was Ihnen am anderen gefällt, bringen Sie damit Ihre Zuversicht zum Ausdruck, dass der andere in der Lage ist, auf Ihre Wünsche einzugehen. Dadurch wird das Positive hervorgehoben. Wenn Sie das kontinuierlich tun, gekoppelt mit Lob und Wertschätzung dafür, wenn der andere etwas richtig macht, werden Sie höchstwahrscheinlich eine positive Veränderung sehen.

Dasselbe Prinzip habe ich beim Großziehen von Sheffield, einem unserer Golden Retriever, erkannt. Als er vier Monate alt war, wurden ihm die Grundverhaltensweisen antrainiert. Er lernte, die Zeitung zu holen, verschiedene Gegenstände zwischen meiner Frau und mir hin- und herzutragen, mir das Telefon zu bringen, wenn es klingelte, und Müll vom Boden aufzulesen und in den Mülleimer zu werfen. Das erforderte nichts weiter, als ihn zu ignorieren, wenn er es nicht richtig machte, und ihn zu loben und zu streicheln, wenn er das tat, was ich von ihm wollte. Hätte ich ihn stattdessen kritisiert, wäre dadurch sein Geist zerstört worden. Und ich bezweifle, dass sich Menschen in dieser Hinsicht so sehr von Hunden unterscheiden.

Die Zehn *Gebote*

Teil 3

Hier sind die letzten drei der zehn Gebote, die Hunde laut Richard Lederer ihren Besitzern auferlegen würden:

> Bevor du mich dafür ausschimpfst, faul oder widerwillig zu sein, sollst du dich zuerst fragen, ob ich vielleicht irgendein Problem habe. Vielleicht bekomme ich nicht das richtige Essen oder war zu lange draußen in der Sonne oder mein Herz wird alt und schwach.
>
> Du sollst dich um mich kümmern, wenn ich alt werde. Auch du wirst eines Tages alt sein.
>
> Wenn die Zeit für meine letzte Reise gekommen ist, sollst du dafür sorgen, dass mein von Vertrauen geprägtes Leben sanft von mir genommen wird. Ich möchte diese Erde mit dem Wissen verlassen, dass du mich bis zu meinem letzten Atemzug geliebt hast. Das ist nur recht so, weil du weißt, wie sehr ich dich geliebt habe.[30]

Wiederum wollen wir diese Gebote ein bisschen tiefer ergründen.

Schimpfen oder kritisieren Sie nicht, sondern ermutigen Sie lieber. Schimpfen und kritisieren haben eine negative Auswirkung. Man nennt das „Entmutigung". Das ist ein Zustand, den wir alle lieber vermeiden wollen. Wer entmutigt ist, bringt nichts mehr zustande. Es ist kein lustiges Erlebnis, sondern Elend pur. Es erzeugt richtige Schmerzen, die man fast körperlich spürt. Haben Sie das schon mal durchgemacht? Wenn Sie ein Mensch sind, dann bestimmt. Es gehört zum Leben dazu, auch wenn wir es gerne anders hätten. Was ist Entmutigung? Zerlegt man den Begriff in seine Einzelteile, so fällt einem sofort das darin enthaltene Wort „Mut" auf. Und genau darum geht es: des Mutes entledigt zu werden – entmutigt zu werden. Viele Menschen um uns herum sind entmutigt, auch wenn wir uns dessen nicht bewusst sind.

Es gibt Lebensphasen, in denen man von Problemen förmlich überladen ist. Es ist nicht so, dass man die Probleme einzeln genommen nicht bewältigen könnte, aber zusammengenommen fühlt man sich von ihnen überwältigt. „Das ist zu viel", sagt man sich, während man in einen Krisenzustand rutscht. Es ist so ähnlich wie ein typisches Western-Lied, in dem der Sänger beklagt, dass er seinen Job verloren und seine Freundin ihn verlassen hat, sein Hund gestorben ist und zu allem Überfluss auch noch sein Wagen nicht starten will.

Statt Kritik zu üben oder „hilfreiche" Kommentare abzugeben, sollten wir lieber die Rolle des „Ermutigers" einnehmen. In der Bibel steht: *Redet nicht schlecht voneinander. Was ihr sagt, soll für jeden gut und hilfreich sein, eine Wohltat für alle. (Epheser 4,29)* Wie kann aus Ihren Worten eine „Wohltat für alle" werden, ein Geschenk? Erstens müssen Sie eine optimistische Haltung einnehmen. Das „American Heritage"-Wörterbuch bietet eine der besseren Definition von *Optimismus*: „Die Tendenz oder Einstellung, das bestmögliche Resultat zu erwarten, oder sich auf den hoffnungsvollsten Aspekt einer Situation zu konzentrieren". Wenn das Ihre Einstellung oder Perspektive ist, dann sind Sie auch in der Lage, andere zu ermutigen. Ermutigung heißt, andere „zu inspirieren; auf einem ausgesuchten Kurs zu bleiben; Mut und Zuversicht zu verleihen".

Ermutigung erfordert Arbeit – beständige, beharrliche Arbeit –, um wirklich etwas zu bewirken. Als Ermutiger ist man wie ein Goldgräber oder Tiefseetaucher, der nach einem versteckten Schatz sucht. In jedem Menschen liegt unentwickeltes Rohmaterial versteckt. Ihre Aufgabe besteht darin, dieses Rohmaterial zu finden, sich zu freuen, wenn Sie auf etwas Wertvolles stoßen, und dann die Person zu ermutigen und ihr zu helfen, etwas daraus zu machen. Was hat das Wort Gottes über Ermutigung zu sagen?

- *Als Apollos plante, in die griechische Provinz Achaja zu reisen, gaben ihm die Christen von Ephesus ein Empfehlungsschreiben an die Gemeinde in Korinth mit. (Apostelgeschichte 18,27)* Dieser Brief signalisierte Apollos das Vertrauen, das die Christen aus Ephesus in ihn hatten: Du schaffst das! Nichts wie ran!

- *Baut die Mutlosen auf, helft den Schwachen, und bringt für jeden Menschen Geduld und Nachsicht auf. (1. Thessalonicher 5,14)* Damit ist gemeint, anderen Trost zu spenden und sie zu ermuntern. Insbesondere sollten wir Menschen helfen, die drauf und dran sind, aufzugeben. In einem Wörterbuch neutestamentlicher Begriffe steht, dass das in diesem Vers mit „ermutigen" übersetzte griechische Wort bedeutet, „[anderen Menschen] einen

Anreiz zu geben, die normalen Pflichten des Lebens zu erfüllen".

- Auch werden wir aufgefordert: *Jeder soll dem anderen helfen, seine Last zu tragen. (Galater 6,2; siehe auch Epheser 4,1-2; Kolosser 3,13)* „Tragen" bedeutet hier, jemandem zur Seite zu stehen, damit er nicht scheitert.

- *Ermahnt und ermutigt einander immer wieder. (Hebräer 3,13)* Hier bedeutet „ermutigen", andere davor zu bewahren, sich Gott gegenüber zu verschließen.

- *Ermahnt euch gegenseitig, dabeizubleiben. (Hebräer 10,25)* In diesem Vers bedeutet „ermahnen", auf seinen Mitchristen zu achten, damit er nicht – auf sich allein gestellt – vom Glauben abkommt.

- *Sorgen drücken einen Menschen nieder – aber freundliche Worte richten ihn wieder auf. (Sprüche 12,25)*

Wenn Sie sich an diese Bibelverse halten, wird sich das sehr positiv auf Sie und Ihre Mitmenschen auswirken.

In dem nächsten Kapitel wollen wir das neunte Gebot genauer unter die Lupe nehmen.

Älterwerden

Alle Lebewesen werden älter, auch wir Menschen und Hunde. Es bereitet Schmerzen, wenn man mit ansehen muss, wie ein geliebtes Geschöpf stirbt. Zwei der traurigsten Tage meines Lebens ereigneten sich, als zwei meiner Golden Retriever starben, Sheffield und Aspen I. Ich erlebte, wie sie älter wurden (etwas, was ich bei mir selbst zu ignorieren versuche), und ich habe sie bis zum Schluss geliebt.

Wer kommt am besten mit dem Älterwerden zurecht? Wer kann den Erlebnissen, die das Älterwerden mit sich bringt, am meisten abgewinnen? Wodurch zeichnen sich Menschen aus, die mit Würde altern? Würden wir dazu eine Umfrage durchführen, kämen dabei vermutlich Charaktereigenschaften wie diese heraus:

- Solche Menschen haben gelernt, sich selbst und andere zu akzeptieren; sie sehen über Fehler hinweg. Sie hegen keinen Groll.
- Sie sind großzügig. Sie helfen anderen gerne.
- Sie sorgen sich um unsere Welt und den Zustand, in dem sie der nächsten Generation die Umwelt überlassen werden.

- Sie denken nach; sie hören nie auf, so viel wie möglich zu lernen und sich selbst besser zu verstehen.
- Sie haben gelernt, ihre Erlebnisse zu verarbeiten, statt darin stecken zu bleiben oder immer nur zurückzublicken. Sie sind bereit, Veränderungen an sich selbst und in ihrem Umfeld nach bestem Vermögen vorzunehmen.
- Mit zunehmendem Alter versuchen sie, ihr Leben zu vereinfachen, um ihm noch am meisten abgewinnen zu können. Sie setzen und akzeptieren Grenzen.
- Sie sind Menschen voller Glauben. Ihre Beziehung zu Gott ist grundlegend für sie.
- Andere suchen bei ihnen Rat.
- Sie versuchen, immer noch etwas zu lernen, gehen zu Vorträgen und besuchen Seminare. Sie weigern sich, festgefahrene Verhaltensweisen beizubehalten.
- Zu ihrem Lebensstil gehört es, sich gut um andere und sich selbst zu kümmern. Sie haben gelernt, durch gesunde Ernährung und Bewegung verantwortungsvoll mit ihrem Körper umzugehen, und sie sind in der Lage, ihren Gefühlen ehrlich Ausdruck zu verleihen.
- Sie sind Menschen der Hoffnung, nicht der Verzweiflung, selbst in Anbetracht von viel Verlust.
- Sie haben ihrer eigenen Sterblichkeit ins Auge geblickt und akzeptiert, dass ihr Tod unausweichlich ist.[31]

Es gibt Minuspunkte, die mit dem Älterwerden einhergehen, aber es gibt fraglos auch Pluspunkte.

Man wird nicht dadurch alt, dass man eine bestimmte Anzahl an Jahren gelebt hat; man wird alt, weil man seine Ide-

> ale aufgegeben hat. Jahre hinterlassen Falten auf der Haut; seine Ideale aufzugeben, hinterlässt Falten auf der Seele. Sorgen, Zweifel, Ängste und Verzweiflung sind die Feinde, die uns allmählich zu Boden zwingen und uns in den Staub treten, schon bevor wir körperlich gestorben sind.[32]

Älter zu werden bedeutet, sich von seiner Vergangenheit lösen zu können und sich an die Gegenwart und Zukunft zu haften. Es bedeutet, sich für das heutige Leben und eine ewig währende Zukunft zu entscheiden. Als Menschen, die an Jesus Christus glauben, sollten wir das Altern nicht wie eine Krankheit behandeln, die es zu vermeiden oder zu heilen gilt. Gott, der Geber des Lebens, nennt keine Lebensspanne, mit der wir definitiv rechnen können. Auch sagt er nicht, dass uns ein langes Leben garantiert ist, wenn wir ihm nachfolgen. Worauf es ankommt, ist nicht die Frage, wie lange wir leben, sondern *wie* wir leben.

Ganz gleich, ob es ein Mensch oder unser Hund ist, der sich dem Tod nähert, sollten wir sie wissen lassen, dass sie bis zum letzten Augenblick ihrer irdischen Existenz geliebt sind. Als Christen haben wir eine andere Sicht über den Tod als viele andere:

> Wir schrecken vor dem Tod zurück und fürchten ihn, weil er etwas Böses ist: das schreckliche Entreißen eines Menschen von seinem Körper, von geliebten Menschen, von der Fähigkeit, ganz das Bild Gottes widerzuspiegeln.
> Doch der Tod ist auch eine Gnade, weil diese letzte Not die vielen Nöte des Lebens zu einem Ende bringt. Er ist das Eintreten in ein Leben mit Gott. Das Dahinscheiden des Lebens kann eine wunderbare Gabe Gottes sein. Dieser Widerspruch zwischen dem Bösen des Todes und seinem Segen

ist nicht schwer zu lösen. Wir führen ihn uns jeden Karfreitag vor Augen, wenn wir an Christi Tod denken, gefolgt von der Freude seiner Auferstehung am Ostersonntag.[33]

Während wir unsere eigene Lebensreise Revue passieren lassen, ist die folgende Frage, die Ken Gire gestellt hat, des Nachdenkens wert:

> Je näher ich ans Ende meines Lebens komme, umso mehr scheint nur noch eine Frage wichtig zu sein, nämlich: Gefällt Gott das Leben, das ich führe?
> Das ist eine Frage, die einem den Schlaf rauben kann. Und das sollte sie auch. Wenn wir die Decke an unser Kinn ziehen und uns ins Kissen sinken lassen, dann ist das die Frage, die unseren gelebten Tag Gott zur genauen Prüfung vorlegen sollte. Hat die Art, wie ich heute gelebt habe, Gott gefallen?
> Wie viele Punkte müssen wir auf unserer Aufgabenliste abhaken können, ehe wir die Frage bejahen können? Wie viele Fragen ... ehe wir zur Ruhe kommen und einschlafen können?
> Nur eine.
> Habe ich geliebt?
> Wir liegen also am Ende des Tages im Bett und denken über den Tag nach. Habe ich geliebt? Konnte man in all meinen Unterhaltungen die Liebe heraushören? Sie in meinen Augen sehen? Sie in meiner Gegenwart spüren? Habe ich die Wahrheit, die ich heute gesagt habe, in Liebe gesprochen? Waren die Entscheidungen, die ich heute getroffen habe, auf Liebe gegründet? Meine Reaktionen? Meine Aufopferung?

Habe ich geliebt?
Wenn wir diese Frage bejahen können, reicht das.[34]

Und nun, um das letzte von Richard Lederers zehn Geboten zu bedenken und unsere endgültige Reise zu betrachten, lesen Sie das nächste Kapitel: „Was sehen Sie?"

Was *sehen* Sie?

Haben Sie eine Sonnenbrille? Die meisten von uns haben eine. Gewöhnlich lassen wir bei der Wahl unserer Sonnenbrille nicht die gleiche Sorgfalt walten wie bei einer anderen Brille. Aber es gibt durchaus Unterschiede bei Sonnenbrillen. Kürzlich las ich einen Artikel darüber, wie nützlich eine Sonnenbrille beim Angeln sein kann, um die Augen vor dem blendenden Licht zu schützen. Das hat meine Aufmerksamkeit erregt, da Angeln neben Hundehaltung mein Lieblingshobby ist. Wenn es um Sonnenbrillen geht, ist die Wahl gar nicht so einfach. Der Artikel legte die Unterschiede und Vorzüge verschiedener Farbstiche und Gläser dar. Demzufolge sind einige besser als andere dafür geeignet, im Wasser einen Barsch von einem Felsen zu unterscheiden. Fische im Wasser kann man besser mit bernsteingefärbten Gläsern oder mit grauen erkennen. Das wusste ich nicht. Ein Experte meinte, dass für den Allgemeinbedarf Zinnrot die beste Gläserfarbe für eine Sonnenbrille ist, weil es mehr den Kontrast als die Farben an sich erhöht. Außerdem schützt sie besser vor blauem Licht als graue Gläser, was das Bild schärfer mache und es erleichtere, sich auf etwas zu fokussieren.

Nachdem man einen derartigen Artikel gelesen hat, schaut

man sich seine bisherige Sonnenbrille einmal genauer an – und vergleicht sie mit dem Preis für eine neue (der erheblich sein kann, besonders wenn Sie die Sonnenbrille in Ihrer eigenen Brillenstärke anfertigen lassen wollen). Bestimmt können Sie erraten, was für eine Sonnenbrille ich jetzt habe, und sie hat mir enorm geholfen, mein Hobby Angeln noch mehr zu genießen.

Besonders Barsche werden häufig im klaren Wasser gefangen, wo man sie sehen kann. Das ist in gewisser Weise eine Kombination von zwei Sportarten: Angeln und Jagen. Man sucht nach einem Fisch, den man zunächst nicht sieht. Dazu muss man sich in eine Lauerhaltung begeben und nach Anzeichen für die Gegenwart eines Fisches suchen, ein Schatten zum Beispiel, oder ein Wirbeln im Wasser, der auf einen Barsch deutet, der sein Revier verteidigt. Da heißt es, sich ganz behutsam zu bewegen, da Barsche selbst die kleinsten Bewegungen schnell merken.

War ich früher auf Barsche-Jagd, hatte ich die ultimative Lösung bei mir: Sheffield. Ja, genau, Sheffield. Was ist ein Sheffield? Erinnern Sie sich noch – das war einer meiner Golden Retriever. Ich habe ihn als „Barsch-Späher" eingesetzt, als ein „Ufer-Sonar". Das hatte ich nicht geplant gehabt; es hat sich einfach so ergeben.

Zu unserer Silberhochzeit im Jahr 1984 ließen meine Frau und ich unseren Garten in eine Art Bergszene umgestalten. Das Gelände war zwar relativ klein, aber wir ließen ein paar Birken pflanzen, zwei Amerikanische Amberbäume und eine Tanne. Außerdem ließen wir zwei kleine Teiche mit einem automatisch fließenden Wasserfall anlegen. Das Ganze brauchte weniger als 4000 Liter Wasser, aber wo es Wasser gibt, da muss es auch Fische geben, nicht wahr? Im Laufe der Jahre hatten wir so einige. In dem kleinen Teich züchtete ich für sechs Monate im Jahr tropische Fische – normalerweise Millionenfische. In dem größeren Teich hatten wir Sonnenbarsche, einen Blauen Barsch und sogar zeitweise einen Forellenbarsch. Meistens tummelten sich da auch noch zwei Schildkröten und einige übrig gebliebene Flusskrebse, die ich nach einem Angelausflug in den Teich geworfen hatte.

Sheffield brauchte nicht lange, um die Wasserkreaturen zu entdecken. Aus Mangel an Vögeln, die er im Garten jagen konnte, fand er Gefallen daran, sich an das heranzupirschen, was sich im Wasser befand. Mich verblüffte sein Einfallsreichtum und seine Ausdauer. Häufig stand ich am Fenster und sah ihm zu. Auch wenn ich draußen neben ihm stand, suchte er weiter nach Fischen. Wenn er von oben nicht gut genug sehen konnte, steckte er seinen Kopf bis über beide Ohren ins Wasser, um sich ein besseres Bild verschaffen zu können. Eine Tages beschloss ich, ein paar Fotos von seinen Pirschmanövern zu machen. Ich brachte sogar einen Schnorchel an sein Halsband an, was dann, als sein Kopf unter Wasser getaucht war, so aussah, als würde er dadurch atmen. Schließlich fing ich an, ihn zu ermutigen: „Finde die Fische, Sheffield! Finde die Fische!", und dann rannte er zum Teich und machte sich ans Suchen. Ich fragte mich immer, was er da genau sah. In welcher Hinsicht unterscheiden sich das Sehvermögen von Hunden und Menschen, und in welcher Hinsicht ist es ähnlich? Also ging ich der Frage nach. Hier ist ein Teil von dem, was ich dabei herausgefunden habe:

- Menschen haben eine akkurate Farbwahrnehmung. Wenn jemand beispielsweise draußen im Sonnenlicht ein weißes Shirt anhat und dann in ein dunkles Zimmer geht, entsteht zwar die Illusion, dass das Shirt seine Farbe geändert hat, doch wir wissen, dass es immer noch weiß ist.

- Unsere Augen sind frontal platziert, wodurch wir ein sehr gutes beidäugiges Sehvermögen haben, was uns wiederum ermöglicht, unseren Blick auf einen bestimmten Punkt zu konzentrieren, sei es in der Ferne oder in der Nähe. Allerdings können wir nicht gut im Dunkeln sehen und haben ein schlechtes peripheres Sehen. Das Sehvermögen eines Hundes ist für die Bedürfnisse eines Raubtieres geschaffen: ein Sehfeld, das ein relativ breites Feld an beidäugigem Sehen hat, plus einem einäugigen Feld für jedes Auge, wodurch sein Sehfeld insgesamt 240 bis 290 Grad umspannt. Zum Vergleich: Unseres hat nur 180 Grad.
- Der Augapfel besteht aus vielen verschiedenen Teilen, doch von besonderem Interesse ist für uns die Netzhaut. Die Netzhaut enthält Nervenzellen, die Stäbchen und Zapfen heißen. Die Stäbchen sind licht- und die Zapfen farbempfindlich. Hunde haben viele Stäbchen und andere Zellen, die in einer Schicht angeordnet sind und eine Spiegelfunktion ausüben. Sie werfen das Licht auf die Rezeptoren zurück, wodurch das Licht verstärkt wird und somit dem Hund ermöglicht, auch bei Dämmerlicht noch gut zu sehen. Menschen haben drei Arten farbempfindlicher Zapfenzellen: rot, grün und blau. Hunde haben nur zwei: grün und blau. Das heißt, dass sie rote, grüne und gelbe Objekte nicht anhand ihrer Farbe unterscheiden können. Sie können aber trotzdem einen roten von einem grünen Ball unterscheiden, da der eine heller ist als der andere.

- Hunde können schlecht aus der Nähe, jedoch sehr gut aus der Ferne sehen, und ihnen entgeht kaum eine Bewegung im peripheren Blickfeld. Allerdings ist der Blickwinkel von Hunderasse zu Hunderasse unterschiedlich. Hunde mit seitlich liegenden Augen haben ein besseres peripheres Blickfeld, können sich jedoch nicht so gut auf das konzentrieren, was direkt vor ihnen liegt. Das Gegenteil gilt für Hunde mit vorne liegenden Augen.
- Die meisten Hunde können Objekte nicht scharf erkennen, wenn sie näher als 25 Zentimeter dran sind. Bewegungen fallen ihnen jedoch sofort auf, und ein Objekt bleibt teilweise gänzlich unbemerkt, bis es sich bewegt.

Eines Tages zu Frühlingsbeginn ging ich am Ufer eines Sees spazieren und suchte Schwarzbarsche. Mir fiel auf, wie Sheffield auf einen Anlegesteg lief und anhielt. Als ich ihn einholte, starrte er ins Wasser. Dann sah ich es auch – einen Barsch. Und dann kam mir die Erleuchtung: Wenn er sie zu Hause finden konnte, warum dann nicht auch hier? Und genau so machten wir es dann auch. Sheffield hatte bessere Augen als ich, wenn es darum ging, Fische ausfindig zu machen. Also sagte ich beim Spazierengehen einfach: „Finde einen Fisch, Sheffield. Hol mir einen Fisch." Ich wünschte, Sie hätten sehen können, wie begeistert er war, als ich einen Barsch fischte, ihn daran riechen ließ und den Fisch dann wieder freiließ. Ja, mit den Augen zu fischen, hat schon was.

So ähnlich ist das auch im Leben. Wir müssen unsere Augen offen halten, ansonsten lassen wir uns viel entgehen. Ich habe schon Angler erlebt, die so aufs Angeln konzentriert sind, dass ihnen gar nicht die Schönheit der Gegend, der Bäume, der Tiere oder der Wolken auffällt. Für mich ist die Umgebung über dem Wasser genauso wichtig wie das, was sich unter der Oberfläche befindet.

Ich habe schon Ehemänner erlebt, die so mit einer Tätigkeit beschäftigt oder so in Gedanken versunken waren, dass ihnen gar nicht auffiel, dass ihre Frau ein neues Kleid anhatte oder ihr Schlafzimmer neu dekoriert hat. Oder wie steht es mit der Ehefrau, die so von ihren eigenen Aufgaben vereinnahmt ist, dass ihr nicht auffällt, dass der Mann das kaputte Licht im Flur repariert hat? Keine dieser Situationen sorgt für eine romantische Stimmung am Abend.

Was sehen Sie, wenn Sie um sich schauen? Gibt es da etwas Wichtiges, das Ihrem Blick entgeht? Das kann passieren. Das passiert mir häufig. Vielleicht sollten wir die Intensität, mit der wir nach Dingen wie Fischen suchen, auch manchmal auf andere Dinge richten. Jesus hatte etwas übers Sehen zu sagen: *Ihr habt doch Augen. Warum seht ihr nicht? (Markus 8,18)* Auch sagte er: *Deshalb rede ich in Gleichnissen. Denn sie sehen, aber sie erkennen nicht. (Matthäus 13,13)* Es ist möglich, zu sehen und doch nicht zu erkennen, worum es geht. Es ist möglich, zu sehen, ohne zu verstehen. Darum ging es Jesus. Im Leben geht es um mehr als um das, was uns hier auf der Erde ins Auge fällt. Es geht um eine Beziehung zu Jesus, zu unserem Herrn und Retter. Es geht darum, zu verstehen, wer er ist und was er uns gelehrt hat, und dann das Leben durch seine Augen zu sehen.

Vom *Wort* durchtränkt

Regengüsse sind unterschiedlich. Einige sind wie das aufdringliche Summen von Mücken, das einfach nicht aufhören will. Aus einigen Schauern wird nie so richtig etwas, aber man zieht den ganzen Tag lang seine Regensachen immer wieder an und aus. Andere Güsse sind sehr intensiv. Sie durchtränken einen. Sie lassen überall eine Menge Matsch entstehen. Wasser trieft aus jedem Baum. Die Kleidung wird feucht, und schon bald ist man bis auf die Haut nass, bis es am ganzen Körper keinen einzigen trockenen Fleck mehr gibt. Da passt das Wort „durchtränkt" genau.

Wenn es ums Wort Gottes geht, ist Durchtränktsein etwas Positives. Um in der heutigen Welt als Christ zu leben, muss man mit dem Wort Gottes durchtränkt sein. Wie man das macht? So ähnlich wie bei einem heftigen Regenguss, der uns beim Spazierengehen überrascht, wenn wir keinen Schirm dabeihaben: Jede Faser unserer Kleidung, jeder Flecken unserer Haut wird von der Feuchtigkeit durchtränkt. Auf ähnliche Weise sollten Sie als jemand, der Christus nachfolgt, jeden Fleck Ihres Herzens und Sinnes mit der Wahrheit darüber „beregnen" lassen, wer Sie sind und zu welcher Art Mensch Sie in Jesus Christus werden.

Vor einigen Jahren haben wir Shelties großgezogen. Einen von ihnen nannten wir Prince, und er machte seinem Namen auch alle Ehre. Er stolzierte umher, als sei er die Majestät in Person. Er dachte, die Welt drehe sich nur um ihn. Er liebte es, im Auto mitzufahren, aber besonders gern war er im Boot. Einmal beschloss ich, ihn mit zum Angeln zu nehmen. Ich genoss Princes Gesellschaft, weil er mir nicht die Ohren vollquatschte, nicht mehr Fische fing als ich und darüber hinaus allem zustimmte, was ich sagte und machen wollte.

Prince war ein wunderschöner Hund mit einem prächtigen, zobelbraunen Fell. Wo immer er hinkam, zog er die Aufmerksamkeit der Menschen auf sich. Wir gingen zum See und stiegen ins Boot, und sobald wir ablegten, ging Prinz nach vorne und stellte sich in den Bug des Bootes. Da stand er stolz, hielt seinen Kopf hoch und ließ den Wind durch sein Fell rauschen. Ich steuerte mit voller Geschwindigkeit eine Bucht an, um dort zu fischen, änderte dann aber plötzlich meine Meinung und schwang das Boot herum. Mein Hund verlor das Gleichgewicht und flog in einem hohen Bogen in den See, als wäre er von einem Katapult abgefeuert worden! Ich weiß nicht, wer von uns beiden überraschter war.

Ich schwenkte das Boot in die Richtung, wo er schwamm, (er war in dem Moment nicht gerade beglückt über mich) und stellte den Motor ab. Ich fischte ihn aus dem Wasser, zog ihn aber nicht sofort ins Boot, weil er total durchtränkt war. Stattdessen hielt ich ihn über das Wasser und drückte sanft sein Fell aus, um das meiste Wasser loszuwerden. Erst dann brachte ich ihn in Sicherheit.

Mein Golden Retriever ist ganz anders als mein Sheltie. Zum einen ist er viermal so schwer. Wie das bei Retrievern üblich ist, spielt er liebend gern im Wasser, und sein Fell wird nicht so leicht durchnässt, da es wasserabweisend ist. Wenn er aus dem Wasser kommt, sieht er zwar patschnass aus, aber das Wasser hat sein dichtes Fell nicht weit durchdrungen. Innerhalb kürzester Zeit sieht es wieder so aus, als wäre er überhaupt nicht schwimmen gewesen.

Einige von uns haben ein dickes Fell wie ein Retriever. Gottes Wahrheit hat nie so richtig unsere äußere Schale durchdrungen, um einen tiefen Einfluss auf uns zu haben. Wir haben uns von Gott und seinem Wort nicht ganz durchtränken lassen. Um geistlich voranzukommen, müssen wir uns von Gottes Wahrheit durchdringen lassen. Als Teenager habe ich häufig Bibelverse auswendig gelernt. Ich kann gar nicht zählen, in wie vielen Situationen sie mir geholfen haben. Es ist immer wieder vorgekommen, dass ich einer Versuchung ausgesetzt war oder mit einer Entscheidung rang und mir dann im richtigen Moment ein Bibelvers in den Sinn kam. Wiederholt war das 1. Korinther 10,13:

> *Was eurem Glauben bisher an Prüfungen zugemutet wurde, überstieg nicht eure Kraft. Gott steht zu euch. Er lässt nicht zu, dass die Versuchung größer ist, als ihr es ertragen könnt. Wenn euer Glaube auf die Probe gestellt wird, schafft Gott auch die Möglichkeit, sie zu bestehen.*

Als junger Mann war diese Botschaft für mich in vielen Situationen ein Lebensretter. Leider rückte in den Jahrzehnten meines Erwachsenenalters mein Vorhaben, Gottes Wort auswendig zu lernen, immer wieder mal in den Hintergrund. Eines Tages sprach jedoch ein Freund von mir, Rick Hicks, bei einer Familienfreizeit über eine Stelle aus seinem Buch *Seeking Solid Ground* (übersetzt „Festen Boden suchen"), bei der es um Psalm 15 ging.

Er forderte uns indirekt auf, den Psalm auswendig zu lernen, weil er zeigt, wie wir dem Leben am meisten abgewinnen und Gott nah bleiben können. Ich ging auf die Aufforderung ein. Auswendiglernen war inzwischen etwas mühevoller für mich als früher, aber indem ich mir jeden Morgen nur zwei, drei Minuten Zeit nahm, hatte ich den Abschnitt schon bald im Kopf. Wenn ich heute manchmal nachts aufwache, sage ich häufig still Psalm 15 auf. Ich zitierte ihn beim Autofahren. Die Worte geben mir Zuversicht. Sie richten mein Augenmerk auf Gott und halten mich auf dem richtigen Kurs. Warum versuchen Sie nicht dasselbe?

Herr, wer darf dein heiliges Zelt betreten?
Wer darf dich auf dem Berg Zion anbeten?
Jeder, der aufrichtig lebt und andere gerecht behandelt,
der durch und durch ehrlich ist und andere nicht verleumdet.
Jeder, der seinen Mitmenschen kein Unrecht zufügt,
der Nachbarn und Verwandte nicht bloßstellt.
Jeder, der keine Freundschaft pflegt mit denen, die Gott verworfen hat,
der alle achtet, die den Herrn ernst nehmen.
Jeder, der hält, was er geschworen hat,
auch wenn ihm daraus Nachteile entstehen.
Jeder, der keine Wucherzinsen nimmt, wenn er Geld ausleiht,
der sich nicht bestechen lässt, gegen Unschuldige falsch auszusagen.
Wer so handelt, den wird nichts mehr zu Fall bringen!

Seitdem habe ich auch noch viele andere Bibelstellen auswendig gelernt. Ich kann gar nicht genug davon bekommen! Ich möchte Sie ermutigen, Ihr Leben vom Wort Gottes prägen zu lassen. Sie werden es nicht bereuen. Und je mehr Sie es tun, desto mehr Verlangen haben Sie danach.

> *Wie sehr liebe ich dein Gesetz, den ganzen Tag denke ich darüber nach! Gerade weil es mir immer gegenwärtig ist, bin ich meinen Feinden an Klugheit überlegen. Ich habe mehr begriffen als alle meine Lehrer, denn ich mache mir ständig Gedanken über deine Ordnungen. Ich gewinne noch mehr Einsicht als alte Menschen mit ihrer Lebenserfahrung, denn ich habe mein Leben nach deinen Geboten ausgerichtet. (Psalm 119,97-100)*

Lassen Sie sich durchtränken – das wird in Ihrem Leben eine Menge bewirken.[35]

Loyalität und Treue

Neulich war ich schockiert, als ich einige meiner Bücher von Albert Paysen Terhune durchging, die er über Collies geschrieben hat. Collies haben schon immer zu meinen Lieblingshunderassen gehört. Ich habe einen Langhaarcollie und einen Shetland Sheepdog (Sheltie) gehabt. Das Bild, das die meisten Menschen mit dem Wort „Collie“ assoziieren, ist Lassie aus dem Film oder der Fernsehserie. Der klassische Lassie-Film von 1943, in dem Elizabeth Taylor die Hauptrolle spielte, basierte auf einem Buch von Erick Knight. Leider basierte das Buch jedoch nicht auf einem tatsächlichen Hund.

Es gibt viele verschiedene Collie-Arten. „Collie“ ist eigentlich keine eigene Rasse, sondern eine bestimmte Art von Herdenhund, die ursprünglich aus Schottland und Nordengland stammte. Viele davon sind auch heute noch als Herdenhunde tätig. Ich dachte, ich besäße Terhunes gesamte Werke, bis ich im Internet nachschaute und entdeckte, dass er zwischen den Jahren 1896 und 1961 mehr als 65 Bücher geschrieben hatte!

In seinem faszinierenden *A Book of Famous Dogs* (übersetzt „Ein Buch berühmter Hunde“) geht es um Hunde in der Geschichte, Hunde bekannter Schriftsteller, Hunde von Königen, Hunde im Theater und Hunde im Krieg. Eines der Kapitel, die mich besonders fesselten – vermutlich weil ich mit Menschen arbeite, die mit einem Trauma kämpfen oder in Trauer sind – handelte von Hunden, die als so etwas wie „Klageweiber" fungierten.

In Edinburgh, Schottland, gibt es einen Kirchenfriedhof, auf dem sich eine Statue eines struppigen Hundes befindet. Die Statue steht dort zu Ehren von Greyfriars Bobby, dem berühmtesten und meistgeliebten der Friedhofsbewohner. Am Fuße der Statue steht ein Trinkbrunnen für Tiere.

1858 verstarb ein Bauer namens Gray. Als sein Leichnam auf einem Karren zum Friedhof gebracht wurde, trottete sein Hund unauffällig unter dem Karren mit. Nachdem sein Herrchen begraben wurde, legte sich der Hund trauernd mitten auf das Grab und ließ sich nicht wegbewegen, ganz gleich, wie sehr er gelockt wurde. Er verharrte dort bewegungslos im rauen Wetter und trotz des Hungers, den er zweifellos verspürte. Nichts brachte ihn von seinem Wachposten ab. Die Loyalität von Greyfriars gegenüber seinem Herrchen war so ausgeprägt, dass er dort blieb, bis der Kirchenaufseher ihn vertrieb. Doch sobald sich ihm die Chance bot, kehrte er zum Grab seines Herrchens zurück. Wieder vertrieb ihn der Kirchenaufseher. Dann erzählte einer der Totengräber dem Kirchenaufseher, wie der Hund dem Karren seines Herrchens meilenweit gefolgt war, bis hin zum Friedhof. Der Hund und sein Herrchen waren unzertrennlich, und obwohl Bauer Gray ihn verlassen hatte, wollte der Hund ihn nicht verlassen. Daraufhin ließ der Kirchenaufseher den Hund bleiben.

Einige Leute brachten dem Tier Futter und Wasser. Seine Hingabe wurde zum Gespräch in dem kleinen Ort. Immer mehr Menschen kamen, um ihn zu sehen und ihm etwas zu fressen von ihrem eigenen Tisch zu bringen. Einer brachte ein Stück Stoff, um ihm ein Bett zu bereiten. Andere versuchten, ihn von dem Grab wegzulocken, doch Greyfriars ließ sich nicht beirren. Geschichten wurden über ihn geschrieben, und es reisten sogar Menschen aus anderen Ländern an, um sich selbst zu überzeugen. Künstler kamen, um ihn zu malen, doch das alles schien ihn nicht zu stören oder von seiner treuen Grabwache abzubringen. Er blieb dort, Jahr für Jahr. 14 Jahre nach dem Tod seines Herrchens wachte Greyfriars Bobby eines Morgens nicht auf. Er war gestorben, während er über dem Grab seines Herrchens gewacht hatte.[36]

Die Geschichte dieses Hundes ist in Artikeln und Büchern unzählige Male erzählt und wieder neu erzählt worden. 1961 produzierte Walt Disney einen Film darüber. Aber es gibt auch noch viele andere Geschichten von Hunden, die ihren Herrchen treu gewesen sind. Was für ein eindrucksvolles Beispiel der Standhaftigkeit uns Gott doch durch seine Erschaffung des Hundes gegeben hat!

Nach nahezu fünfzig Jahren der Seelsorge wünschte ich, es gäbe mehr Menschen, die sich durch so eine intensive Hingabe und Loyalität auszeichnen. Dieser kleine Hund hat rein äußerlich gesehen nichts Spektakuläres oder Erstaunliches getan, aber er war treu. Nichts brachte ihn auf Abwege, ob Unbehagen, Schmerzen, Verlockungen oder die Aussicht auf etwas Besseres.

Lassen Sie sich den Begriff „Loyalität“ einmal kurz durch den Kopf gehen. Was bedeutet er Ihnen? Vielleicht bedeutet Ihnen Loyalität, dass sich andere auf Ihr Wort verlassen können; dass

Sie tun, was Sie versprechen. Es kann bedeuten, dass Sie in schwierigen Zeiten für andere da sind. Es ist zwar schön, dass ein Hund treu ist, doch noch besser ist, wenn das auch eine Charaktereigenschaft in unserem eigenen Leben ist. In der Bibel heißt es:

Wer Gott treu bleibt, gleicht einem hell brennenden Licht. Der Gottlose aber ist wie ein Licht, das erlischt. (Sprüche 13,9)

Ein zuverlässiger Mensch wird reich beschenkt; doch wer sich um jeden Preis bereichern will, bleibt nicht ungestraft. (Sprüche 28,20)

Wenn mir jemand treu ist, so ist mir das lieber als ein Schlachtopfer. Und wenn jemand mich erkennen will, freut mich das mehr als jedes Brandopfer! (Hosea 6,6)

Es gibt viele Synonyme für Loyalität, zum Beispiel Treue, Ergebenheit, Zuneigung, Beständigkeit, Vertrauen oder Zuverlässigkeit. Hier sind einige Fragen, über die man einmal nachdenken kann:

Treue:	Wer hat sich Ihnen als treu erwiesen? Wer sieht Sie als treu an?
Ergebenheit:	Wer zeigt Ihnen gegenüber Ergebenheit? Wer sieht Sie als ergebenen Partner oder Freund an?
Zuneigung:	Wer zeigt Ihnen Zuneigung? Wer empfindet, dass Sie ihm oder ihr zugeneigt sind?

Beständigkeit:	Wer ist Ihnen gegenüber beständig? Wer sieht Sie als beständig an, besonders was Ihren Glauben betrifft?
Vertrauen:	Wer erweist Ihnen Vertrauen? Wer sieht Sie als vertrauensvoll an?
Verlässlichkeit:	Auf wen können Sie sich verlassen? Wer sieht Sie als verlässlich an?

Wie können Sie mehr Treue in Ihren Beziehungen haben? Vielleicht wird man Ihnen zur Ehre keine Statue errichten, doch Gott hat noch etwas viel Besseres für Sie geplant, wenn Sie sich nach seinem Wort richten.

Kauen ist keine *geistliche Gabe*

Neulich war ich in einer Hunde-Boutique, allerdings eher unabsichtlich. Meine Hunde wurden einer Pflege unterzogen und ich musste dorthin, um sie abzuholen. Einigen Hunden wären all die aufgeputzten und mit Rüschen versetzten Hundekleider dort bestimmt peinlich gewesen. *Menschen* kaufen so ein Zeug für ihre Haustiere. Es ist gewiss nichts, was Hunde für sich selbst aussuchen würden – zumindest nicht meine Hunde! Ich sah jedoch ein Kleidungsstück, über das ich lachen musste. Es war ein Halstuch, auf dem stand: „Zum Kauen geboren." Wie wahr! Hunde haben Gene, die sie zum ständigen Kauen antreiben. Besonders ausgeprägt ist das bei Welpen. Wenn sich etwas bewegt, kauen sie es. Wenn es eine auffällige Farbe hat, kauen sie es. Wenn es sich nicht bewegt, kauen sie es. Welpen (und selbst einige ältere Hunde) bringen uns bei, Gegenstände immer außer Reichweite zu tun, Türen zu schließen, den Toilettendeckel zuzumachen und nie etwas herumliegen zu lassen, was nicht zerkaut oder aufgefressen werden soll. Welpen sind großartige Lehrer. Sie verändern unser Leben, weil wir durch sie lernen, wachsam zu sein, darauf zu achten, wo wir Dinge hinlegen und wo unser Hund gerade herumschnüffelt, und aufzupassen, wo wir hintreten (besonders, bevor der Welpe gelernt hat, sein Geschäft draußen zu verrichten).

Als wir unseren ersten Sheltie kauften, entdeckten wir die wahre Bedeutung des Wortes „kauen". Einmal ließen wir Prince einige Tage mit einem Hundesitter bei uns zu Hause – einem meiner Studenten, der sich auf den Doktortitel vorbereitete. Ein paar Tage, nachdem wir aufgebrochen waren, rief ich zu Hause an, um mich zu erkundigen, wie es so lief. Nach kurzem Zögern sagte Mike: „Ist eigentlich alles in Ordnung. Prince hat nur heute Morgen eine Kante meines Lederkoffers abgenagt."

„Oh, das tut mir leid", erwiderte ich, unsicher, was ich sonst sagen sollte.

Ein paar Tage später rief ich erneut an. „Hey, Mike, wie läuft's?"

Wieder gab es eine kurze Pause. „Naja, Norm, ich sitze hier gerade und klebe die Stücke meiner Doktorarbeit wieder zusammen, nachdem Prince sie heute Morgen in Stücke gekaut hat."

„Oh", sagte ich. Darauf wusste ich nun wirklich nicht, was ich sagen sollte!

Unser erster Golden Retriever lehrte unseren Hundesitter die ein oder andere Lektion, wovon eine lautete: „Lasse nie drei Dutzend frisch gebackene Kekse auf der Theke liegen und gehe dann nach draußen – selbst wenn es nur eine Minute ist." Für Sheffield war dieser Moment natürlich ein Schlemmerfest. Leider rumorten das Mehl, der Zucker und die Schokoladenchips, die unverträglich für Hunde sind, die ganze Nacht lang in seinem Bauch. Am nächsten Morgen zeigte der Tierarzt Sheffield, was es heißt, seinen Magen nach einem Fressgelage zu entleeren. Das war nicht gerade ein hübscher Anblick. Auch hatten wir einige Möbel im Stil der amerikanischen Kolonialzeit, die einen ganz neuen Style bekamen, nämlich absichtlich alt und abgenutzt. Auch das war kein schöner Anblick.

Da ich über Hunde und ihr Kauen schreibe, habe ich beschlossen, zur Wissensquelle zu gehen – zu einem Hund – und ihn über diese Tendenz zu interviewen, damit ich nicht bloß spekulieren muss. Ich habe mit einem meiner Golden Retriever gesprochen.

„Shadow, warum kauen Hunde nur bloß so viel – besonders als Welpen?“

„Ich kaue eben einfach gern! Das ist der Himmel, mich irgendwo so richtig festbeißen zu können, in Schuhen, Möbeln, zusammengerollten Zeitungen, Wandkanten, Besenstielen, was auch immer – ich nage daran. Es fühlt sich *sooo* gut an! Ich habe die Freude des Kauens als Welpe entdeckt, als ich meine Zähne bekam. Ich habe alle meine 28 Milchzähne verloren, genau wie du deine 20 Milchzähne verloren hast. Als ich ungefähr vier Monate alt war, bekam ich allmählich meine bleibenden Zähne, also brauchte ich etwas zum Beißen. Mein Verlangen, auf etwas zu kauen, wurde unwiderstehlich.

Falls du jemanden kennst, der einen Welpen hat, dann sag ihm bitte, dass er ihn deswegen nicht ausschimpfen soll. Der arme Kleine versucht doch nur, den Schmerz seiner neuen Zähne zu lindern. Er würde es wirklich zu schätzen wissen, wenn man ihm ab und zu mal das Zahnfleisch mit Eiswürfeln einreibt. Das hilft beim Zähnekriegen, genauso wie bei menschlichen Babys. Das taube Gefühl lindert den Schmerz, was wiederum dem Verlangen entgegenwirkt, seine Zähne in dem Haufen Klamotten und Schuhe auf dem Boden vor dem Kleiderschrank zu vergraben.

Wenn Hunde ungefähr sechs Monate alt sind, stattet die

Zahnfee uns zwar keine Besuche mehr ab, aber unsere Liebe fürs Kauen haben wir deswegen noch lange nicht aufgegeben. Also, das nächste Mal, wenn du unsere Zahnabdrücke auf etwas entdeckst, was dir gehört, dann verstehe bitte, dass Kauen eine große Freude im Leben ist. Wie wäre es, wenn du uns etwas gibst,worauf wir kauen dürfen?"

„Warum kaust du an meinen Schuhen?"
„Ich muss an irgendetwas kauen. Wenn du mich mit Kaugegenständen versorgst, trägt das schon viel dazu bei, dein Hab und Gut zu schützen. Noch besser ist ein Knochen vom Schlachter. Das ist ein richtiger Leckerbissen! Nichts stillt mein Verlangen nach Kauen so sehr wie ein guter Knochen."

An diesem Punkt mischte sich ein anderer Hund, Aspen, in unser Gespräch ein.

„Vielleicht glaubst du, dass wir an deinen Sachen herumkauen, um dir eins auszuwischen. Wahrscheinlich denkst du, ich bin wütend, weil du mich tagsüber allein gelassen hast. Klar, du darfst dir meinetwegen gerne ein schlechtes Gewissen machen, aber das ist nicht der Grund. Falls du mir nicht glaubst, überzeug dich selbst. Die Forschung hat ergeben, dass ich nicht aus Boshaftigkeit oder Trotz kaue. Gut, ich bin schon ziemlich gestresst, wenn du mich allein lässt. Die erste halbe Stunde ist am schlimmsten. Ich glaube, der Fachausdruck dafür ist ‚Trennungsangst'. Es kann durchaus vorkommen, dass ich aus Stress oder Langeweile an Dingen kaue, aber ich mache das auch einfach aus Spaß. Ich muss dir etwas gestehen: Mir gefällt es, wenn du meinetwegen ein schlechtes Gewissen hast. Mir ist aufgefallen: Je mehr Gewissensbisse du hast, umso mehr Aufmerksamkeit und Leckereien bekomme ich von dir, wenn du wieder nach Hause kommst. Also, obwohl deine Schuldgefühle eigentlich nicht nötig sind, profitiere ich davon immer ganz gut."

Shadow meldete sich wieder zu Wort, um noch einen letzten Ratschlag in Bezug aufs Kauen und Essen zu geben.

„Schokoladenliebhaber mögen schockiert sein, aber die Gerüchte stimmen wirklich. Schokolade ist ganz schlecht für Hunde. Sie kann Anfälle auslösen und uns sogar töten. Es ist die chemische Zusammensetzung von Kakao, die mich in Gefahr bringt."

„Da hast du recht", sagte ich. „Theophylin, Theobromin und Phenethylamin. Je reiner die Schokolade ist, umso gefährlicher ist sie."

„Genau", sagte Shadow. „Ein paar Bissen von einem Schokoriegel schaden mir vermutlich nicht groß, aber reichhaltige Schokopralinen oder sogar Kochschokolade können mich gefährden und unter Umständen den Tod bedeuten. Also, bitte haltet Schokolade von mir und meinen Freunden fern. Wir haben die Tendenz, alles gierig zu verschlingen, ob es nun gut für uns ist oder nicht."

Das Welpenalter ist eine Zeit, die von viel Freude, Lachen und Lernen geprägt ist. Kluge Hundebesitzer finden so viel wie möglich darüber heraus, worauf es zu achten gilt, wenn man einen Hund haben will – nicht nur, was das Finanzielle betrifft. Hunde erfordern auch viel Zeit und Kraft. Es ist eine Zeit, in der der Charakter geformt wird – der des Hundes genauso wie der des Besitzers. Es gibt bestimmte Charaktereigenschaften, die unbedingt erforderlich sind, einschließlich Geduld und Verantwortungsbewusstsein. Wenn einer meiner Hunde etwas gefressen oder zerkaut hat, habe ich gelernt, die Schuld bei dem zu suchen, der wirklich verantwortlich ist, sprich: bei mir.

Wenn sie etwas zerkaut haben, dann habe ich es vermutlich irgendwo liegen gelassen, wo ich es hätte wegräumen sollen. Ich habe gelernt, Türen und Schubladen zu schließen und Gegenstände außerhalb ihrer Reichweite zu tun. Welpen können einem teilweise auf die Nerven gehen und einen wütend machen, doch Ihr Welpe hat es nicht verdient, Ihren Frust und Ärger zu ertragen. Bedenken Sie dies:

> *Geduld zu haben ist besser, als ein Held zu sein; und sich selbst zu beherrschen ist besser, als Städte zu erobern! (Sprüche 16,32)*

> *Nur ein Dummkopf lässt seinem Zorn freien Lauf, ein Verständiger hält seinen Unmut zurück. (Sprüche 29,11)*

Ihr Welpe ist auf Ihre Geduld und sanfte Zurechtweisung angewiesen. Und brauchen wir nicht genau dasselbe? Gott hat Geduld mit uns, und er weist uns zurecht:

> *Denn die ganze Heilige Schrift ist von Gott eingegeben. Sie soll uns unterweisen; sie hilft uns, unsere Schuld einzusehen, wieder auf den richtigen Weg zu kommen und so zu leben, wie es Gott gefällt. (2. Timotheus 3,16)*

> *Wer auf hilfreiche Ermahnung hört, den kann man klug nennen! Wenn du jeden Tadel in den Wind schlägst, schadest du dir selbst. Wenn du dir etwas sagen lässt, dann gewinnst du Einsicht. (Sprüche 15,31-32)*

> *Wer dazulernen möchte, lässt sich gern sagen, was er falsch macht. Wer es hasst, auf Fehler hingewiesen zu werden, ist dumm. (Sprüche 12,1)*

Das Wort „Hund“

Wussten Sie, dass es ungefähr 79 Millionen Hunde in den Vereinigten Staaten gibt und mehr als jede dritte Familie einen Hund besitzt (oder von einem Hund besessen wird)? In Deutschland gibt es ca. fünf Millionen Hunde in mehr als 13% aller Haushalte.

Roger Caras hat einmal gesagt: „Hunde sind nicht unser komplettes Leben, aber sie machen unser Leben komplett.“ Können Sie sich eine Sprache oder einen Wortschatz vorstellen, wo das Wort „Hund“ nicht auftaucht? Ich nicht.

Lassen Sie uns überlegen, wo Hundebegriffe in unserem Sprachgebrauch auftauchen. Wie nennt man jemanden, der sehr hartnäckig ist? Eine Bulldogge. Wenn einen ein Unglück befällt, ist man ein „armer Hund“. Im Jahr 1150 prägte St. Bernard von Clairvaux den Ausdruck: „Wenn du mich liebst, dann liebe auch meinen Hund.“ Ist jemand in eine ausweglose Situation geraten, so ist er sprichwörtlich „auf den Hund gekommen“. Und die beliebten „Hot Dogs“ sind wörtlich „heiße Hunde“. Im 19. Jahrhundert hielt sich hartnäckig das Gerücht, dass Würstchen tatsächlich aus Hundefleisch gemacht waren. Als einem Würstchenverkäufer auf der Straße auffiel, dass seine Kunden immer ziemlich viele Servietten brauchten, fing er an, seine Würstchen in Brötchen zu stecken – und schuf damit „Hot Dogs", wie wir sie heute kennen.

Teilweise tauchen Hunde in Bezeichnungen und Namen auf, die etwas merkwürdig erscheinen. Bei den Kanarischen Inseln ist das zum Beispiel der Fall. Wenn Sie den Namen hören, wovon gehen Sie dann aus? Vermutlich, dass dort Kanarienvögel leben und die Inseln davon ihren Namen erhalten haben. Doch es ist anders herum. Kanarienvögel, die es dort tatsächlich gibt, wurden nach den Inseln benannt, und die Inseln erhielten ihren Namen aufgrund der großen Hunde, die es dort gab. Als die Römer die Kanarischen Inseln eroberten, stießen sie dort nicht nur auf ihre wilden Bewohner, sondern auch auf ihre Hunde. Das lateinische Wort für Hund ist *canis*, weswegen sie eine der Inseln „Canaria" nannten.[37]

Besonders im Englischen gibt es mehrere Redewendungen, die sich auf Hunde beziehen. Wer sich unbeliebt gemacht hat oder in Ungnade gefallen ist, der ist im amerikanischen Englisch „in der Hundehütte". Wer auf dem falschen Dampfer ist, der „bellt am falschen Baum" – diesen Ausdruck verwendet man, wenn man beispielsweise bei der Arbeit sehr beschäftigt ist, jedoch nicht viel zustande zu bringen scheint, oder irgendwann merkt, dass man einen Fehler gemacht hat und alles umsonst war. Dann hat man viel Energie verschwendet und war, wie man es im Deutschen sagt, auf dem Holzweg. Der englische Ausdruck dafür, „am falschen Baum zu bellen", hat eine lange Geschichte und stammt aus dem Bereich der Jagd. Manchmal versammelte sich die Meute um einen Baum und bellte wie wild, in dem Glauben, einen Waschbären aufgespürt zu haben, obwohl der schon längst über alle Berge war.

Eine sehr kalte Nacht kann als eine „Dreihundenacht" bezeichnet werden. Der Ausdruck kommt daher, dass man in einer kühlen Nacht den Körper eines Hundes bei sich bräuchte, um warm zu bleiben. Ist es ziemlich kalt, bräuchte man vielleicht zwei Hunde. Doch wenn es fror, brauchte man drei Hunde, um genügend Körperwärme zu erzeugen und warm zu bleiben.

Wenn es wie aus Kübeln gießt, kann man im Englischen sagen, dass es „Katzen und Hunde regnet", eine Redewendung, über die ich mich immer gewundert habe. Hier ist eine Erklärung, die ich dazu gefunden habe:

> Es gibt eine Reihe [möglicher] Erklärungen. In der nordischen Mythologie stehen Hunde und Katzen in enger Verbindung mit Regen und Wind. Viele Darstellungen zeigen Odin, den Sturmgott, in Begleitung von Hunden, und es wurde geglaubt, dass Katzen Stürme verursachen können. Eine weitere Theorie ist, dass im England des 17. Jahrhunderts während schwerer Regenfälle einige Straßen zu Schmutzströmen wurden, die viele Katzen und Hunde mit sich rissen. Doch eine simplere Erklärung ist, dass Hunde und Katzen viel Lärm machen, wenn sie kämpfen – „wie Katzen und Hunde kämpfen" –, und sie deshalb eine Metapher für lauten Regen und Gewitter geworden sind.[38]

Hier noch ein kleines Ratespiel. Mal schauen, ob Ihnen die drei Begriffe einfallen, die hier gesucht werden. Ich gebe Ihnen einen Tipp. Sie haben alle etwas mit Hunden zu tun:

> Eine geknickte Spielbahn beim Golf.
> Ein heißer Sommertag. Der Ausdruck stammt von den Römern, weil sie glaubten, dass, wenn ein bestimmter Stern zusammen mit der Sonne aufging, es den Tag heißer machte.
> Ein bestimmter Schwimmstil.[39]

Im heutigen amerikanischen Englisch habe ich mehr als 400 Redewendungen entdeckt, die mit Hunden zu tun haben. Wie Sie sehen, hat das Wort „Hund“ unsere Sprache anschaulicher gemacht. Die meisten Menschen wissen, wovon man spricht, wenn man diese Redewendungen benutzt.

Ein weiteres Wort, das in unser Vokabular gedrungen ist und eine klare Bedeutung haben sollte, ist das Wort „Christ“. Wir benutzen das Wort, um jemanden zu beschreiben, der Jesus Christus nachfolgt. Wenn wir hören, dass jemand Christ ist, erzeugt das bestimmte Erwartungen, was derjenige glaubt und wie er sich verhalten sollte. Eigentlich erwartet man, dass Christen sich an den Lehren der Bibel orientieren. Einige tun das auch tatsächlich, doch andere nicht. Eigentlich erwartet man, dass sich Christen nicht nur durch bestimmte Glaubensüberzeugungen auszeichnen, sondern auch durch einen bestimmten Lebensstil. Man erwartet, dass sich ihr Verhalten vom Verhalten anderer in der Gesellschaft unterscheidet. In der Bibel steht:

> *Wenn wir uns an Gottes Gebote halten, zeigt uns dies, dass wir Gott kennen. Wenn jemand behauptet: „Ich kenne Gott“, hält sich aber nicht an seine Gebote, so ist er ein Lügner; die Wahrheit ist nicht bei ihm zu finden. Doch wer nach dem lebt, was Gott gesagt hat, an dem zeigt sich Gottes ganze Liebe. Daran ist zu erkennen, ob wir wirklich mit Christus verbunden sind. Wer von sich sagt, dass er zu Christus gehört, der soll auch so leben, wie Christus gelebt hat. (1. Johannes 2,3-6)*

Die Bibel legt ziemlich eindeutig dar, wodurch wir uns auszeichnen sollten, wenn wir Jesus nachfolgen. Im Endeffekt geht es um die Frage: Entspricht unser Verhalten dem, was wir sagen, wissen und glauben? Das Wort „Christ" bedeutet „kleiner Christus". Spiegeln wir diese Bedeutung wirklich wider? Es lohnt sich, darüber einmal nachzudenken.

Verloren

Haben Sie sich schon einmal verirrt? Die meisten von uns haben das schon erlebt. Das kann beispielsweise beim Autofahren passieren. Einmal habe ich mich trotz Navigationssystems verfahren. Es ist kein sehr angenehmes Gefühl, wenn man nicht weiß, wo man ist, weil man dann keine Kontrolle mehr hat. Das kann leicht zu Panik führen. Teilweise merken wir jedoch nicht einmal, dass wir uns verirrt haben!

Als ich fünf oder sechs Jahre alt war, fuhr meine Familie einmal im Urlaub zum Angeln nach Mexiko. Wir kamen dort in einem Motel unter, und eines Nachmittags verschwand ich (haben mir meine Eltern zumindest später erzählt). In der Geschichte heißt es, dass ich gesehen hatte, wie einige Leute auf den Felsen nach Aalen angelten. Auf einen kleinen Jungen wirkte das sehr eindrucksvoll, also kletterte ich ebenfalls auf die Felsen, um das spannende Ereignis mitzuerleben.

Im Hotel erzeugte das jedoch eine Spannung der weniger angenehmen Sorte, und zwar Panik bei meinen Eltern. „Norman ist verschwunden. Er ist nirgends zu finden!“, riefen meine Eltern besorgt.

Mein älterer Bruder beteiligte sich an der Suche, und nach einer Weile fand er mich. Er sagte: „Alle sind furchtbar aufgeregt, weil sie dachten, du hättest dich verlaufen. Du warst einfach verschwunden."

Ich sagte ihm: „Ich war nicht verschwunden. Ich wusste doch die ganze Zeit, wo ich war."

Hundebesitzer erleben dieselbe Art von Panik, wenn ihre Hunde verloren gehen. Vor Jahren zogen wir Shelties groß und verschenkten fünf Welpen an Freunde. Samson war einer davon. Er war ein typischer Sheltie: ein Energiebündel, das gerne Lärm machte, herumrannte und spielte. Er liebte Don und Billie, seine Besitzer, und folgte ihnen im Garten herum. Shelties scheinen eingebaute „Hol den Ball"-Gene zu haben. Samsons einziges Problem war, dass er auch noch andere Gene hatte, und zwar die „Umherstreif"-Gene. Er liebte es, Reißaus zu nehmen und meilenweit die Nachbarschaft auszukundschaften. Dazu kam noch seine starke Abneigung gegenüber UPS-Lieferwagen. Wenn einer vorbeikam und Samson freie Bahn hatte, lief er ihm mehrere Straßen lang bellend hinterher. Samsons Umherstreif-Gene führten ihn immer wieder auf Irrwege, obwohl er bestimmt sagen würde, was ich als Kind gesagt habe: „Ich bin nicht verschwunden. Ich weiß doch die ganze Zeit, wo ich bin."

Auf einer seiner vielen Eskapaden fand Samson einen Park. Es war großartig dort: riesige Rasenflächen, eine Menge großer Bäume, Büsche und dann die Gerüche ... oh, die Gerüche! Es war der Hundehimmel. Während er die Gerüche untersuchte, stieß er auf einen, dem er beschloss nachzugehen. Das führte ihn zu einer Gruppe Büsche, und als er seine Nase dort hineinsteckte, begegnete er einem großen Waschbären. Diese Tiere mögen niedlich auf Menschen wirken, können mit ihren spitzen Zähnen und rasiermesserscharfen Klauen aber ziemlich brutal sein. Der Waschbär zog eine Nummer mit Samson ab. Halbtot schleppte er sich davon. Am Morgen fand ihn jemand und brachte ihn ins örtliche Tierheim.

Don und Billie suchten nach Samson, als ihnen aufgefallen war, dass er verschwunden war. Sie fuhren die Gegend ab, in der sie ihn schon manchmal zuvor gefunden hatten, aber es gab keine Spur von ihm. Schließlich beschloss Billie, beim Tierheim vorbeizuschauen. Sie schaute in die verschiedenen Hundezwinger, bis sie Samson sah. Sein Fell war verfilzt, sein Blick glasig. Er wirkte benommen. Von seiner Schulter bis zur Hüfte hatte er eine Wunde, und auf seiner Brust wurden viele Stellen genäht. Sie rief seinen Namen, erhielt jedoch keine Reaktion. Billie ging wieder weg, da sie glaubte, dass das nicht Samson gewesen sein konnte. Sie erzählte ihrem Mann von dem Hund, und er fragte: „Bist du sicher, dass das nicht Samson war? Vielleicht sollten wir noch einmal nachschauen." Also fuhren sie erneut ins Tierheim, und als sie zu seinem Zwinger kamen, begrüßte er sie sofort. Bei Billies erstem Besuch war er noch vom Betäubungsmittel angeschlagen gewesen, das er bei seiner Operation erhalten hatte.[40]

Samson, der verloren war, wurde wiedergefunden! Falls Sie noch nie einen Hund verloren haben, können Sie sich vielleicht nur schwer die Erleichterung vorstellen, die Don und Billie erlebten, als sie ihren Hund wiederfanden.

Bei dem schrecklichen Hurrikan Katrina, der im August 2005 im Südosten der USA wütete, gab es Verluste im Überfluss: Häuser, Autos, Kultur, Menschen und Haustiere. So viel ging verloren, und so wenig wurde geborgen. So erging es auch Martha, die zusammen mit ihrem kleinen Hund Fritz in einem kleinen, alten Haus in Bezirk 9 von New Orleans lebte. Aufgrund mehrerer Dammbrüche brach das Wasser eines Nachts plötzlich herein und stieg schneller, als irgendjemand erwartet hatte. Rettungskräfte kamen in einem Boot zu Marthas Haus und brachten sie in Sicherheit. Doch in der Panik wurde Fritz vergessen. Einige Häuser später dämmerte es Martha, dass Fritz ja gar nicht gerettet worden war, genau wie Tausende anderer Tiere in der Gegend. Nicht nur verlor Martha ihr Zuhause und ihr Hab und Gut, sondern auch ihr noch einziges Familienmitglied. Ihre Trauer war tief.

Sechs Wochen später schaute Martha bei der Zentrale der Hurrikanhilfe am Rande von Bezirk 9 vorbei. Sie fragte, ob jemand mit ihr zurückgehen könnte, um zu sehen, was von ihrem Haus noch übrig war und um die sterblichen Überreste von Fritz zu finden und ihn zu begraben. Der Leiter für die Opferbetreuung erklärte sich gerne bereit, zu helfen. Sie kamen zum Haus, gingen zur Haustür, öffneten sie und traten ein. Dann vernahmen sie ein Geräusch: ein schwaches Kläffen, das aus dem Badezimmer kam. Die beiden warfen sich einen ängstlichen Blick zu und machten die Badezimmertür auf, und da stand Fritz, nur Haut und Knochen, die auf Beinen standen, die ihn kaum halten konnten. Er hatte sich nur von Wasser und allem ernährt, was es in dem beengten Raum des Badezimmers an Kaubarem gab. Er war nur Stunden vom Tod entfernt, und sie brachten ihn schnellstens zum Tierarzt. Er kam sofort an den Tropf. Heute hat Martha zwar nicht mehr ihr altes Zuhause, aber sie hat etwas anderes, was wichtig ist, nämlich Fritz.[41]

Das Ende dieser Geschichte ähnelt dem Ende einer Geschichte im Neuen Testament, in der es um einen Vater und Sohn geht. Sie ist als die Geschichte vom verlorenen Sohn bekannt und handelt von einem Jungen, der das Erbe seines Vaters nimmt und ein ausschweifendes Leben führt. Als ihm das Geld ausgeht und er keine Arbeit hat, kehrt er nach Hause zurück, in der Hoffnung, dass ihn sein Vater vielleicht als Diener aufnimmt. Doch der Vater läuft ihm schon auf der Straße entgegen und verkündet später: *Mein Sohn war tot, jetzt lebt er wieder. Er war verloren, jetzt ist er wiedergefunden. (Lukas 15,24)*

Gott jubelt, wenn wir von unserem Irrweg umkehren, wenn wir uns bewusst werden, wie er uns sieht und uns liebt, und wenn wir wieder zu ihm zurückkehren. Wir müssen uns nie wieder verloren vorkommen, wenn wir daran denken, dass Gott uns aufgesucht und erlöst hat, weil er uns liebt und mit uns zusammen sein will.

Die *Berührung* des Herr(che)n(s)

Sie gehen mit Ihrem Hund in der Stadt Gassi. Er ist an der Leine und benimmt sich gut (Sie hoffentlich auch!). Sie halten an und er macht Platz. Kurz darauf kommt jemand auf Sie zu, schaut erst Ihren Hund an und dann Sie und sagt ...

Was ist der erste Satz, den Leute in so einer Situation gewöhnlich sagen? „Ist er bissig?" oder „Wie heißt er?" Vermutlich wird die Frage eher lauten: „Darf ich ihn streicheln?" Wenn wir einen hübschen Hund sehen, ist unser erster Impuls, mit unseren Händen über sein Fell zu fahren. Wir mögen das Gefühl.

Die meisten Menschen sind sich nicht bewusst, wie gut es für die eigene Gesundheit ist, Hunde zu streicheln. Es hat eine beruhigende Wirkung auf uns, senkt unseren Blutdruck und unseren Puls und baut Stress ab. Und die gesundheitsfördernden Wirkungen gehen in beide Richtungen. Es gibt ein Trainingsprogramm für Hunde, bekannt als die *Tellington TTouch Method* (kurz: *TTouch*; übersetzt „Berührung"), durch das das Verhalten und der Charakter von Hunden beeinflusst und ihre Lernfähigkeit gefördert werden. Ziel ist, die Lebensqualität des Hundes zu steigern oder zu erhalten. Es gibt verschiedene Stellen am Körper des Hundes, bei denen ganz bestimmte Berührungen angewandt werden. Dieses Training ist dafür gemacht, Angst, Schmerzen und Stress beim Tier zu mindern.

Ein Bereich ist die Berührung der Ohren. Das ist einer der effektivsten Wege, um einen hyperaktiven Hund zur Ruhe zu bringen. Diese Berührung wird auch in Fällen von Schock eingesetzt oder um den Blutkreislauf zu stabilisieren. Man streichelt das Ohr des Hundes sanft mit dem Daumen von der Mitte des Schädels bis zum Ohransatz und dann das Ohr entlang bis zur Spitze des Ohres. Man zieht dabei nicht am Ohr, sondern streift nur die gesamte Länge des Ohres entlang. Entspannend wirkt es auf den Hund dann, wenn man mit einer leichten Berührung ganz langsam über das Ohr fährt.[42]

Ein Teil der heilenden Wirkung, die Therapiehunde ausüben, ist die Berührung. Wenn jemand in einem Altersheim, einer Rehaklinik oder einem Krankenhaus einen Therapiehund auf sich zukommen sieht, möchte er den Hund gewöhnlich berühren oder in die Arme schließen. Vor einigen Jahren legte mein Verlag eines meiner früheren Bücher über Hunde neu auf und stellte es bei einer großen Tagung von Buchhändlern vor. Da die Veranstaltung an der anderen Küste Amerikas stattfand, nahm ich meinen Hund nicht mit. Ich brauchte jedoch einen Hund für die Buchvorstellung und bekam vom Verlag deswegen sozusagen einen „Leihhund" zur Verfügung gestellt. Während ich zusammen mit dem Hund durch die Halle der Tagungsstätte ging, liefen wir Joni Erickson Tada über den Weg, die querschnittsgelähmt ist und einen wunderbaren Dienst für behinderte Menschen tut. Wir wollten miteinander reden, aber sie hatte ein Treffen auf der anderen Seite der Halle, also bat sie mich, ihr zu folgen. Als wir dort ankamen, legte sie als Erstes ihren Arm auf den Kopf und Rücken des Hundes. Die Freude auf ihrem Gesicht war ein Geschenk. Ich weiß nicht genau, wie viel sie wirklich fühlen konnte, aber sie wollte den Hund trotzdem berühren und eine Verbindung zu ihm aufbauen.

Einer meiner Freunde hat einen Therapiehund, der einen ganz besonderen Dienst leistet. Bucky besucht die unheilbar Kranken. Diese Menschen wissen, dass sie sterben, und die Gegenwart des Hundes spendet ihnen Trost. Bei einer Patientin, die beide Füße und die meisten ihrer Finger amputiert hatte, lag er jeden Tag eine Stunde lang auf dem Bett. Sie sagte, dass seine Nähe und sein Trost ihr die nötige Ermutigung gaben, nicht aufzugeben.

Es gibt eine Berührung, die sich die meisten Hunde mehr als irgendeine andere wünschen, und das ist die Berührung ihres Herrchens. Einer meiner Golden Retriever jagt mich abends förmlich, um diese Berührungen zu bekommen, und er seufzt glücklich, wenn ich darauf eingehe. Er scheint nie genug von meiner Aufmerksamkeit bekommen zu können.

Sie und ich sind genauso wie unsere Hunde. Wir sehnen uns nach Berührung. Das kann die Berührung von Eltern sein, von einem Ehepartner, einem Kind, einem Freund oder Gott selbst. Ohne Berührung können wir nicht leben. Eines der schlimmsten Traumata im Leben ereignet sich, wenn ein Kind vernachlässigt wird, was vielen Babys in Waisenhäusern in Ländern der Dritten Welt passiert. Sie liegen die meisten Stunden des Tages in ihren Bettchen und sterben fast, weil sie sich nach Liebe und Austausch sehnen. Leider gibt es auch bei uns Vernachlässigung. Einige Menschen kommen sich so vor, als wolle sie keiner berühren, was sie an den Rand der Verzweiflung bringt.

Im Neuen Testament gibt es zahlreiche Geschichten davon, wie Jesus andere Menschen berührte oder von ihnen berührt wurde. Besonders die Evangelien sind voller Berichte über

Menschen, die Jesus berühren wollten: kleine Kinder, eine Frau, die an Blutungen litt und verzweifelt den Saum seines Umhangs ergriff, eine Prostituierte, die Jesu Füße mit ihren Tränen benetzte und mit ihrem Haar abwischte, und sogar der Jünger Thomas, der aufgrund seiner Zweifel sagte, dass er nicht glauben würde, solange er Jesu Wunden nicht mit seinen eigenen Händen berührt hätte. Damals gab es viele Menschen, die als unberührbar galten, weil sie bestimmte Krankheiten hatten oder als zeremoniell unrein galten. Das jüdische Gesetz war in dieser Hinsicht sehr eindeutig. Leprakranke durften nicht berührt werden, da die Menschen Angst vor Ansteckung hatten. Heute halten wir diese Reaktion für schrecklich, doch es ist noch nicht viele Jahre her, dass Menschen in unserer Gesellschaft Angst hatten, AIDS-Kranke zu berühren. Wir leben in einer Kultur, in der es in vielen Situationen heißt: „Nicht anfassen!", sei es in der Kirche oder beim Einkaufen. John Ortberg schrieb in seinem Buch „Die Liebe, nach der du dich sehnst":

> Der Leprakranke machte keine Anstalten, Jesus zu berühren. Er wusste, wie es um ihn bestellt war. Er kannte die Gesetzeslage.
> Doch man beachte, was Jesus tat: „Jesus hatte Mitleid mit ihm, streckte die Hand aus und berührte ihn. ‚Ich will', sagte er. ‚Sei gesund!'"
> ... Jesus hätte den Leprakranken nicht berühren müssen, um ihn zu heilen. Andere Wunder vollbrachte er aus einer Entfernung heraus; dazu brauchte er bloß „ein Wort sprechen". Das Wort heilte den Leib des Leprakranken, doch die Berührung heilte seine Seele. Jesus wollte damit etwas veranschaulichen.
> Das Wunder der Berührung ist, dass Jesus bereit war, am

Leiden eines anderen teilzuhaben, um dadurch seine Heilung zu bewirken. Das ist ein Bild, das schon im Voraus auf das Kreuz deutete: dorthin, wo Jesus unsere Sünden nahm, damit wir sein Leben nehmen können. Durch seine Wunden sind wir geheilt.

In einer ansteckenden Welt lernen wir, unsere Distanz zu wahren. Wenn wir uns zu nahe auf leidende Menschen einlassen, können wir ja von ihrem Schmerz angesteckt werden. Das ist nicht unbedingt angenehm. Doch nur, wenn Sie nahe genug an dem Menschen dran sind, um seinen Schmerz zu spüren, sind Sie nahe genug dran, um ihn Ihre Liebe spüren zu lassen.

Jesus hat seine Jünger nicht dazu berufen, in Quarantäne zu leben ...

Gottes Laden ist voller Schilder, auf denen steht: „Bitte berühren!" Vielleicht wollen wir das nicht. Vielleicht sind wir zu schüchtern oder beschäftigt. Doch erst, wenn Menschen in ihrem Schmerz berührt werden, kann Heilung kommen. Heute gibt es Kollegen bei der Arbeit, die auf eine Berührung warten. Werden Sie derjenige sein, der sie ihnen gibt? Legen Sie einen Arm um die Schulter eines Freundes. Nehmen Sie die Hand eines Menschen, der verletzt ist. Umarmen Sie ein Kind. Bitte berühren Sie.[43]

Ja, Ihr Hund braucht Berührung. Ihre Familie und Freunde brauchen Berührung. Doch noch mehr brauchen Sie und ich die Berührung unseres Herr(che)n(s). Er ist immer gegenwärtig, also bitten Sie ihn um seine Nähe. Sie werden eine Berührung erfahren, die Sie erhält, ermutigt, tröstet und sogar Heilung bringt. Seine Berührung wird Ihnen versichern, dass Sie geliebt sind.

Ihr Stammbaum

Haben Sie einen Stammbaum? Natürlich haben Sie einen, ob Sie ihn nun kennen oder nicht. Hat Ihr Hund einen Stammbaum? Ja. Interessiert sich Ihr Hund dafür? Wohl kaum. Ich habe noch nie eine Gruppe Hunde gesehen, die im Gespräch über ihre Abstammung vertieft waren und diskutierten, wer nun die wichtigsten und bedeutendsten Vorfahren hat. Anscheinend ist ihnen das ziemlich egal. Sie meiden keine anderen Hunde, nur weil sie aus der „falschen Familie" sind. Leider sind einige Menschen da ganz anders. Sie sind von ihrer Abstammung besessen und wollen unbedingt den „richtigen" Stammbaum haben. Sie glauben, dass es sie besonders macht, wenn sie einen Urgroßonkel hatten, der ein dritter Cousin zweiten Grades eines Präsidenten war, oder in direkter Linie von einem Kaiser, einer Heiligen oder einem Nobelpreisträger abstammt.

Die meisten Amerikaner haben einen gemischten Stammbaum, und das gefällt uns auch. Ich bin zum Teil deutsch, zum Teil englisch und zu einem kleinen Teil uramerikanisch. Ich muss zugeben, dass ich meinen uramerikanischen Teil am interessantesten finde. Erst kürzlich habe ich herausgefunden, von welchem Indianerstamm ich abstamme. Viele Menschen lieben es, Einzelheiten über ihre Geschichte herauszufinden; Hunden ist das völlig egal. Für sie ist ein anderer Hund einfach ein anderer Hund. Einigen Hundebesitzern dagegen ist die Abstammung ihres Hundes äußerst wichtig. Ich habe viele Leute über den Stammbaum ihres Hundes reden hören oder darüber, aus welcher Zucht ihr Welpe stammt. Solche Gespräche gibt es besonders bei Hundeausstellungen, bei denen viele Besitzer den Stammbaum ihres Hundes bei sich tragen, damit sie ihn bei Gelegenheit zücken und jedem zeigen können, der daran interessiert ist – oder auch nicht interessiert ist.

Ein englisches Wort für Stammbaum ist *pedigree*, was von einem altfranzösischen Ausdruck kommt, der „Fuß des Kranichs“ bedeutet. Warum dieser Ausdruck? Weil das dreizackige, krallenartige Zeichen, das auf Ahnentafeln verwendet wurde, der Kralle dieses Vogels ähnelte. Es waren nicht Hunde oder andere Tiere, die solche Ahnentafeln erfunden haben, sondern wir. Ja, es waren Menschen, die ihre Abstammung als so wichtig erachteten und dann diese Wichtigkeit auch auf ihre Tiere übertrugen. Meine beiden letzten Britischen Kurzhaarkatzen hatten zufällig eine reinrassige Abstammung, die gut dokumentiert war.

Lassen Sie uns einige reinrassige Hunde anschauen. Manche Rassen sind für ihr Aussehen bekannt, andere für ihr Temperament und andere für ihr Können.

Wer gilt in der Hundewelt als der Gescheiteste? Nach übereinstimmender Meinung sind es der Border Collie, der Golden Retriever und der normale Pudel.

Es wird angenommen, dass Pudel aus Frankreich stammen. Fakt ist, dass sie ihren Ursprung in Europa haben und als Jagdhunde eingesetzt wurden. Typischerweise wurden sie an ihrem Hinterleib geschoren, was seinen Ursprung darin hat, dass ihr dickes Fell im Wasser und dichten Gebüsch ein Problem darstellte. Auch heute noch ist diese Praktik weit verbreitet, obwohl es mittlerweile in den meisten Fällen nur dazu dient, das typische Aussehen dieser Rasse zu erzielen.

Woher haben Chihuahuas ihren Namen? Von einem Staat in Mexiko, wo sie entdeckt wurden. Was ihnen an Größe mangelt, das machen sie mit Langlebigkeit wett. Diese Rasse lebt im Vergleich zu anderen Hunderassen am längsten.

Wenn Sie den Namen „Bernhardiner" hören, was für ein Bild haben Sie dann vor Augen? Bei den meisten ist es ein großer, zwei- oder dreifarbiger Hund mit einem kleinen Fass Schnaps um den Hals, der zur Rettung von Verschütteten im Schnee eingesetzt wird. Allerdings ist diese Vorstellung sehr weit hergeholt und beruht auf einigen Gemälden, die im 18. Jahrhundert gemalt wurden. Niemand, der bei vollem Verstand ist, würde einem Menschen, der an Unterkühlung leidet, auch nur einen Tropfen Alkohol geben.

Welche Hunde gelten als die besten Schwimmer? Zu den besten Schwimmern zählt der sanfte, riesige Neufundländer. Neufundländer sind erstklassige Schwimmer und werden häufig für Rettungsaktionen im Wasser trainiert. Ihr Fell ist wasserfest, und sie haben sogar Schwimmhäute an den Füßen. Nicht alle Hunde mögen Wasser, und auch nicht alle Hunde können schwimmen. Einer davon ist der Dachshund beziehungsweise „Basset Hound", was so viel bedeutet wie „ziemlich niedrig". Diese Bezeichnung passt, weil er zwar einen langen Körper, doch nur sehr kurze Beine hat.

Einige Namen von Hunderassen bedeuten nicht das, was sie vermuten lassen. Ein Beispiel ist der Greyhound, also der „Grauhund". Doch das *grey* in dem Namen bedeutet nicht grau, sondern kommt von einem altnordischen Wort für „weiblich".

Greyhounds sind schnell; sie können bis zu über 70 Stundenkilometer erreichen!

Dass einigen Hundebesitzern die Abstammung ihrer Tiere so wichtig ist, rührt vielleicht auch daher, dass bestimmte Hundearten mit Königshäusern in Verbindung gebracht wurden. Bluthunde waren ursprünglich im Besitz königlicher Familien, und das Wort „blaublütig" bedeutet, von Adel zu sein. Ich habe den folgenden Eintrag in *A Treasury for Dog Lovers* (übersetzt „Ein Schatz für Hundeliebhaber") gefunden:

> Pekinesen waren der exklusive Besitz des alten Kaiserhofes in China und dienten als Wachhunde des Kaisers selbst. Die Mitglieder der königlichen Familie trugen Pekinesen-Welpen in den weiten Ärmeln ihrer Gewänder. Das gemeine Volk musste sich vor den Pekinesen verneigen. Die Hunde waren ebenfalls in Seidengewänder gekleidet und hatten Diener, die eigens dafür da waren, sie zu pflegen und sich um sie zu kümmern – ein Brauch, der wohl etwas zu weit ging. Wie dieser kleine Hund als Wachhund fungieren sollte, übersteigt meine Vorstellungskraft. (Obwohl ich mich noch an einen Pekinesen erinnere, der bei uns nebenan wohnte, als ich drei oder vier Jahre alt war. Einmal kam ich auf ihn zu und wollte ihn streicheln, als er gerade beim Fressen war – was nicht gerade gescheit von mir war –, und er sprang mich an und biss mir in die Lippe.)
>
> Lhasa Apsos wurden ursprünglich vor mehr als zweitausend Jahren als Wachhunde in Lhasa, Tibet, gezüchtet. Die ersten Lhasa Apsos in den Vereinigten Staaten waren ein Geschenk des dreizehnten Dalai Lamas in den 1930er-Jahren.
>
> Akitas haben ein doppelschichtiges Fell, bestehend aus ei-

> nem dichten, geraden Unterhaar und einem dicken äußeren Haar. Diese Kombination macht den Hund wasserfest und rüstet ihn für die bitteren Winter im Norden Japans aus. Akitas kamen 1937 nach Amerika, als Helen Keller Japan besuchte und einen dieser Hunde als Geschenk bekam.[44]

Bei all diesen Hunderassen aus anderen Ländern kann man sich fragen, ob wir uns in meiner eigenen Heimat, den Vereinigten Staaten, auch einheimischer Hunde brüsten können. Wie steht es mit dem Boston Terrier? Nein. Das ist eine Mischung zwischen der Englischen Bulldogge und dem inzwischen ausgestorbenen Englischen Weißen Terrier.

Doch wer schert sich schon um Stammbäume? Wir schauen uns doch nicht erst den Stammbaum an, bevor wir uns entschließen, ob wir unseren Hund lieben. Oder tun Sie das? Das bezweifle ich. Und was ist mit unserem eigenen Stammbaum? Der hängt nicht von unseren Eltern ab, sondern von Gott. *Er* ist unser Schöpfer. *Er* ist derjenige, der uns Wert gibt. In seinen Augen gehören wir ganz zu ihm und sind deshalb seine geliebten Geschöpfe. Wir sind ihm ganz, ganz viel wert, unabhängig von unsere Nationalität, Hautfarbe, Größe oder Begabung. Wegen ihm sind wir wer. Ich glaube, dass Gott jedem von uns sagt:

> Du bist meine Schöpfung, meine Arbeit, mein Meisterwerk. Ich bin so stolz auf das, was ich geschaffen habe. Ich sehe mich selbst in dir und erzähle den Engeln ständig von dir. Die Menschheit hat immer noch nicht alle Einzelheiten des menschlichen Körpers entdeckt. Ich habe sorgsam jede Faser deines Seins zusammengefügt, um der Welt mein Können und meine Majestät zu zeigen. Ich habe einen Geist in

dich hineingelegt, der für immer und ewig leben wird. Das ist etwas, was kein menschlicher Verstand je ganz erfassen kann.
Preise mich, meine Tochter, mein Sohn, für die Wunder, die ich darin vollbracht habe, jeden Teil von dir zu formen. Achte darauf, dich mit niemandem außer mir zu vergleichen. Jawohl! Und ich sage dir auch, warum. Weil ich dich so gemacht habe, wie ich dich haben wollte, und dich mit deinem eigenen grenzenlosen Potenzial geschaffen habe, da dein Potenzial in meiner Ewigkeit liegt. Deshalb: Führe dir immer wieder meine Größe vor Augen. Stehe aufrecht, mein Kind. Kein anderes Geschöpf im Universum ist mit dir zu vergleichen!

Das ist unsere Abstammung. Eine andere brauchen wir nicht.

Du hast mich geschaffen – meinen Körper und meine Seele, im Leib meiner Mutter hast du mich gebildet. Herr, ich danke dir dafür, dass du mich so wunderbar und einzigartig gemacht hast! Großartig ist alles, was du erschaffen hast – das erkenne ich. (Psalm 139,13-14)

Ich habe dich schon erkannt, ehe ich dich im Mutterleib bildete, und ehe du geboren wurdest, habe ich dich erwählt. Du sollst ein Prophet sein, der den Völkern meine Botschaften verkündet. (Jeremia 1,5)

Schon vor Beginn der Welt, von allem Anfang an, hat Gott uns, die wir mit Christus verbunden sind, auserwählt. Wir sollten zu ihm gehören, befreit von aller Sünde und Schuld. (Epheser 1,4)

Deshalb bin ich auch ganz sicher, dass Gott sein Werk, das er bei euch begonnen hat, zu Ende führen wird, bis zu dem Tag, an dem Jesus Christus kommt. (Philipper 1,6)

Wachhund oder bewachter Hund?

Einige Leute schaffen sich einen Hund an, damit er sie beschützt. Sie fühlen sich sicherer, wenn sie einen Hund zu Hause haben. Einige möchten gerne, dass der Hund zwar alle innerhalb der Familie gernhat, auf Außenstehende aber aggressiv reagiert. Hunde für solche Zwecke werden anhand von Rasse, Größe und sogar Hässlichkeit ausgesucht. (Ja, Hässlichkeit! Es gibt sogar Wettbewerbe um den hässlichsten Hund des Jahres.) Woher kommt die Idee eines Wachhundes?

Im späten 18. Jahrhundert war Deutschland das erste Land, in dem Polizeihunde zur Jagd von Gesetzesbrechern eingesetzt wurden. Der Deutsche Schäferhund war die erste Wahl dafür, gefolgt vom Airedaleterrier und dem Dobermannpinscher. Seitdem sind in verschiedenen Teilen der Welt unterschiedliche Rassen für diesen Zweck eingesetzt worden. Ein gut trainierter Polizeihund kann eine Polizeistreife viel effizienter und effektiver machen. Teilweise verhindert schon der bloße Anblick eines Hundes ein Verbrechen.

Hunde leisten viele hervorragende Wachdienste. Der Deutsche Spitz hat eine lange Tradition als Wachhund in Deutschland, der Holländische Rattler bewacht gewöhnlich Ställe. Der „Keeshond“ wird zur Bewachung von Hausbooten in Belgien und Holland eingesetzt. Heute finden Wachhunde an vielen Orten Beschäftigung: in Gefängnissen, Atomkraftwerfen, Militäreinrichtungen, Museen und an historischen Stätten, einschließlich der Freiheitsstatue.[45]

Meist halten wir auch Hunderassen wie Pitbulls und Rottweiler für ideale Wachhunde. Einige Rassen sind sogar speziell für diese Aufgabe gezüchtet worden. Mein Schwiegersohn ist Feuerwehrmann, und ich bin schon öfter mit ihm mitgefahren. Meistens geht es gar nicht um ein Feuer, sondern um medizinische Notrufe. Auf einer solchen Fahrt durch einen eher heruntergekommenen Stadtteil schien fast jedes zweite Haus einen Wachhund zu haben, und alle waren Pitbulls! Wir kamen an dem Haus an, wo wir hinwollten, gingen zum Tor und hielten an. Da war er – stämmig, groß – und starrte uns an. Die Feuerwehrleute und ich fragten uns, was wohl in dem Kopf des Hundes vorging, denn sein Gesichtsausdruck war völlig ausdruckslos. Dachte er „Hier kommt mein Mittagessen“ oder „Der Dicke da sieht gut aus. Der ist bestimmt langsam!“?

Wir warfen uns gegenseitig Blicke zu, und einer der Feuerwehrmänner sagte: „Lasst uns alle zusammen reingehen. Er kann uns ja nicht alle erwischen. Wir opfern einfach einen von uns. Norm – du bist der Älteste, du gehst ganz vorne.“

Na super, dachte ich.

Wir öffneten das Tor, und wir vier gingen auf das Haus zu. Erst blieb der Hund sitzen, dann stand er auf. Er ging zwei Schritte auf uns zu, woraufhin wir stehen blieben. Er „lächelte“

uns an und wedelte so heftig mit dem Schwanz, dass er nahezu abzufallen schien! Er verhielt sich so, als hätte ihm schon einen ganzen Monat lang niemand mehr Aufmerksamkeit geschenkt. Der Hund lehrte uns, dass Aussehen und Stereotypen irreführend sein können und jeder Hund einzigartig ist. Wir konnten problemlos ins Haus gehen und die nötige Hilfe leisten, während ein fröhlicher, freundlicher Hund etwas dringend benötigte Aufmerksamkeit bekam.

Wachhunde gibt es in allen Größen. Einige Hunde sind „Alarm“-Hunde. Auf meine Golden Retriever trifft diese Beschreibung zu. Sie hören Geräusche, die mir völlig entgehen, und bellen ein- oder zweimal. Anhand des Tones weiß ich, dass irgendetwas los ist. Meine Hunde sind Alarm-Hunde, ja. Aber Wachhunde? Nein. Ein Einbrecher liefe nur Gefahr, zu Tode geleckt zu werden. Einige Schoßhunde sind auch vorzügliche Alarm-Hunde. Was ist mit Ihrem Hund? Schlägt er Alarm? Bewacht Ihr Hund Sie oder Ihren Besitz?

Wir wollen das einmal anders herum betrachten. Wie gut „bewachen“ Sie Ihren Hund? Ja, auch ein Hund muss bewacht werden. Am besten passt man auf seinen Hund auf, indem man ihn vor Problemen und Krankheiten schützt und ihnen vorbeugt, statt sich erst darum zu kümmern, wenn sie auftreten. Das kostet weniger. Jeder Tierbesitzer braucht einen guten Tierarzt, und aufgrund der Kosten wäre es in den meisten Fällen auch ratsam, eine Hundehaftpflichtversicherung und womöglich sogar eine Krankenversicherung für den Hund abzuschließen. Ja, genau, eine Krankenversicherung für Ihren Hund! Nachdem Sheffield, unser erster Golden Retriever, ein Glühlämpchen vom Weihnachtsbaum gefressen und die Brille meiner Frau zerkaut hatte, beschloss ich, eine Krankenversicherung für ihn abzuschließen. Und das hat sich gelohnt!

Es gibt einige ganz einfache, grundlegende Hundepflegerichtlinien, die es zu befolgen gilt, wovon Sie vermutlich schon einige kennen. Hunde müssen essen, aber nicht Menschennahrung. Tischabfälle, rohes Fleisch, roher Fisch und Kuhmilch gehören nicht in den Hundenapf. Selbst Knochen können Probleme verursachen, solange sie nicht vorgekocht und groß genug sind, um ein Verschlucken unmöglich zu machen. Auch sollte einem Hund der Knochen immer nur für kurze Zeitspannen zur Verfügung stehen. Nylonknochen sind sicherer, weil sie nicht zersplittern.

Hunde lecken sich normalerweise nicht wie Katzen. Wenn Sie also sehen, wie Ihr Hund an einer bestimmten Körperstelle knabbert oder sie ableckt, untersuchen Sie sie. Was Zahnpflege betrifft, so müssen ihm genauso die Zähne geputzt und gesäubert werden wie Ihnen selbst. Wann hat Ihr Hund das letzte Mal die Zähne geputzt bekommen?

Achten Sie darauf, jeden Tag die Fressens- und Wassernäpfe des Hundes zu waschen. Jeder Hundebesitzer ist besorgt, dass sein Hund etwas Giftiges fressen könnte, aber nicht alle wissen, was genau für Hunde giftig ist. Schokolade, Oleander, Schnecken, die Gift in sich aufgenommen haben, Frostschutzmittel, Tabak, Fruchtkerne, Nagellack und zuckerfreie Kaugummis sind einige der gefährlichen Stoffe. Ich habe mehr als hundert Haus-, Garten- und Wildpflanzen gefunden, die für Hunde giftig sind. Informieren Sie sich darüber mithilfe eines Buches oder im Internet und dann schauen Sie, ob es etwas in Ihrem Haus oder Garten gibt, was Sie lieber loswerden sollten.

Elektrische Kabel und sogar Steckdosen können eine tödliche Versuchung darstellen.

Viele Menschen gehen häufig davon aus, dass alle Hunde schwimmen können und das Wasser lieben. Das stimmt nicht.

Es sind schon viele Hunde ertrunken, weil sie in einen Swimmingpool gefallen sind und es nicht schafften, wieder herauszukommen. Einer meiner Hunde ist einmal vom Kai gefallen. Glücklicherweise war ich da, um ihn zu retten.

Es gibt viele Bücher, die Ihnen dabei helfen können, Ihr Tier zu schützen. Ihr Hund kann über Sie wachen, und Sie können über Ihren Hund wachen.

Und wie steht es damit, Ihr eigenes Leben zu bewahren? Wir sind nicht unbedingt den gleichen Gefahren ausgesetzt wie unsere Tiere, aber auch wir sollten auf unsere Sicherheit achtgeben. Vor Jahren gab es eine beliebte Fernsehserie „Polizeirevier Hill Street", die ihre Zuschauer in den Bann zog. Nach der morgendlichen Einsatzbesprechung, bevor sich die Polizisten auf die Straße begaben, sagte der Polizeiobermeister immer: „Lasst uns da draußen auf der Hut sein." Er schärfte seinen Leuten ein, wachsam zu sein, weil immer etwas Unvorhergesehenes passieren kann. Das ist ein guter Ratschlag für uns alle.

Sie und ich – wir sind immer wieder Dingen ausgesetzt, die uns verlocken wollen, unsere christlichen Maßstäbe und Werte aufzugeben. Die Bibel warnt uns wiederholt, dass wir auf der Hut sein sollen. Jesus sagte, dass wir uns in Acht nehmen sollten vor: Heuchelei (Matthäus 23,28), Habgier (Lukas 12,15), Verfolgung (Matthäus 10,17), Irrlehren (Markus 13,22-23) sowie vor geistlicher Nachlässigkeit und davor, nicht für das Wiederkommen von Jesus Christus bereit zu sein (Markus 13,32-37).

Passt auf, dass ihr euch nicht durch ein ausschweifendes Leben und Trunkenheit und auch nicht durch die Sorgen des Alltags vom Ziel ablenken lasst! (Lukas 21,34)

Hören Sie auch auf diese Warnungen:

Deshalb seid vorsichtig! Gerade wer meint, er stehe besonders sicher, muss aufpassen, dass er nicht fällt. (1. Korinther 10,12)

Euer Verhalten soll bei allen Menschen als ehrbar gelten. (Römer 12,17)

Deshalb müssen wir alles daransetzen, das Ziel nicht zu verfehlen. (Hebräer 4,1)

Darum haltet euch an die Gebote des Herrn, eures Gottes, und weicht nicht davon ab! (5. Mose 5,32)

Aber achtet darauf, dass ihr den Herrn nicht vergesst, euren Gott. (5. Mose 6,12)

Ich, der Herr, der allmächtige Gott, fordere euch auf: Denkt doch einmal darüber nach, wie es euch geht! (Haggai 1,5)

Es gibt gute Gründe für all diese Warnungen! Wir müssen daran erinnert werden, wo es Versuchungen gibt und wo wir die Kraft schöpfen können, diesen Versuchungen zu widerstehen. Falls Sie mit einem bestimmten Bereich zu kämpfen haben, lesen Sie sich diese Bibelverse einen Monat lang jeden Morgen laut vor. Schon bald werden Sie sie auswendig können. Das ist der beste Schutz, wenn man in Versuchung kommt.[46]

Erdbeben!

In Südkalifornien, wo ich aufgewachsen bin, waren Erdbeben immer eine Bedrohung, und ich habe so manche selbst miterlebt. Einige davon waren heftig, aber viele waren kaum zu spüren. Wenn Sie einmal das Gefühl haben wollen, gänzlich die Kontrolle verloren zu haben, dann empfehle ich Ihnen ein Erdbeben! Mein erstes großes Erdbeben erlebte ich in den frühen 1950ern. Es war ziemlich beängstigend, und das, obwohl das Epizentrum mehr als 150 Kilometer weg war. Erdbeben werden häufig nach der nächstgelegenen Stadt benannt, weshalb jenes Erdbeben das „Tehachapi-Erdbeben" genannt wurde. Es zerstörte einen Teil der Stadt und sogar einige Gebäude in Bakersfield, dem nächsten Ort. Ich schlief gerade, aber das Grollen und Schütteln, das durch die Tiefen der Erde unter den Hügeln raste, weckte mich und alle anderen in der Gegend auf. Mein Bett erzitterte, und ich klammerte mich fest, bis das Schütteln nachließ. Wir sprangen alle aus unseren Betten und fragten: „Was war das denn?"

Und dann riefen wir: „Ein Erdbeben! Und ein schweres!"

Das Problem bei Erdbeben ist, dass es kaum oder keine Warnung gibt. Es kommt aus dem Nichts und wirft Menschen aus dem Gleichgewicht, und solche unerfreulichen Überraschungen hat keiner gern.

Jahre später erlebte ich noch weitere große Erdbeben, einschließlich eines in Whittier, Kalifornien. Bei diesem Erdbeben war ich wach – hellwach. Ich spielte gerade Squash in einer Sporthalle. Der Wettkampf war intensiv und erforderte all meine Kraft und Konzentration, und da hörte ich plötzlich Geräusche, als rase ein Güterzug über die Decke hinweg. Ich dachte: *Die Aerobic-Gruppe über uns macht aber ordentlich Lärm.* Dann ging mir auf, dass die Aerobic-Stunde ja gar nicht über der Halle stattfand, in der ich mich gerade aufhielt. Ich sah, wie die Wände des Raumes anfingen, sich zu bewegen, und da verstand ich plötzlich, was vor sich ging. Ein Erdbeben! Die Lichter gingen aus, und mein Freund und ich sprinteten zur Tür, um zu fliehen. Wir rüttelten an der Tür herum und versuchten voller Panik, den Türgriff zu finden, der in die Tür eingelassen war. Schließlich schafften wir es, die Tür aufzureißen und rasten nach draußen. Später fand ich heraus, dass das Epizentrum wenig mehr als zehn Kilometer weit weg gewesen war. Von dem Tag an parkte ich mein Auto nie wieder im dreistöckigen Parkhaus dieses Fitnessstudios, aus Sorge, dass es bei einem Erdbeben einstürzen könnte.

Ich habe Freunde und Bekannte, deren Leben sich aufgrund eines Erdbebens stark verändert hat. Nie werde ich meinen Sonntagsschullehrer vergessen, der davon erzählte, wie das Erdbeben in Northridge sein Zuhause zerstörte. Der Schmerz über seinen Verlust stand ihm im Gesicht geschrieben, während er schilderte, wie er einen Besen genommen und sich einen Weg durch den Schutt gefegt hatte, ein Schutt, der aus in mehr als 60 Jahren angesammelten Erinnerungsstücken bestand, die alle zertrümmert wurden, als sein Haus in sich zusammenfiel.

Bei Tornados und Orkanen gibt es zumindest eine Warnung. Könnten wir doch nur Erdbeben voraussagen! Könnten uns Hunde dabei vielleicht helfen? Die Idee, dass Hunde Erdbeben schon im Vorfeld spüren können, wurde zuerst 373 v. Chr. in Griechenland dokumentiert. Forschern, die das Verhalten von Tieren untersuchen, fiel auf, dass sich Hunde einige Stunden oder teilweise sogar einige Tage vor einem großen Erdbeben anders verhalten als normal. Selbst gut trainierte Hunde zeigen Angespanntheit und fangen an, rastlos hin- und herzulaufen. Sie scheinen gestresster zu sein als normal. Sie bellen ohne ersichtlichen Grund, und einige laufen von zu Hause weg. Ein Geologe in Santa Clara County, Kalifornien, hat die Vermisstenmeldungen der Lokalzeitung über einen Zeitraum von zwölf Jahren studiert, um herauszufinden, wie viele Katzen und Tiere kurz vor einem Erdbeben als vermisst gemeldet wurden. Das Ergebnis seiner Untersuchungen ist, dass die Zahl vor einem Erdbeben höher ist als normal, und seiner Studie zufolge kann man ein Erdbeben anhand der vermissten Tiere mit 80-prozentiger Verlässlichkeit voraussagen, solange das Erdbeben mindestens 3,5 auf der Richterskala beträgt.

Hunde sind im Voraussagen von Erdbeben so verlässlich, dass sie in China und Japan neben hochtechnisierten wissenschaftlichen Geräten einen unentbehrlichen Teil des nationalen Warnsystems bilden. 1975 wurden Regierungsbeamte in Haicheng, einer Stadt in China, durch das ängstliche Verhalten von Hunden alarmiert und ordneten die Evakuierung der 90.000 Bewohner an. Wenige Stunden später traf ein 7,3 starkes Erdbeben die Stadt und zerstörte 90 Prozent der Gebäude. Es wird geschätzt, dass durch die Evakuierung, die hauptsächlich aufgrund des Verhaltens der Tiere angeordnet worden war, Tausende Leben gerettet wurden.

Warum reagieren Hunde so? Zum derzeitigen Zeitpunkt können Forscher nur mutmaßen. Viele Hunde können höhere Frequenzen besser wahrnehmen als niedrige Frequenzen, also könnte es sein, dass sie einige Geräusche des Vorbebens hören können. Es gibt noch vieles, was wir nicht wissen, aber die Beweislage spricht dafür, dass Hunde es tatsächlich spüren können, wenn ein Erdbeben kommt.

Erdbeben, Tornados und Orkane können unser Leben und den Ort, an dem wir leben, zerstören. Aber was ist mit den Beben, die in unserem Alltag stattfinden und unser inneres Gleichgewicht stören? Wie sollen wir mit unseren persönlichen Erdbeben umgehen, die uns häufig ohne Warnung durchschütteln? Die Bibel gibt uns dazu wertvolle Einsichten:

Auch wenn ich nicht bei euch bleibe, sollt ihr doch Frieden haben. Meinen Frieden gebe ich euch; einen Frieden, den euch niemand auf der Welt geben kann. Seid deshalb ohne Sorge und Furcht! (Johannes 14,27)

Herr, du gibst Frieden dem, der sich fest an dich hält und dir allein vertraut! (Jesaja 26,3)

Ihr Einwohner von Jerusalem, ihr werdet in Sicherheit leben, und es wird euch in jeder Hinsicht gut gehen. Weisheit und Erkenntnis besitzt ihr dann in reichem Maß, euer größter Schatz aber wird die Ehrfurcht vor dem Herrn sein. (Jesaja 33,6)

Sagen Sie diese Verse jeden Tag auf. Lassen Sie die darin enthaltenen Wahrheiten in Ihr Herz und Ihren Verstand sinken. Diese Worte werden Ihnen Halt geben und einige Ihrer persönlichen Erdbeben verhindern.[47]

Wer's *glaubt*, wird *selig* ...

Manchmal tut es gut, witzige Geschichten zu hören, die uns zum Schmunzeln bringen oder ein Kichern tief aus unserem Innern hervorlocken. Ich habe zwei Geschichten gefunden, die ich hörenswert finde. Das Leben ist ernst genug und kann uns manchmal ganz schön zusetzen, und es hilft, selbst inmitten von Trauer und Sorge mal eine kleine Pause zu haben und Gottes Gabe des Lachens zu erfahren.

Eine Hundegeschichte von Will Rogers (1879-1935), Amerikas Cowboy-Komiker, ist ein seltener Fund. Menschen waren häufiger die Zielscheibe seines sanften Spottes. Will Rogers war schriftstellerisch tätig, trat in Filmen auf und veranstaltete Vortragsreisen durch ganz Amerika. Er schwang gewöhnlich sein Lasso und lieferte Monologe, die sich über menschliche Marotten lustig machten und die Welt auch dann noch zum Lachen brachten, wenn es nicht viel zu lachen gab. Mein Bruder und ich haben mehrfach seine Ranch besucht, die im Will Rogers State Park in Pacific Palisades, Kalifornien, erhalten blieb. Zu Wills Lebzeiten war da viel los. Der Hund in der folgenden Geschichte war nur einer von vielen Charakteren, denen Rogers auf seinen Reisen begegnete.

Da ich nichts Besseres zu tun hatte, sah ich dem alten gefleckten Hund zu. Auf den ersten Blick schien nichts Besonders an ihm zu sein, aber als ich ihn länger beobachtete, fiel mir auf, wie aufmerksam er war und wie freundlich er auf alle Menschen reagierte. Ich erkundigte mich nach ihm und fand heraus, dass er von einem Güterzug gesprungen war und kein Herrchen hatte. Aber er machte sich an dem Ort sofort breit und hatte eine gute Nase fürs Geschäft. Wenn eine Gruppe Cowboys in den Saloon kam, folgte er ihnen und fing an, sie zu unterhalten. Er hatte alle möglichen Tricks auf Lager: konnte Purzelbäume schlagen, sich hinlegen und auf dem Boden rollen, sich auf die Hinterbeine stellen und dergleichen.

Wann immer ein neuer Kunde durch die Tür kam, eilte der Hund zu ihm hin, um ihm die Pfote zu reichen und die Hand zu „schütteln". Die Jungs legten häufig eine Münze auf seine Nase, und er warf sie hoch in die Luft, fing sie mit dem Maul auf und tat so, als er hätte er sie verschluckt. Aber ihr könnt darauf wetten, dass er sie nie verschluckt hat. Er klemmte sie sich an die Innenseite seiner Lippe, und wenn er sein Maul voller Münzen hatte, flitzte er aus der Hintertür und verschwand für ein paar Minuten. In der Zeit versteckte er sein Geld. Sobald er einen Saloon abgegrast hatte, zog er Leine und suchte den nächsten Saloon auf.

Während ich da so diesem alten Hund zusah, dachte ich, wie viel klüger er doch war als ich. Hier saß ich, arbeitslos, fünfhundert Meilen von zu Hause entfernt, ohne zu wissen, was ich mit mir anfangen sollte, und dieser alte Hund sprang einfach von einem Güterzug und scheffelte sofort Geld.

Zusammen mit einigen der Jungs vor Ort versuchte ich,

seinen versteckten Schatz zu finden, aber der Hund war zu gerissen für uns. Mit den drei oder vier von uns, die keine Arbeit hatten, gab er sich gar nicht erst ab. Er schien zu wissen, dass wir keinen Cent in der Tasche hatten, aber er war trotzdem sehr freundlich. Wenn er an mir vorbeiging, wedelte er mit dem Schwanz und schien mir zuzuzwinkern. Ich muss wohl ziemlich hungrig und trostlos ausgesehen haben. Vermutlich hätte er mir gerne eine Mahlzeit gekauft. Wenn nicht viel lief und er Hunger bekam, verschwand der Hund plötzlich. Wenig später tauchte er im Fleischerladen auf, ein Zehn-Cent-Stück im Maul, das er auf den Ladentisch legte. Dann gab der Fleischer ihm gewöhnlich ein Steak oder einen Knochen. Er bezahlte immer für sein Fressen. Es dauerte nicht lange, da schien er des Ortes überdrüssig zu werden, und eines Morgens war er verschwunden. Ein Bahnarbeiter erzählte uns später, dass er denselben Hund in Trinidad, Colorado, gesehen hatte.[48]

Veronica Geng wurde die „Humoristin der Humoristen" genannt. Hier ist eine ihrer Geschichten, die Sie vermutlich zum Lächeln oder Staunen bringen wird.

Ich kann mich noch gut erinnern, wie entsetzt die Angestellten des Pentagon waren, als riesige Renovierungskosten zutage traten. Toilettensitze für 700 Dollar pro Stück, Hammer zum Preis von 400 Dollar. Millionen von Dollar, die durch unbeaufsichtigte Ausgaben verbraten worden waren. (Hier ein Dokument von der laufenden Untersuchung des Pentagon in einem Rüstungsunternehmen, das 87,25 Dollar für Hundeverpflegung in Rechnung gestellt hat.)

Sehr geehrter Herr Verteidigungsminister,
ich habe Ihr Ersuchen bezüglich der Einzelheiten zu den „absurden" Kosten erhalten, die Tuffy in unserer Einrichtung angesammelt hat. Nur zu gerne lege ich Ihnen die Einzelheiten dar. Mehr noch, es ist mir eine Freude. Als jemand, der sein Leben der humanen Behandlung von Tieren gewidmet hat, ist dies eine willkommene Gelegenheit, das Verteidigungsministerium und den Kongress aufzuklären, da keine von beiden einen blassen Schimmer davon zu haben scheinen, was ein Hund benötigt.
Bevor ich das jedoch weiter ausführe, möchte ich darauf hinweisen, dass unser Hundechateau nicht einfach ein kleiner Hundeschlafsaal ist, den wir mal eben so mit ein paar Stockbetten ausgerüstet haben, finanziert mit einem Darlehen für Kleinunternehmer. Wir haben auch nicht die Angewohnheit, mit Rechnungen in Verzug zu kommen, um uns gerade noch so über Wasser zu halten. Wir sind seit 1981 ein großes und umsatzstarkes Unternehmen.
Wir sind die größte (und meines Wissens einzige) Hundepension in Kalifornien, die sich auf die besonderen Bedürfnisse der Tiere von Rüstungsunternehmen spezialisiert hat. Wie Sie wissen, sind diese Tiere hoch angespannt und stehen in Gefahr, von feindlichen Agenten gekidnappt zu werden, die durch Erpressung bestimmte Geheiminformationen von Rüstungsunternehmen bekommen möchten (beispielsweise Einzelheiten zu den angeblichen „Krawattenhaltern" , die regelmäßig von den USA nach El Salvador geschippt werden).
Unter diesen Umständen mag man es mir vielleicht verzeihen, wenn ich mich etwas mit unserem Erfolg und unseren hohen Maßstäben brüste: in ästhetischer, hygienischer,

technischer und finanzieller Hinsicht. Das Hundechateau wird unter meiner persönlichen Aufsicht betrieben, und unter meinen Angestellten habe ich den Ruf, ein strenger Zuchtmeister zu sein. Ich trage den Schlüssel zur Vorratskammer immer an einer Platinkette um meinen Hals; und der Futterbehälter wird nicht nur zweimal am Tag gewogen, sondern ist auch noch mit einem dem neuesten Stand der Technik entsprechenden Laserschloss verriegelt, das nur mit einem mikro-verschlüsselten Wafer geöffnet werden kann, der nur ausgesuchtem Personal gegeben wird, und zwar erst nach einem rigorosen Sicherheitscheck bezüglich des Hintergrunds und der Gewohnheiten des Betreffenden. Verschwendung wird bei uns einfach nicht toleriert, geschweige denn Betrug.

Was nun die Kosten für Tuffy betrifft: Ihr einwöchiger Aufenthalt im Hundechateau wurde „ohne Extras" gebucht. Wir sind zwar nicht gerade ein städtischer Hundezwinger, aber selbst Sie, Herr Verteidigungsminister, der Sie die Kasernenunterkünfte als Vergleich haben, hätten Tuffys Unterkunft als ziemlich spartanisch beurteilt. Wir haben hier schon Hunde gehabt – und ich werde nicht sagen, wessen Hunde es waren, aber ich glaube, Sie wissen schon, welche ich meine –, die astronomische Summen an unserer Zubehör-Bar ausgegeben haben. Das soll nicht als Kritik verstanden werden; die meisten unserer Hunde sind eben an einen kalifornischen Lebensstandard gewöhnt, und wir können nicht einfach von einem Tag auf den anderen den Lebensstil eines Hundes ändern, da er das nicht verstehen und missmutig werden würde. Genauso wenig möchte ich andeuten, dass Sie, Herr Verteidigungsminister, die Öffentlichkeit auf Kosten der unschuldigen Tiere

> suchen, dessen Hang zum Luxus von der Profitlust derselben Industrie geschaffen wurde, von der Sie abhängig sind, um weiter Ihren Lebensunterhalt bestreiten und für das Wohl des Landes sorgen zu können. Allerdings möchte ich schon die Entscheidung des Pentagon hinterfragen, das in der Vergangenheit ohne Widerrede viel höhere Kosten gedeckt hat, wie beispielsweise 3.000 Dollar für eine mit Ammonium betriebene Lockente mit einem luftgesteuerten Leitsystem und einem Wasserlandungsschild aus Quarzfaser, das für einen Golden Retriever angeschafft wurde, dann aber kleinlich zu sein, wenn es um Tuffys relativ bescheidene Kosten geht.
>
> Doch genug der Ausführung. Wie von Ihnen gewünscht, füge ich eine mit Anmerkungen versehene Aufgliederung von Tuffys Kosten bei, die, so glaube ich, meinen Punkt unterstreichen werden.[49]

Hoffentlich schmunzeln Sie jetzt. Vielleicht fallen Ihnen auch einige humorvolle Begebenheiten mit Ihren eigenen Haustieren ein, die Sie längst vergessen hatten. Und falls Sie jemand fragt, worüber Sie denn so schmunzeln, können Sie sagen, dass es viele Gründe zum Lächeln gibt.

Leider gibt es viele Menschen, die nur selten lächeln. Haben Sie schon mal gelächelt, nachdem Sie eine Bibelstelle gelesen oder ein Lobpreislied gehört haben? Ich ja. Manchmal habe ich mich selbst dabei ertappt und mich gefragt, worüber ich denn da eigentlich genau lächle. Teilweise ist es einfach die Freude, die ich in meinem Herzen spüre. Kürzlich sprach ich bei einem Gedenkgottesdienst für einen guten Freund, und während ich so meine Erinnerungen mit den anderen teilte, musste ich lächeln, obwohl der Anlass ja eigentlich traurig war.

Was zaubert Ihnen ein Lächeln aufs Gesicht? Während Sie über diese Frage nachdenken, beachten Sie diese Bibelstellen:

> *Darüber freue ich mich so sehr, dass ich es nicht für mich behalten kann. Bei dir, Herr, bin ich in Sicherheit. (Psalm 16,9)*

> *Freut euch an ihm und jubelt laut, die ihr zum Herrn gehört! Singt vor Freude, die ihr Gott gehorcht! (Psalm 32,11)*

> *Er [der Herr] ruft: „Freut euch und jubelt, ihr Einwohner Jerusalems! Denn ich werde kommen und für immer bei euch bleiben." (Sacharja 2,14)*

> *Ja, freut euch und jubelt, denn im Himmel werdet ihr dafür reich belohnt werden! (Matthäus 5,12)*

Den besten Grund zum Lächeln haben wir, wenn wir darüber nachdenken, was Gott für uns getan hat – und dass er uns mit Augen voller Liebe ansieht.

Freundschaft

Wer sind Ihre besten Freunde? Warum sind diese Menschen Ihre Freunde? Freunde sind Menschen, mit denen man gerne zusammen ist. In ihrer Gesellschaft hat man Spaß. Man kann sich unbeschwert unterhalten, hat ähnliche Interessen, tauscht sich offen aus und kann sich aufeinander verlassen. Es besteht gegenseitiges Vertrauen, und man fühlt sich frei, seine Bedürfnisse und Gedanken aussprechen zu können, ohne sich abgeurteilt zu fühlen. Man weiß, dass der andere einen nicht ausnutzen wird. Das sind Qualitätsbeziehungen. Patrick Morley stellt in seinem Buch *The Man in the Mirror* (übersetzt „Der Mann im Spiegel") einige wichtige Fragen bezüglich Freundschaften:

> Haben Sie einen engen Freund? Ich meine nicht nur jemanden, den Sie zum Mittagessen einladen können, sondern einen wirklich *engen* Freund, einen Freund, wie Sie ihn vermutlich in der Ausbildung oder der Schule hatten? Die Sorte Freund, mit dem man über alles und jedes sprechen kann. Die Sorte Freund, der einfach gelacht hat, wenn man etwas wirklich Blödes gesagt hat. Die Sorte Freund, mit dem man sich auch mal gehen lassen kann. Die Sorte Freund, bei dem

man wusste: Der ist da, wenn man mit jemandem reden muss, man in Schwierigkeiten steckt oder Seelenschmerz hat.[50]

Wir alle brauchen treue Freunde, die auch dann noch zu uns halten, wenn es in unserem Leben nicht so läuft. Auch die Bibel hat etwas über Freundschaft zu sagen:

Zwei haben es besser als einer allein, denn zusammen können sie mehr erreichen. Stürzt einer von ihnen, dann hilft ihm der andere wieder auf die Beine. Doch wie schlecht steht es um den, der alleine ist, wenn er hinfällt! Niemand ist da, der ihm wieder aufhilft! (Prediger 4,9-10)

Auf einen Freund kannst du dich immer verlassen; wenn es dir schlecht geht, ist er für dich wie ein Bruder. (Sprüche 17,17)

Viele sogenannte Freunde schaden dir nur, aber ein wirklicher Freund steht mehr zu dir als ein Bruder. (Sprüche 18,24)

Einflussreiche Leute werden von vielen umschmeichelt; und wer freigebig ist, hat alle möglichen Freunde. (Sprüche 19,6)

Ein Freund meint es gut, auch wenn er dich verletzt; ein Feind aber schmeichelt dir mit übertrieben vielen Küssen. (Sprüche 27,6)

Wie steht es mit Ihrem Hund als Freund? Was haben andere darüber geäußert?

Freud hat einmal gesagt: „Hunde lieben ihre Freunde und beißen ihre Feinde. Anders der Mensch: Er ist unfähig zu reiner Liebe und muss stets Liebe und Hass unter einen Hut bringen."[51] Mit anderen Worten: Hunde sind frei von der Ambivalenz, mit dem der Mensch behaftet zu sein scheint. Wir lieben, wir hassen, häufig denselben Menschen, am selben Tag, vielleicht sogar zur selben Zeit. Für einen Hund ist das unvorstellbar – sei es, wie einige glauben, wegen ihrer mangelnden Komplexität oder, wie ich glaube, weil sie weniger verwirrt über ihre eigenen Gefühle sind. Liebt ein Hund einen erst einmal, dann, so scheint es, liebt er einen immer, ganz gleich, was man tut, ganz gleich, was passiert, ganz gleich, wie viel Zeit verstreicht.[52]

Voltaire, der gut über die Emotionen eines Hundes Bescheid wusste, sagte:

> Seht nur den Hund, der seinen verlorenen Meister sucht, ruhelos und ängstlich, ums Haus, von Zimmer zu Zimmer, bis er ihn in seinem Arbeitszimmer findet – und vor Freude bellt und springt und liebkost![53]

Wie viele Freunde reagieren so? Teilweise verblüfft es uns, was in einem Hund so vorgeht, wie William James es ausgedrückt hat:

> So wundersam das Einfühlungsvermögen meines Hundes, meine Stimmung lesen zu können, so unsterblich seine Zuneigung und Treue, so ungelöst ist für mich das Rätsel seines Geisteszustandes, wie es für meine entferntesten Vorfahren gewesen ist.[54]

Samuel Coleridge, in seinen „Tischreden" (vom 2. Mai 1830), war einer der Ersten, die folgende Entdeckung machten:

> Selbst der beste Freund auf der Welt kann sich gegen einen wenden und zum Feind werden. Ein Sohn oder eine Tochter ... können sich als undankbar erweisen. Menschen, die einem am nächsten stehen ... können zu Verrätern werden. Doch der eine absolut selbstlose Freund, den man in dieser selbstsüchtigen Welt haben kann, der eine Freund, der einen nie verlässt, der eine Freund, der sich nie als undankbar oder verräterisch erweist, ist der Hund.[55]

Niemand hat besser über unser Verhältnis zum besten Freund des Menschen geschrieben als James Thurber:

> Der Hund mag der beste Freund des Menschen sein, aber der Mensch ist häufig der schärfste Kritiker des Hundes, und das trotz der historischen Beteuerungen der Hingabe und Bewunderung. ... Er merkt an, dass dieses oder jenes Unglück nicht mal einen Hund befallen sollte, so, als sollten es die meisten Pfeile und Schleudern sehr wohl tun, und er beschreibt jeden, den er nicht ausstehen kann, als dreckigen Hund. Er benutzt Hund als Schimpfwort, um niedere Mitglieder seiner eigenen Rasse anzuprangern. In all dieser Verachtung und Abwertung ist ein eigentümlicher Zug des Neids vorhanden, ähnlich wie das, was Psychiater als Geschwisterrivalität kennen. Der Mensch ist von dem belastet, was wir den „Hundewunsch" nennen könnten, nämlich vom merkwürdigen und komplexen Wunsch, so glücklich und sorglos wie ein Hund sein zu können.[56]

Wie steht es also mit Ihren Freundschaften? Lassen Sie uns darüber anhand einiger Fragen nachdenken, die Patrick Morley in *Man in the Mirror* aufgeführt hat:

> Vielleicht haben Sie einige gute Freunde, vielleicht haben Sie das nicht. Oder – wahrscheinlicher – vielleicht haben Sie zahlreiche Bekannte, doch Sie sind sich nicht sicher, wie tief die Beziehungen wirklich reichen. Denken Sie über folgende Fragen nach und entscheiden Sie dann, ob Ihre Beziehungen so tief gehen, dass sich echte Freundschaften daraus entwickeln könnten.

1. Wenn Dinge wirklich schiefgehen und Sie sich mies fühlen – haben Sie einen Freund, dem Sie davon erzählen können?
2. Haben Sie einen Freund, dem Sie ehrlich sagen können, was Sie denken, ohne Angst haben zu müssen, dadurch dumm zu erscheinen?
3. Haben Sie einen Freund, der Ihnen gestattet, sich über ein Problem auszulassen, *ohne* dass er Ihnen gleich Ratschläge erteilt? Ein Freund, der eine Art „Resonanzboden“ für Sie bilden kann?
4. Haben Sie einen Freund, der Ihnen auch seine Meinung sagen kann, wenn er meint, dass Sie auf dem Holzweg sind und Ihre Prioritäten falsch liegen?
5. Haben Sie einen Freund, der sich traut, Ihnen zu sagen, dass Sie etwas falsch machen? Oder dass Sie etwas falsch beurteilen?
6. Sind Sie sich sicher, dass Ihr Freund auch dann noch an Ihrer Seite sein würde, wenn Sie moralisch versagten?

7. Gibt es einen Freund, der Ihnen das Gefühl gibt, dass Sie sich gemeinsam den Herausforderungen des Lebens stellen können? Ein Freund, mit dem Sie über die Kämpfe des Lebens sprechen können, die Sie als Mann oder Frau erleben?
8. Haben Sie einen Freund, dem Sie vertrauen können und bei dem Sie sicher sein können, dass Vertrauliches auch als vertraulich behandelt wird?
9. Wenn Sie sich Ihrem Freund gegenüber öffnen und sich dadurch verletzlich machen, haben Sie dann Angst, dass die Meinung, die Ihr Freund von Ihnen hat, sinken könnte?
10. Treffen Sie sich wöchentlich oder alle zwei Wochen mit einem Freund, um Gemeinschaft zu haben und zusammen zu beten, vielleicht auch, um sich gegenseitig Rechenschaft über bestimmte Dinge abzulegen?[57]

Was zeigen Ihre Antworten über Ihre Freundschaften?

Machen Hunde sich *Sorgen?*

Sorgen und Ängste gehören zu unserem Alltag. Doch wie sieht das bei Hunden aus? Empfinden auch sie Angst? Darauf können Sie wetten! Sie haben das bestimmt schon bei Hunden beobachtet. Was meinen Sie: Wie fühlt sich ein nur wenig mehr als zwei Kilo schwerer Pudel, wenn er zum Hundepark mitgenommen wird und dort sofort ein großer schwarzer Labrador, eine Dogge und ein Rottweiler auf ihn zugerannt kommen? So eine Szene könnte selbst den Hundebesitzer in Angst und Schrecken versetzen. Wie viel mehr da den Pudel! Laute, plötzliche Geräusche jagen Hunden Angst ein. Hunde kauern sich nicht immer vor Angst zusammen; einige Hunde bellen auch oder reagieren aggressiv, wenn sie Angst haben.

Als Shadow, einer meiner Golden Retriever, nur wenige Monate alt war, feierten wir den Amerikanischen Unabhängigkeitstag. In der Abenddämmerung tollte er draußen im Garten herum, als jemand in der Nachbarschaft plötzlich unerlaubterweise eine Rakete abfeuerte, die direkt über unserem Haus mit einem ohrenbetäubenden Krachen und strahlenden Farben explodierte. Shadow kam ins Haus geflitzt, so schnell ihn seine kleinen Beine tragen konnten, während er so laut bellte, wie er konnte. Es ist unnötig zu erwähnen, dass laute Geräusche ein Auslöser fürs Bellen sind. Viele Hunde reagieren genauso auf Gewitter. Einige Hunde leben ständig in Angst, während andere nur gelegentlich Angst zeigen. Wenn Sie Ihren Hund beobachten, werden Sie bald entdecken, was die Angstauslöser für ihn sind.

Wir wissen, dass Hunde Angst haben können, aber machen sie sich auch Sorgen wie wir? Sorgen sie sich um die Zukunft wie wir? Fragen sie sich immer und immer wieder „Was ist, wenn ...?“ und malen sich die Antwort jedes Mal schwärzer aus, bis sie sich vor Sorgen ganz zerfressen haben? Sind ihre Gedankengänge so weit entwickelt, dass sie emotionalen Schaden nehmen können, so wie wir es teilweise tun? Wenn Ihr Hund vor der Tür zum Tierarzt bellt, was geht dann in ihm vor? Erinnert er sich an unangenehme Erfahrungen oder macht er sich Sorgen, was der Tierarzt dieses Mal mit ihm anstellen wird? Denkt er:

- „Oh nein! Der hat mich mal kastriert. Was er wohl diesmal wieder ausgeheckt hat? Viel hab ich ja nicht mehr übrig.“
- „Jedes Mal, wenn ich komme, pikst er mich mit einer Nadel. Das tut weh!“
- „Der Typ ist so peinlich. Ich kann das nicht ausstehen, wenn er sagt: ‚So, lieber Fido, dann lasst uns mal dein Fieber messen.‘ Ich frage mich, ob bei meinen Besitzern das Fieber auf die gleiche Weise gemessen wird?“

Gute Fragen, wenn man ein Hund ist. Machen sich Hunde nun Sorgen oder nicht? Das weiß ich nicht genau. Wenn nicht, dann ist das definitiv ein Segen. Das tägliche Leben lastet einem auch so schon genug auf, ohne dass man auch noch Szenarien hinzufügen muss, die bloß in der Vorstellungskraft existieren. Warum neigen wir Menschen so sehr dazu, uns Sorgen zu machen, obwohl wir eigentlich wissen, dass es uns nicht guttut?

Ich habe zwei Golden Retriever, Shadow und Aspen. Ich lasse sie nicht an Knochen kauen, weil das nicht gut für sie ist. Aber haben Sie schon einmal einen Hund mit einem Knochen gesehen? Im Englischen gibt es einen Ausdruck dafür, wenn ein Hund mit den Zähnen an einem Knochen zerrt, und zwar lautet er *to worry* – das gleiche Wort, das übersetzt „sich Sorgen machen" heißt. Ein Hund kaut Tag und Nacht auf seinem geliebten Knochen herum. Er lässt ihn nicht los, und vielleicht knurrt er Sie sogar an, wenn Sie ihm den Knochen wegnehmen wollen. Er will vor allem ans Knochenmark. Hunde vergraben ihre Knochen teilweise und graben sie später wieder aus, um weiter an ihnen kauen zu können, ganz gleich, wie sehr sie mit Schmutz oder sonst etwas bedeckt sind. Dann vergraben sie sie wieder und wiederholen den ganzen Vorgang von vorne.

Unsere Sorgen sind genauso. Wir beißen unsere Zähne an ihnen fest und kauen an ihnen herum. Wir vergraben sie, graben sie wieder aus, vergraben sie und graben sie wieder aus. Das englische Wort *worry* kommt vom Angelsächsischen und bedeutet „erwürgen" oder „ersticken". Sorgen sind das erstickende Gefühl, das wir häufig haben, wenn uns etwas Angst macht oder wir Schwierigkeiten haben. Wenn wir uns Sorgen machen, schauen wir pessimistisch in die Zukunft und malen uns den schlimmstmöglichen Ausgang unserer Situation aus. Sorgen sind wie ein Kleinkrieg, der in unserem Inneren tobt. John Haggai beschreibt den Konflikt folgendermaßen:

> Sorgen spalten die Gefühle, wodurch es den Emotionen dann an Stabilität mangelt. Sorgen spalten die Gedanken,

wodurch es den Überzeugungen dann an Tiefe und Beständigkeit mangelt. Sorgen spalten unsere Wahrnehmung, wodurch es den Entscheidungen dann an Gerechtigkeit mangelt. Derartige Entscheidungen richten viel Schaden an und erzeugen eine Menge Schmerz. Sorgen spalten die Entschlusskraft, wodurch es den Zielen und Plänen – sofern sie nicht ganz verworfen werden – an Ausdauer mangelt.[58]

Gregory Jantz hat gesagt:

> Sorgen sind die ultimative Recycle-Fabrik. Jede Furcht, jede Angst, jede Besorgnis wird aufgearbeitet und endlos wiederverwertet. Sorgen sagen: „Wenn etwas einmal passiert ist, wird es wieder passieren." Sorgen sagen: „Wenn etwas nicht passiert ist, heißt das nicht, dass es nicht hätte passieren können." Sorgen sagen: „Nur weil etwas noch nicht passiert ist, heißt das nicht, dass es nicht passieren wird." Sorgen sagen: „Für morgen ist nichts garantiert, es sei denn, es handelt sich um eine Katastrophe." Sorgen möchten den heutigen Tag mit all den Katastrophen von gestern belasten, ob diese nun tatsächlich passiert sind oder nur eingebildet waren, und dann noch jedes nur erdenkliche Problem von Morgen mit auf den Sorgenstapel packen. Eine solche Last ist einfach zu viel für heute; unter ihrem Gewicht bricht man zusammen. Hoffnungen werden zerbrochen, Freude wird zerdrückt, Optimismus wird zermalmt, genauso wie jegliche Perspektive.
>
> Um Ihr Leben in die richtige Richtung zu lenken, müssen Sie anfangen, den heutigen Tag auf eine Linie mit dem Heute zu bringen. Wenn das Gestern durch die Linse der Furcht und Negativität gesehen wird und man nur an Un-

glück denkt, wenn man ins Morgen schaut, wie kann man da irgendetwas, was heute passiert, als positiv erleben? In der Gegenwart zu leben, gibt jedem Tag die Chance, als das Geschenk betrachtet zu werden, das er ist.[59]

Wie können Sie mit Ihren Sorgen umgehen?

Geben Sie Gott schon im Voraus Ihre Sorgen (siehe 1. Petrus 5,7). Petrus muss wohl von seinem Gang auf dem Wasser gelernt haben, denn später schrieb er: *Alle eure Sorge werft auf ihn; denn er sorgt für euch (Luther 1984)*. Mit „werfen" ist gemeint, die Sorgen aufzugeben oder „abzuladen". Die Zeitform des Wortes weist auf einen Akt, bei dem man ein für alle Mal jegliche Angst und Sorge auf Gott wirft. Wir sollten bei Gott unsere Tendenz zum Sorgenmachen ablegen, damit wir uns keine Sorgen machen müssen, wenn Probleme auftauchen. Wir können unsere Sorgen getrost bei Gott lassen, in dem Wissen, dass er sich um uns sorgt.

Konzentrieren Sie Ihre Gedanken auf Gott, nicht auf Ihre Sorgen (siehe Jesaja 26,3). Jesaja freute sich am Herrn und sagte: *„Herr, du gibst Frieden dem, der sich fest an dich hält und dir allein vertraut!"* Das, worauf Sie sich konzentrieren, wird Ihre Ängste und Sorgen entweder mehren oder mindern. Wer sich zu viele Sorgen macht, entschließt sich dadurch, sich auf negative Gedanken zu fokussieren und das Schlimmste zu erwarten. Doch wenn sich Ihre Gedanken und Vorstellungskraft auf Gott und seine Verheißungen in der Bibel konzentrieren – auf das, was er für Sie getan hat und noch tun wird –, dann ist einem innerer Friede garantiert. Allerdings *müssen Sie sich entscheiden, Ihre Gedanken darauf zu konzentrieren.* Gott hat alles Nötige getan, *aber Sie müssen entsprechend handeln.*

Hundetraining

Hundetraining oder Hundeschule – so nennt man die Kurse, die für Hundebesitzer angeboten werden. Nein, sie sind nicht wirklich für den Hund. Man mag denken, dass „Hundetraining" auch tatsächlich für den Hund gedacht ist, doch solange der Besitzer sich nicht an die Regeln des Hundetrainings hält, hat der Hund die Leitung.

Es gibt nichts Schöneres als einen gut erzogenen, gehorsamen Hund, und es gibt nichts Schlimmeres als einen untrainierten Köter. Wenn unsere Hunde uns nicht gehorchen und Schwierigkeiten machen, ist das meist nicht ihre Schuld, sondern unsere.

Ich kann gar nicht zählen, wie viele Hundebesitzer ich schon erlebt habe, die ihre Hunde einmal die Woche eine Stunde lang zum Hundetraining nehmen und erwarten, dadurch einen perfekt erzogenen Hund zu haben. Sie vernachlässigen jedoch jeden Tag die erforderlichen 15 bis 20 Minuten, um den Hund zu trainieren und seine Grundgewohnheiten zu stärken. Und dann wundern sie sich, warum ihr Hund nicht gehorsam ist! Der Hund hat keine Schuld daran. Was ich bereits in einem früheren Kapitel erwähnt habe, war die Sache mit den Hausschuhen. Ist es die Schuld meiner Hunde, wenn sie meine

Hausschuhe zerkauen? Nein. Das ist meine Schuld, weil ich die Hausschuhe herumliegen lassen habe, denn Hunde sind zum Kauen geboren.

Angenommen, Ihre Dänische Dogge geht aus dem Haus und leckt sich die Lippen wegen der Butter, die auf dem Küchentisch lag und die sie gerade vernascht hat. Wer hat die Butter dort liegen lassen, sodass sie für diesen sanften Riesen zugänglich war? Genau, der Besitzer – Sie. Aber machen Sie sich kein zu schlechtes Gewissen. Alle Hundebesitzer, auch ich, haben schon ähnliche Fehler gemacht.

Eine Sache, die mir früher ernsthafte Schwierigkeiten bereitet hat, war es, Leute zurückzurufen. Wenn ich einen Anruf bekam, notierte ich mir die Nummer gewöhnlich auf einem kleinen Notizzettel und ließ ihn neben dem Anrufbeantworter liegen, damit ich später zurückrufen konnte. Doch als ich dann am Abend oder am nächsten Tag zurückrufen wollte, waren die Notizzettel nirgends mehr zu finden. Schließlich entdeckte ich, dass einer meiner Golden Retriever liebend gerne Notizzettel fraß! Also konnte ich mich mit folgender Ausrede entschuldigen: „Mein Hund hat den Zettel gefressen, auf dem Ihre Nummer stand.“

Doch es gab eine ganz simple Lösung: einfach die Notizzettel irgendwo hinlegen, wo mein Hund nicht an sie herankam.

Einige Hunde und Hunderassen sind schwieriger zu trainieren als andere. Da fragt man sich teilweise: „Wird dieser Hund das je kapieren?“ Die Ungeduld zeigt dann ihre hässliche Fratze. Ich weiß noch, wie ich versuchte, meinem ersten Golden Retriever beizubringen, sich hinzulegen. Tag um Tag arbeitete ich daran, wobei ich immer darauf achtete, ermutigend zu klingen und ihm sanft, aber bestimmt auf den Boden zu verhelfen, während ich den Befehl wiederholte. Lange Zeit passierte nichts, wenn ich den Befehl gab. Dann ging ich eines Tages gerade an ihm vorbei und sagte: „Platz!“ Mit einem Mal legte er sich hin und blieb liegen.

Schockiert blieb ich stehen. *War das nur Zufall gewesen?*

Mehrere Male an dem Tag sagte ich: „Platz!“, als ich an ihm vorbeiging, und es funktionierte jedes Mal. Er hatte es gelernt! Warum? Weil ich konsequent das Training durchgezogen und nicht aufgegeben hatte. Ich hatte dem Trainer gehorcht, und schließlich gehorchte Sheffield mir.

Wie steht es mit Ihnen? Befolgen Sie das, was der Hundetrainer sagt, und ziehen es konsequent durch? Hört Ihr Hund auf das, was Sie sagen? Ist er gehorsam? Unterwirft er sich Ihnen? Gehorsam passiert nicht einfach von allein. Sie und Ihr Hund müssen entsprechend trainiert werden.

Ich hatte das Glück, dass eine der landesweit besten Hundetrainerinnen bei mir ganz in der Nähe wohnte. Also meldete ich mich zum Einzelunterricht für meinen Golden Retriever und mich an. Und das hat mich trainiert. Die Trainerin sagte, dass es an mir liege, meinen Hund zu erziehen. Ich glaube, meinem Hund gefiel es zu hören, wie sie mir sagte, was ich zu tun und lassen hatte und was ich sagen und nicht sagen sollte. Sie war sehr präzise, spezifisch und direkt (teilweise sehr direkt) und erwartete von mir, dass ich mich nach dem richtete, wie sie die Dinge handhabte. Und das funktionierte. Warum? Weil ich ihr zuhörte, das Gehörte aufschrieb und dann zweimal täglich eine Viertelstunde lang erst Shadow trainierte und später dann Aspen. Wollten meine Hunde immer gehorchen? Nein. Haben sie aber immer gehorcht? Nicht am Anfang, aber mit der Zeit reagierten sie besser. Und sie waren sehr viel angenehmere Mitbewohner, als sie Gehorsam gelernt hatten! Bestimmt wurde ich dadurch für meine Hunde auch zu einem angenehmeren Herrchen. Sie lernten, mir zu gehorchen und das zu tun, was ich von ihnen wollte, weil ich der Trainerin gehorchte und das tat, was sie für das Beste hielt.

Jemand hat mich einmal gefragt: „Meinst du, dass Hunde gerne gehorchen?"

Natürlich weiß ich das nicht genau, weil ich kein Hundegehirn habe, aber ich weiß, dass Hunde liebend gerne gesagt bekommen: „Guter Hund!", „Braver Junge!" oder „Danke!" Ich weiß auch, dass sie gerne mal eine Leckerei bekommen. Fraglos haben sie gelernt, dass es sich lohnt, zu gehorchen.

Warum gehorchen einige Hunde nicht? Vermutlich aus ähnlichen Gründen, warum wir nicht gehorsam sind. Warum missachten wir die Anweisungen und Korrekturen anderer, einschließlich die von Gott? Ein Grund ist Sturheit. Andere Gründe sind Kaltschnäuzigkeit, Gleichgültigkeit und eine Abwehrhaltung. *Schon oft rief ich euch und bot meine Hilfe an, aber niemand hat je gehört. Jeden Rat verachtet ihr, über meine Weisungen rümpft ihr nur die Nase. (Sprüche 1,24-25)* Teilweise sträuben wir uns offen heraus gegen das, was wir eigentlich tun sollten, und sagen: „Nein, ich mach das lieber so, wie ich das will." Wir können sehr stur sein. Und teilweise sind wir auch einfach etwas schwerhörig. Der Groschen fällt bei uns nicht. Wir zucken nur mit den Schultern und sagen: „Ist mir doch egal." Wir tischen Ausreden auf, warum wir uns nicht fügen wollen. Das hebräische Wort, das in dem obigen Vers für diese Einstellung benutzt wird, bedeutet, „widerwillig" und „unnachgiebig" zu sein, „nicht übereinstimmen" zu wollen. Auf einige von uns trifft diese Beschreibung mehr zu als auf andere.

Hunde lernen, dass es besser ist zu gehorchen, als widerspenstig, unnachgiebig, gleichgültig oder defensiv zu sein.

Vielleicht sollten wir uns in dieser Hinsicht eine Scheibe von ihnen abschneiden.

Wie reagieren Sie auf Gottes Aufforderung, gehorsam zu sein? Menschen neigen gerne dazu, nicht das zu tun, wovon sie wissen, dass es eigentlich das Beste ist, und ihre Entscheidung dann auch noch zu rechtfertigen. Wir nehmen gerne den kürzesten Weg. Die Bibel hat viel über Gehorsam zu sagen. Dazu gehören auch die folgenden Verse:

Hiskia sorgte dafür, dass es in ganz Juda so geschah. Er lebte so, wie es dem Herrn gefiel, denn er regierte gerecht und blieb dem Herrn, seinem Gott, treu. Bei allem, was er tat, um den Tempeldienst zu ordnen und dem Gesetz wieder Geltung zu verschaffen, fragte er nach dem Willen des Herrn, seines Gottes, und diente ihm von ganzem Herzen. Darum schenkte der Herr ihm Erfolg. (2. Chronik 31,20-21)

Wenn ihr nach meinen Geboten lebt, wird meine Liebe euch umschließen. Auch ich richte mich nach den Geboten meines Vaters und lebe in seiner Liebe. (Johannes 15,10)

Durch Adams Ungehorsam wurden alle Menschen vor Gott schuldig; aber weil Jesus Christus gehorsam war, werden sie von Gott freigesprochen. (Römer 5,19)

Durch eure Unterstützung zeigt sich, wie sich euer Glaube bewährt. Dann werden die Beschenkten Gott loben, weil ihr euch so treu zur rettenden Botschaft von Christus bekennt und so bereitwillig mit ihnen und mit allen anderen teilt. (2. Korinther 9,13)

Petrus und die anderen Apostel erwiderten: „Man muss Gott mehr gehorchen als den Menschen!" (Apostelgeschichte 5,29)

Gott, der Vater, hat euch erwählt, wie er es von Anfang an beschlossen hatte. Er hat euch durch den Heiligen Geist ausgesondert und zubereitet, damit ihr euch Jesus Christus im Gehorsam unterstellt und durch sein Blut rein gemacht werdet. Gnade und Frieden sei mit euch in immer reicherem Maß! (1. Petrus 1,2; Gute Nachricht)

Er erniedrigte sich selbst und war Gott gehorsam bis zum Tod, ja, bis zum schändlichen Tod am Kreuz. (Philipper 2,8)

Tanzende Hunde

Ich dachte, ich sei der Einzige, der sich gerne tanzende Hunde anschaut. Ja, tanzende Hunde. Das habe ich einmal im Fernsehen gesehen. Daraufhin kaufte ich mir sogar eine DVD mit einem Tanz eines Hundebesitzers mit seinem Golden Retriever. Sie tanzten zur Musik des Musicals „Grease". Wenn ich etwas derart Einzigartiges sehe, ist meine erste Frage immer: „Wie haben sie es geschafft, den Hund so zu trainieren?"

Nachdem ich diesen Film gesehen hatte, ging ich der Sache nach. Ich fand eine Reihe Trainings-DVDs, die einem zeigen, wie man Hunden das Tanzen beibringt. Und ja, ich habe sie mir gekauft. Es ist gar nicht so schwierig, wie man vielleicht glaubt. Andererseits bin ich aber auch noch nicht weiter gekommen, als mir die Videos anzuschauen. Zum einen habe ich nicht so viel freie Zeit zur Verfügung, dass ich meinen Hunden zu allem auch noch das Tanzen beibringen kann. Zum anderen bin ich selbst ein schrecklicher Tänzer. Ich möchte ja nicht, dass mich meine Hunde bloßstellen!

Ich fand eine interessante Geschichte über tanzende Hunde in dem Buch *Paws for Reflection* (übersetzt „Pfoten-Denkpause"):

Meine Hunde können tanzen. Das ist ein Trick, den ich ihnen beigebracht habe. Biscuit kann sich auf ihre Hinterbeine stellen und sich im Kreis drehen. Morgan war schon immer etwas wackeliger auf den Beinen, und jetzt, da er älter ist und einige Rückenbeschwerden hat, „tanzt" er, indem er im Kreis läuft. Becca wirbelt ganz schnell auf dem Boden herum und hebt dabei manchmal gleichzeitig noch die Vorderpfote. Obwohl der Tanzstil meiner Hunde unterschiedlich ist, tanzen sie alle aus dem gleichen Grund. Sie wollen den Leckerbissen zwischen den Zähnen haben, den sie sich dadurch verdienen. Das reicht als Motivation, und manchmal tanzen sie sogar von sich aus, um zu sehen, ob das ebenfalls die gewünschte Belohnung bringt.

In letzter Zeit habe ich mir Tanzwettbewerbe im Fernsehen angeschaut. Auch dort wird mit Belohnungen gelockt. In der einen Show konkurrieren die Tanzpaare um eine große Trophäe und die Anerkennung, die damit einhergeht. In einer anderen Show wetteifern sie um eine riesige Geldsumme. Selbst die Paare, die nicht den großen „Leckerbissen" ergattern, bekommen andere Belohnungen, zum Bespiel neue Freundschaften und die neuen Tanzschritte und Erfahrungen, die sie gesammelt haben und die ihr Leben bereichern und ihre Karrieren fördern können. Das sind alles gute Gründe, um zu tanzen.

Doch Jessica tanzt aus einem anderen Grund.

Jessica ist meine Lieblingstänzerin. Sie tritt nicht bei Fernsehshows auf. Sie steht noch nicht einmal auf ihren Füßen. Jessica ist zwölf und leidet an einer spastischen Bewegungsstörung. Sie tanzt in ihrem Rollstuhl.

Ich habe Jessica durch ihre Mutter kennengelernt. Sie ist Landschaftsgärtnerin und arbeitet schon seit Jahren für meine Familie. Kürzlich zeigte sie mir eine DVD, auf der zu sehen war, wie Jessica mit ihrer Tanzlehrerin tanzte. Das junge Mädchen drückte auf wunderbare Weise das Gefühl von Freude in Bewegung aus. Jessica tanzte mit ihren Armen und bewegte ihren Rollstuhl anmutig zum Rhythmus der Musik. Sie fegte förmlich über das Parkett und drehte sich im Kreis, während Jessicas Lehrerin ihre Arme und ihren Körper in einem fließenden Duett um ihre Schülerin wirbelte.

In den Tanzshows im Fernsehen habe ich einige eindrucksvolle Choreographien gesehen, aber dieser Tanz berührte mich viel mehr. Jessicas Tanz brachte mein Herz förmlich zum Springen, weil er die endlosen Möglichkeiten veranschaulichte, die ein unbeugsamer Geist hat. Er bewies, dass Kreativität die Herausforderungen des Lebens überwinden und emporsteigen kann. Es hat mich daran erinnert, dass wir alle das Potenzial haben, kreativ zu sein, weil wir alle im Bilde unseres Schöpfergottes geschaffen wurden, der unendlich kreativ ist.[60]

Auch in der Bibel ist vom Tanzen die Rede:

Ganz Israel freue sich über seinen Schöpfer: Jubelt ihm zu, ihr Einwohner Jerusalems! Er ist euer König. Tanzt zu seiner Ehre, und schlagt den Rhythmus auf dem Tamburin! Spielt für ihn auf der Harfe! Denn der Herr liebt sein Volk. Er wird die Unterdrückten befreien. Darüber sollen sie sich freuen und ihn rühmen, selbst noch in der Nacht. (Psalm 149,2-5)

Einer meiner Lieblingsautoren, Ken Gire, hat die inspirierendsten Andachtsbücher geschrieben, die ich je gelesen (und immer wieder gelesen) habe. Eines davon benutzt das Tanzen als Bild, um unsere Beziehung zu unserem Herrn zu beschreiben. Das Buch trägt den Titel *The Divine Embrace – An Invitation to the Dance of Intimacy with Christ* (übersetzt „Die göttliche Umarmung: Eine Einladung zum innigen Tanz mit Christus"). Er beginnt das Buch, indem er eine Erfahrung schildert, die er mit dem „Kaiserwalzer" gehabt hat, und er vergleicht den „Kaiser" mit unserem Herrn Jesus. Dann beschreibt er, wie unser Herr mit uns tanzt:

> Vielleicht benötigen wir nicht so sehr Tanzunterricht, sondern Liebesunterricht – geht es im Christenleben doch nicht um die richtigen Techniken, sondern um Intimität. Der Herr des Tanzes möchte nicht, dass wir uns um unsere Füße Sorgen machen. Er möchte nicht, dass wir uns fragen, welche Schritte vor uns liegen. Er möchte einfach, dass wir die Musik fühlen, in seine Arme fallen und seiner Führung folgen.
>
> Es gibt bestimmte Punkte auf der Tanzfläche, zu denen er uns hinführen, bestimmte Gefühle, die er mit uns teilen, bestimmte Worte, die er uns zuflüstern möchte. Das ist die göttliche Umarmung: eine Einladung zu einer intimeren Beziehung zu Christus, immer einen berauschenden, erhebenden, ungeplanten Schritt nach dem anderen.
>
> Sie und ich, wir haben die Wahl. Und das ist eine Wahl, die wir jeden Tag treffen, den ganzen Tag hindurch. Die Wahl lautet:
>
> Wir können tanzen.
>
> Oder wir können den Tanz auslassen.
>
> Wenn wir tanzen, treten wir ihm möglicherweise auf die Füße. Und vielleicht tritt er auch uns auf die Füße. Eventu-

ell kommen wir ins Stolpern und stoßen mit anderen Menschen zusammen. Es kann sein, dass wir auf die Nase fallen und uns zum Narren machen. Andere reden vielleicht über uns, meiden uns oder machen sich sogar über uns lustig. Falls Sie davor Angst haben, sollten Sie vielleicht lieber sitzen bleiben.

Dann brauchen Sie sich um nichts Sorgen zu machen. Sie sind auf Ihrem Platz an der Wand in Sicherheit.

Aber Sie verpassen den Tanz.

Noch wichtiger: Sie verpassen die Romanze.

Es ist immer wieder mal vorgekommen, dass ich mich entschieden habe, den Tanz auszulassen. Angst war einer der Hauptgründe dafür. Die Angst vor der Aufmerksamkeit, die ich dadurch auf mich ziehen würde – und auch die mögliche Kritik. Die Angst vor der Bloßstellung und eventueller Entfremdung. Die Angst, nicht mehr die Kontrolle über mein Leben, meine Berufslaufbahn, meine Zukunft zu haben. Die Angst, irgendwohin geführt zu werden, wo es unbehaglich oder sogar schmerzlich sein könnte.

Es gibt zwei Dinge, die ich von der göttlichen Umarmung gelernt habe:

Dass vollkommende Liebe wirklich die Angst vertreibt.

Und dass ich lieber einen stolpernden Tanz mit Jesus hinlege, statt eine perfekte Sitzrunde mit jemand anders zu veranstalten.[61]

Lieblingsgeschichten über Hunde

Wenn Sie ein Hundefreund sind, dann kennen Sie vermutlich viele Hundegeschichten. Sie haben sie gelesen, Sie haben sie sich angeschaut, Sie haben sie selbst erlebt. Eine der zahlreichen Geschichten über Hunde, die ich nie vergessen habe, ist der Film „Heimweh“, den ich mit sechs Jahren gesehen habe. Das ist die Geschichte von der treuen Colliehündin Lassie, die Tausende von Kilometern von Nordschottland nach England läuft, um mit dem Jungen wiedervereint zu werden, den sie liebt. Lassie klettert über Berge, kämpft mit anderen Hunden und nimmt alles in Kauf, was nötig ist, um nach Hause zu kommen. Ich weiß noch, wie ich nach dem Kinobesuch nach Hause kam und meinen Eltern von dem Film erzählte. Mir kamen immer wieder die Tränen, weil ich an einige traurige Szenen im Film denken musste.

Erinnern Sie sich noch an einige klassische Hundegeschichten? „Sein Freund Jello“, „Susi und Strolch“, „Mein bester Freund“, „101 Dalmatiner“, „Greyfriars Bobby“, „Zurück nach Hause – Die unglaubliche Reise“, „Marley & ich“, „Ein Hund namens Beethoven“. Eine weitere klassische Geschichte ist Jack Londons „Ruf der Wildnis“. Die Geschichte spielt in der Zeit des Goldrausches in Klondike Fields, Alaska. Ein Mann namens

Thornton hat einen Schlittenhund, Buck, und die beiden haben eine enge Verbindung zueinander:

> Gegenüber Buck gewöhnte er [d.h. Thornton] sich eine besondere Geste rauer Zärtlichkeit an: Er packte ruppig dessen Kopf, legte darauf den seinen und schwenkte Buck hin und her, wobei er ihn mit harmlosen Schimpfwörtern bedachte, die Buck wie Kosenamen vorkamen. Er kannte nichts Schöneres als dieses stramme Umarmung und den Klang der gemurmelten Scheltreden, und wenn John ihn schüttelte, empfand er so ekstatisches Glück, dass er meinte, beim nächsten Ruck würde ihm glatt das Herz herausspringen. ... Bucks Art, seine Liebe zu bekunden, glich dem Zufügen von Schmerzen. Oft nahm er Thorntons Hand zwischen die Kiefer und drückte so seine Zähne hinein, dass sich deren Spuren noch einige Zeit später abzeichneten. Und wie Buck Johns Verwünschungen richtig als Kosenamen verstand, so verstand der Mann die bloß angedeuteten Bisse als Zärtlichkeiten.
>
> Meist jedoch äußerte sich Bucks Liebe in stummer Verehrung. Gewiss, er wurde wild vor Glück, wenn Thornton ihn berührte oder mit ihm sprach, aber er bettelte nicht darum. ... Stunde um Stunde lag er Thornton zu Füßen, schaute in gespannter Aufmerksamkeit zu seinem Gesicht empor, bestarrte es, studierte es, registrierte mit wachem Interesse jeden flüchtigen Ausdruck, jede Regung, jeden Wandel der Züge.[62]

In dem Goldgräbercamp, das voller Schürfer war, gaben einige Männer eines Tages mit dem Können ihrer Schlittenhunde an. Eines führte zum anderen, und Thornton verwettete tausend

Dollar in Goldstaub, dass Buck über eine Strecke von hundert Yard einen Schlitten mit fünfhundert Kilo Ausrüstung ziehen konnte. Allerdings hatte Buck so eine Leistung noch nie vollbracht. Nachdem die Wette abgemacht war, kamen Thornton Zweifel. Buck war zwar stark, aber Thornton wusste nicht, ob er das wirklich hinbekommen würde. Außerdem waren die Kufen des Schlittens teilweise angefroren, also würde Buck auch noch das Eis brechen müssen. Thornton liebte Buck und wollte nicht, dass er sich verletzte. Eigentlich wollte er die Wette lieber nicht durchziehen, aber die anderen übten so viel Druck auf ihn aus, dass er keinen Rückzieher machte. Inmitten der Aufregung über die Wette kniete Thornton sich vor Buck hin:

> Wange lag an Wange, und er schüttelte ihn hin und her .... [Er] flüsterte ihm ins Ohr: „Tu's, weil du mich liebst, Buck. Weil du mich liebst." Das war, was er ihm zuflüsterte. Buck winselte vor Ungeduld.[63]

Vielleicht haben wir auch schon Ähnliches zu unserem Hund gesagt – oder hätten es gerne gesagt –, weil so eine starke Liebe zwischen uns und unserem Hund besteht. Und der Ausgang der Wette? Buck legte eine Riesenleistung an den Tag und zog den Schlitten die ganze Strecke lang. Inmitten der Siegesfeier fiel Thornton vor Buck auf seine Knie und weinte offen. Und dann gab es einen spielerischen, aber bedeutungsvollen Moment zwischen den beiden: „Buck packte Thorntons Hand zwischen den Zähnen. Und Thornton schüttelte Bucks Kopf hin und her."[64]

Ich kann diese Verbindung zwischen den beiden sehr gut nachvollziehen. Ich hoffe, Sie auch. Viele Szenen von „Der Ruf der Wildnis" stehen mir immer noch lebhaft vor Augen, sowohl vom Buch als auch vom Film. Selbst heute, viele Jahre später, kann ich immer noch Bilder von Menschen sehen, die durchs gebrochene Eis gefallen sind, aber unter Wasser immer noch versuchen, sich an ihr Gold zu klammern. Und ich kann mich an Bucks Treue und Hingabe erinnern.

Hunde erinnern uns daran, wie wir andere lieben sollten. Erscheint Ihnen das etwas merkwürdig? Hunde, genau wie andere Tiere, sind nicht einfach aus Zufall entstanden. Sie sind Geschöpfe Gottes. Sie und ich haben viele Gaben von Gott bekommen (obwohl wir einige davon vielleicht nicht als solche ansehen). Unsere Hunde sind Geschenke Gottes, die dafür gedacht sind, uns Wertschätzung zu geben. Ich weiß, dass ich meinen Hunden wichtig bin. Sie wollen mit mir zusammen sein. Ist das Liebe? Ich glaube ja. Wenn sie könnten, würden sie immer an meiner Seite sein. Natürlich können Hunde nicht so reden wie wir. Sie können nicht sagen: „Ich bin für dich da. Du bist mir wichtig. Ich habe dich lieb." Doch genauso wie Buck seiner Liebe für Thornton Ausdruck gegeben hat, so zeigt auch Ihr Hund Ihnen, wie geliebt Sie sind.

Es gibt noch jemand anders, der uns so sehr liebt, dass wir es gar nicht fassen können. Haben Sie schon mal ausprobiert, immer wieder auszusprechen: „Gott liebt mich"? Versuchen Sie es mal. Wischen Sie mithilfe dieser Worte alles hinweg, was Sie belastet. Sie werden merken, wie viel das ausmacht! Lernen Sie Johannes 3,16 auswendig und sagen Sie den Vers häufig auf:

Denn Gott hat die Menschen so sehr geliebt, dass er seinen einzigen Sohn für sie hergab. Jeder, der an ihn glaubt, wird nicht zugrunde gehen, sondern das ewige Leben haben. (Johannes 3,16)

Viele Leute haben erzählt, wie sehr ihnen Dick Dickinsons Gedanken, frei formuliert nach 1. Korinther 13,4-8, geholfen haben. Ich würde Ihnen empfehlen, Sie eine Woche oder einen Monat lang morgens immer laut zu lesen. Das kann Ihre Vorstellung von Gott und Ihre Reaktion auf ihn ändern, sodass Sie viel empfänglicher für ihn werden. Das ist eine wunderbare Beschreibung der Liebe Gottes!

> Da Gott mich liebt, verliert er nicht schnell die Geduld mit mir.
> Da Gott mich liebt, benutzt er die Umstände in meinem Leben, um mein Wachstum zu fördern.
> Da Gott mich liebt, behandelt er mich nicht als ein Objekt, das es zu besitzen und manipulieren gilt.
> Da Gott mich liebt, muss er mich nicht mit seiner göttlichen Größe und Macht beeindrucken. Er muss mich, sein Kind, nicht herabsetzen, um zu verdeutlichen, wie wichtig er ist.
> Da Gott mich liebt, ist er für mich. Er möchte, dass ich reifer werde und in seiner Liebe wachse.
> Da Gott mich liebt, zieht nicht jeder kleine Fehler, den ich mache – und davon gibt es viele – gleich seinen Zorn auf sich.
> Da Gott mich liebt, führt er nicht Buch über all meine Sünden und haut sie mir dann um die Ohren, sobald sich ihm eine Gelegenheit dazu bietet.
> Da Gott mich liebt, betrübt es ihn zutiefst, wenn ich nicht so lebe, wie es ihm gefällt, da es zeigt, dass ich ihm nicht so vertraue und liebe, wie ich sollte.
> Da Gott mich liebt, freut er sich, wenn ich seine Kraft und Stärke erlebe und auch inmitten des Drucks, den das Leben bringt, für ihn Stellung beziehe.
> Da Gott mich liebt, arbeitet er geduldig an mir, selbst wenn mir nach Aufgeben zumute ist und ich nicht verstehe, warum er mich nicht einfach auch aufgibt.

Da Gott mich liebt, vertraut er mir auch dann noch, wenn ich mir nicht einmal mehr selbst vertraue.
Da Gott mich liebt, sagt er nie, dass es keine Hoffnung für mich gibt, sondern steht mir geduldig zur Seite, erweist mir seine Liebe und korrigiert mich auf eine Weise, die zeigt, wie sehr er sich um mich kümmert.
Da Gott mich liebt, lässt er mich nie im Stich, selbst wenn viele meiner Freunde es tun.
Da Gott mich liebt, ist er auch dann noch bei mir, wenn ich den Tiefpunkt der Verzweiflung erreicht habe und mein Wahres Ich im Vergleich zu seiner Gerechtigkeit, Heiligkeit, Schönheit und Liebe sehe. In einem solchen Augenblick kann ich wirklich glauben, dass Gott mich liebt.
Es stimmt wirklich: Das allergrößte Geschenk ist Gottes vollkommene Liebe![65]

Politische Hunde

Stellen Sie sich eine Hundetagung vor, die stattfand, als die Vereinigten Staaten gegründet wurden. Malen Sie sich aus, wie sich jede nur vorstellbare Hunderasse versammelt. Sie wählen einen Leiter, der sein Kabinett aufstellt. Nach einer mehrtägigen Besprechung mit seinen Ratgebern ruft der Leithund die unzähligen Hunde-Delegierten zusammen:

> „Unsere Chance ist gekommen! Das ist die Gelegenheit, die Unabhängigkeit, das Wachstum und die Richtung dieser neuen Nation zu beeinflussen."
> „Wie soll das gehen? Wir sind doch nur Hunde!"
> „Ganz einfach, meine Freunde. Wir werden Präsidentenhunde ... und unsere Nachfahren werden es uns nachmachen. Wir werden geliebt, umsorgt und verwöhnt werden – und wir werden Einfluss ausüben, ohne dass die Politiker etwas davon merken. Das ist doch ein großartiger Plan, oder?"

Haben Sie die Szene vor Augen? Vielleicht hat es so eine Hundetagung tatsächlich gegeben, denn 25 der bis heute 44 Präsidenten der Vereinigten Staaten hatten Hunde – und meist sogar mehr als einen. George Washington besaß insgesamt

30 Jagdhunde, einschließlich einen, der Sweet Lips (übersetzt „Süße Lippen") hieß! Washington wird zugeschrieben, die Fuchshund-Rasse geschaffen zu haben.

Einige der Präsidenten könnte man sogar als sammelwütig beschreiben, was Hunde betrifft. Herbert Hoover und John Kennedy hatten jeweils neun Hunde. Präsident Calvin Coolidge besaß zwölf! Können Sie sich das Füttern und Saubermachen vorstellen, das überall stattfand, wo die Präsidenten mit ihren Hunden hinkamen? (Ich hoffe, dass das keine Aufgabe war, die am Geheimdienst hängen blieb.)

Es gibt viele interessante Fakten, Geschichten und Begebenheiten über die Präsidentenhunde. Hier sind ein paar Beispiele, um Ihr Interesse zu wecken:

- Thomas Jefferson war ein Hundeliebhaber und führte die erste Hundesteuer ein.
- Theodore Roosevelts Bullterrier namens Pete verursachte beinahe einen internationalen Zwischenfall, als er sich an der Hose des französischen Botschafters festbiss und sie zerriss.
- Warren Hardings Hund Laddie Boy hatte bei den Kabinettssitzungen seinen eigenen Stuhl.
- Es gibt ein Foto von Ronald Reagan mit seinem Hund Lucky und der Ministerpräsidentin Margaret Thatcher, wo Lucky ihn an der Leine über den Rasen des Weißen Hauses zieht.
- Einer von Franklin Roosevelts Terriern, Falon, wurde zum Star in einem MGM-Hollywoodfilm über einen „typischen Tag eines Hundes im Weißen Haus".
- Richard Nixons schwarz-weißer Cockerspaniel namens Checkers wurde berühmt, als Nixon sich weigerte, ihn

aufzugeben, weil er ein Geschenk gewesen war. Die berühmt gewordene „Checkers-Rede" wirkte sich sehr positiv auf Nixons politische Karriere aus.

- Der Hund von George Bush Senior, Millie, brachte im Weißen Haus Welpen zur Welt. Millie war der erste Präsidentenhund, der ein Buch „schrieb" (unter Mithilfe von Barbara Bush). *Millies Buch* schaffte es auf den ersten Platz der *New York Times*-Bestsellerliste.
- Präsident Reagans Bouvier des Flandres, Lucky, jagte Journalisten durchs Weiße Haus und nahm an strategischen Sitzungen im Oval Office teil.
- John Kennedys Hund, Pushinka, war ein Geschenk des sowjetischen Ministerpräsidenten Nikita Chruschtschow. Pushinka, ein Mischling, hatte einen sowjetischen Weltraum-Hund zur Mutter, Srieka. Schließlich brachten Pushinka und Charlie, ein Walisischer Terrier, vier Welpen hervor, die Kennedy liebevoll „Pupniks" nannte.
- Als Präsident Obama und seine Familie nach einem Hund suchten, entschieden sie sich für einen Portugiesischen Wasserhund namens Bo.

Eine der besten Anekdoten über Präsident Ford und seinen Irischen Setter Liberty ereignete sich, als der Hundepfleger gerade abwesend war. Der Präsident erklärte sich gerne bereit, den Abendspaziergang mit Liberty zu übernehmen. Genau wie in jeder Nacht wurden auch an diesem Abend die Präsidentschaftsquartiere verriegelt. Bedauerlicherweise hatte Präsident Ford dem Geheimdienst jedoch nicht gesagt, dass er mit Liberty Gassi ging, also wurden der Präsident und Liberty ausgeschlossen! Ford musste Sicherheitsbeamte holen, um wieder hereingelassen zu werden.

Ich bezweifle, dass die meisten Präsidenten für das Füttern, Tränken und Training ihrer Hunde zuständig sind. Ja, ihre Hunde stehen im Rampenlicht. Sie bekommen viel Aufmerksamkeit von der Presse. Doch auch wenn keine Zeitung hinter Ihrem Hund her ist, bekommt er vermutlich viel persönliche Pflege und Aufmerksamkeit von Ihnen. Ihr Hund mag nicht berühmt sein, aber er bedeutet Ihnen viel. Und darauf kommt es an.

Ist es nicht wunderbar, etwas ganz Besonderes zu sein? Ich hoffe, dass Sie wissen, dass Ihr Hund etwas ganz Besonderes ist – genauso wie Sie! Ich weiß, es gibt Tage, da fühlen Sie sich nicht so besonders, aber Sie sind es trotzdem! Jesus hatte viel darüber zu sagen, was Sie sind. Er sagte, dass Sie das Salz der Erde sind. Und Sie sind das Licht der Welt! Also, wenn Sie sich fragen, wo Sie hingehören und ob Sie jemandem wichtig sind oder ob Sie etwas in der Welt ausrichten können, dann suchen Sie die Antwort nicht bei Ihren Mitmenschen. Suchen Sie sie bei dem, der sich wirklich um Sie kümmert – Ihrem himmlischen Vater! Sein Wort erinnert Sie daran, dass Sie zählen, dass Sie geliebt sind, dass Sie zur Familie des Königs des Universums, Jesus Christus, gehören. Lesen Sie die folgenden Bibelstellen jeden Morgen und Abend laut. Lassen Sie sich von ihnen daran erinnern, was Sie in Gottes Augen sind:

Darum sage ich euch: Macht euch keine Sorgen um euren Lebensunterhalt, um Essen, Trinken und Kleidung. Leben bedeutet mehr als Essen und Trinken, und der Mensch ist wichtiger als seine Kleidung. Seht euch die Vögel an! Sie säen nichts, sie ernten nichts und sammeln auch keine Vorräte. Euer Vater im Himmel versorgt sie. Meint ihr nicht, dass ihr ihm viel wichtiger seid? (Matthäus 6,25-26)

Ladet alle eure Sorgen bei Gott ab, denn er sorgt für euch. (1. Petrus 5,7)

Du hast mich geschaffen – meinen Leib und meine Seele, im Leib meiner Mutter hast du mich gebildet. (Psalm 139,13)

Unauslöschlich habe ich deinen Namen auf meine Handflächen geschrieben, deine zerstörten Mauern habe ich ständig vor Augen! (Jesaja 49,16)

Schon vor Beginn der Welt, von allem Anfang an, hat Gott uns, die wir mit Christus verbunden sind, auserwählt. Wir sollten zu ihm gehören, befreit von aller Sünde und Schuld. (Epheser 1,4)

[Jesus sagte:] Doch freut euch nicht so sehr, dass euch die Dämonen gehorchen müssen; freut euch vielmehr darüber, dass eure Namen im Himmel aufgeschrieben sind! (Lukas 10,20)

Denken Sie daran:

- Sie sind *wertvoller* als ein Tier.
- Gott *sorgt* für Sie.
- Sie wurden von Gott *geschaffen*.
- Sie sind in die Hände Gottes *eingezeichnet*.
- Sie sind von ihm *erwählt*.
- Ihr Name steht im Himmel *geschrieben*.
- Ihr Tag wird besser werden, wenn Sie daran denken, wie viel Sie Ihrem Herrn und Retter Jesus Christus bedeuten.

Älter werden

Kürzlich spazierte eine ältere Hündin an meinem Haus vorbei. Sie heißt Sandy, und sie hat es im Leben nicht leicht gehabt. Ihre ehemaligen Besitzer wollten sie nicht und kümmerten sich nicht gut um sie. Eine Tierschutzorganisation, die sich auf Golden Retriever spezialisiert hat, griff ein und brachte Sandy an einen sichereren Ort. Einige ihrer Zähne mussten gezogen werden, und obwohl sie älter war und ihr Fell ungepflegt aussah, wurde sie von einem Ehepaar adoptiert, das ihr viel Liebe entgegenbrachte.

Inzwischen ist Sandy zwölf. Sie kann nur noch langsam gehen, wedelt aber immer noch mit dem Schwanz. Sie ist nicht mehr so flink im Geiste, freut sich aber immer noch an ihrer Umgebung. Sie jagt nicht mehr einem Ball hinterher, trottet ihm aber immer noch nach. Ihre Muskeln sind nicht mehr so kräftig wie früher, aber sie kann sich immer noch fortbewegen. Sie hat die zu erwartende Lebensdauer ihrer Rasse erreicht. Sie schläft mehr als in jüngeren Jahren. Wenn ich mit ihr spreche, wedelt ihr Schwanz immer noch hin und her. Nachdem ich sie neulich mal wieder gesehen hatte, dachte ich: *Denken Hunde auch übers Älterwerden nach? Wissen sie, dass ihre Zeit begrenzt ist? Denken sie an den Tod? Sind sie sich bewusst, dass ihr Körper nicht wieder kräftiger wird? Wie steht es mit ihrem Erinnerungsvermögen? Ist es im Alter noch genauso gut wie früher?*

Älterwerden ... Haben Sie sich darüber schon mal Gedanken gemacht? Vielleicht sind Sie noch jung, vielleicht auch nicht mehr ganz so ... Während ich diese Worte schreibe, stehe ich kurz vor meinem 75. Geburtstag. Jemand meinte zu mir neulich: „Mann, Norm, dann bist du ja ein dreiviertel Jahrhundert alt!"

Na großartig, dachte ich. *Das lässt das ja in einem ganz anderen Licht erscheinen.* Aber ich bin trotzdem dankbar für dieses Jahr, und ich bin dankbar für jeden Tag meines Lebens, den Gott mir gibt. Das Leben ist ein Geschenk.

Ja, das Altern hinterlässt bei uns seine Spuren. Unser Verstand ist vielleicht nicht mehr ganz schnell und unser Kurzzeitgedächtnis nicht mehr ganz so auf Zack. Aber viele Aspekte der Intelligenz und des Erinnerungsvermögens bleiben funktionsfähig, also können wir sie nutzen und uns auf die Beschränkungen einstellen, die durch das Verstreichen der Zeit und das Aufkommen von Krankheiten entstanden sind. Es macht viel aus, ob wir unser Gehirn weiter dehnen und trainieren. Kreativität muss mit dem Alter nicht unbedingt abnehmen. Viele Menschen vollbringen ihre beste Arbeit in älteren Jahren. All die Jahre der Erfahrung, in der man Weisheit gesammelt hat, sind nicht für nichts. Auch die innere Einstellung, die man zum Altern hat, kann viel bewirken.[66]

Die Bibel zeichnet ein positives Bild vom Älterwerden. In ihr steht, dass ein hohes Alter ein Segen ist, ein Geschenk Gottes, das von allen Menschen wertgeschätzt werden sollte. Als Menschen, die wir an Jesus Christus glauben, sollten wir das Altern nicht als eine Krankheit betrachten, die es zu vermeiden oder heilen gilt. Gott, der Lebensspender, sagt uns nicht, wie lang wir leben werden oder dass uns ein langes Leben garantiert ist, wenn wir uns an ihm und seiner Führung ausrichten. Viel wichtiger als die Frage, wie *lange* wir leben, ist die Frage, *wie* wir leben.

Akzeptieren Sie Ihr Alter? Stellen Sie sich auf die verschiedenen Veränderungen in Ihrem Leben ein? Wie gehen Sie mit dem Umstand um, dass Sie in zehn Jahren älter und anders sein werden als jetzt? Paul Tournier hat gesagt:

> Es ist nicht leicht zu bewältigen, dass man älter wird, und niemand schafft das, ohne erst die innere Abwehr dagegen zu überwinden. Auch ist es schwierig, zu akzeptieren, dass ein Mensch, den man lieb hat, älter wird. Das Altern eines Vaters, auf dessen Urteil und Rat man sich immer so verlassen konnte und den man nun nicht mehr zurate ziehen kann, weil man ihn nicht mehr unnötig mit Sorgen belasten kann oder weil sein Denkvermögen nicht mehr mitspielt. Das Altern eines Freundes, mit dem man nicht mehr so reden kann wie früher, weil man Dinge laut brüllen muss, die man früher ganz im Stillen gesagt hat. Es ist schwer zu akzeptieren, dass Unterhaltungen zu Banalitäten, leerem Optimismus und Bedeutungslosigkeit zerfallen.[67]

Es stimmt – früher konnten wir Dinge tun, zu denen wir nun nicht mehr in der Lage sind, und heute können wir Dinge tun, die wir in einigen Jahren nicht mehr können. Aber das Gute ist, dass wir nicht unbedingt weniger leben müssen, nur weil wir anders leben. Bei allen Beschränkungen sollten wir nicht übersehen, was wir immer noch *können*. Lassen Sie uns nicht versäumen, Gott zu bitten, uns heute und in der Zukunft zu führen. Und ja, es wird eine Zukunft geben!

Denn ich allein weiß, was ich mit euch vorhabe: Ich, der Herr, werde euch Frieden schenken und euch aus dem Leid befreien. Ich gebe euch wieder Zukunft und Hoffnung. (Jeremia 29,11)

Rufe zu mir, dann will ich dir antworten und dir große und geheimnisvolle Dinge zeigen, von denen du nichts weißt! (Jeremia 33,3)

Wir können das Älterwerden auf verschiedene Weise angehen. Eine Möglichkeit ist, sich ganz fest an die Vergangenheit zu klammern. Eine weitere Möglichkeit ist, sich zurückzuziehen und teilnahmslos zu werden. Eine dritte Möglichkeit ist, das Leben ganz auszuschöpfen, was auch immer dazugehört. Dazu gehört, in der Gegenwart zu leben und aktiv zu bleiben. Man kann immer noch Ziele haben, auch wenn man seine Ziele an die neue Lebensphase anpasst. Man kann wieder ganz neu Lebenssinn schöpfen, der daraus entspringt, dass wir durch unser Leben das Reich Gottes weiterbringen können. Paul Tournier schreibt über diese Lebensphase:

Mit Jesus zu leben bedeutet, dass ich mein Leben bis ins kleinste Detail im Licht Jesu betrachte. Es bedeutet nicht, mich von der Welt abzukoppeln und nicht mehr auf das zu achten, was jetzt gerade ansteht und was dem Leben einen irdischen Sinn gibt. Ich muss diesen vergänglichen Lebenssinn nicht leugnen oder mich ihm widersetzen, sollte aber einen transzendenten Lebenssinn vom vergänglichen Lebenssinn unterscheiden können. Wo führt Gott in den Abläufen meines Alltags?[68]

Zum Älterwerden gehört, sich von der Vergangenheit lösen und sich der Gegenwart und Zukunft widmen zu können. Es bedeutet, sich für das Leben heute und die Zukunft zu entscheiden, eine Zukunft, die ewig währen wird.

Tsunami-Hund

Andauernd gibt es Katastrophen. Wir erleben Erdbeben, Tornados, Orkane und Tsunamis, um nur einige zu nennen. Einige Katastrophen kommen von Menschenhand, wie der Bombenangriff in Oklahoma City im Jahr 1995 oder der Terroranschlag auf amerikanischem Boden am 11. September 2001, während andere die Folge der tobenden Natur sind. Ich war einer der Seelsorger, die den traumatisierten Menschen nach den Angriffen in New York am 11. September halfen, und ich habe mehrere der Betroffenen der Amokläufe, die wir in den letzten Jahren in den USA erleben mussten, seelsorgerlich begleitet. Ich habe das Böse gesehen, das der Mensch anrichten kann. Ich habe auch die Zerstörung erlebt, die Stürme anrichten können, zum Beispiel der Hurrikan Katrina. Ich weiß also, wozu die Natur in der Lage ist. Erlebnisse dieser Art hinterlassen einen Eindruck auf uns, der viele Jahre anhält. Die Geschichten, die nach derartigen Unglücken in den Nachrichten erscheinen, berichten gewöhnlich von Tod und Zerstörung. Doch ab und zu gibt es auch eine Geschichte, die von Hoffnung zeugt und uns vielleicht sogar zum Lächeln bringt. Das ist der Fall bei der Geschichte über den „Tsunami-Hund“.

2004 brach ein Tsunami über Thailand herein, verursacht durch das zweitgrößte Erdbeben, das je auf der Richterskala gemessen wurde (9,1). Es hielt acht bis zehn Minuten an und kostete mehr als 230.000 Menschen in 14 Ländern das Leben. Mit der Zeit wurden die Redakteure der amerikanischen Nachrichtenagentur all der tragischen Geschichten überdrüssig und forderten einige positive Nachrichten. Nach so viel Zerstörung und Verlust mussten die Menschen auch mal wieder etwas Gutes hören. Ein Reporter fand daraufhin die folgende Geschichte über einen zotteligen Hund namens Salnakumar.

In Chinnakalajset, einem kleinen Fischerdorf an der indischen Küste, kamen 20 Prozent der Bevölkerung durch die Wellen um. Salnakumar, ein kleiner, dürrer Hund, gehörte einem Fischer, der drei Söhne hatte, die drei, fünf und sieben Jahre alt waren. Der Hund hatte eine besonders enge Beziehung zum ältesten der Jungen, Dinakaran, und die beiden waren nun schon seit fünf Jahren zusammen. In diesem armen Dorf gab es kaum genug zu essen für die Familie, also musste der Hund selbst für seine Ernährung sorgen. Fischreste und eine gelegentliche Ratte machten den Großteil seiner Kost aus.

In Indien gehören Fischer zu einer niedrigen Kaste, was bedeutet, dass sie vom Rest der Gesellschaft getrennt leben. In diesem Gebiet lebten sie in baufälligen Hütten nahe am Wasser. Außerhalb des Dorfes gab es einen Hügel, den man besteigen musste, um zur Hauptstraße zu kommen, und dort oben lebten die Reichen.

An dem Tag, als der Tsunami über sie hereinbrach, hörte die Familie ein ungewöhnliches Geräusch. Menschen riefen und schrien. Der Vater und die Mutter kletterten auf das

Dach ihrer Hütte, um besser sehen zu können, und waren schockiert über den Anblick, der sich ihnen bot. Das Meer war mit einem Mal zurückgegangen. Vor ihnen lag nur der Sand des Meeresbodens, und überall lagen Fische verstreut. Die Leute vom Dorf rannten herum und versuchten, so viele Fische wie möglich aufzusammeln. Doch dann sah Dinakarans Vater etwas, was ihm ungeheure Angst einjagte: Eine riesige Welle, nicht allzu weit weg, kam rasend schnell auf die Küste zugerollt. Dinakarans Vater schrie seiner Familie zu: „Rennt, rennt!"

Es wäre untertrieben zu sagen, dass panische Angst und Chaos herrschte. Selbst alte Menschen, die schon seit Jahren nicht mehr gerannt waren, strengten jeden Muskel an, um den Hügel hochzuklettern und sich in Sicherheit zu bringen. Einige Eltern schleppten ihre Kinder mit sich, während andere mehr um ihr eigenes Leben besorgt waren. Selbst die Tiere machten sich auf und davon. Viele, die auf die enorme Welle blickten, die das bevorstehende Unheil verkündete, wurden starr vor Angst.

Dinakarans Mutter nahm ihren Dreijährigen und Fünfjährigen mit sich. Während sie den Hügel hinauflief, rief sie Dinakaran zu, dass er ihnen folgen sollte. Doch das tat er nicht. Von Panik ergriffen lief er zu dem sichersten Ort, den ein Siebenjähriger kennt: nach Hause. Dort verkroch er sich unter dem Bett.

In dem allgemeinen Chaos, bei dem sich jeder auf den Hügel zu flüchten versuchte, hatten Dinakarans Eltern angenommen, dass ihr ältester Sohn ebenfalls auf den Hügel geklettert war und sich in Sicherheit befand. Doch das war nicht der Fall, und er war ganz und gar nicht in Sicherheit. In der Hütte war Dinakaran nicht allein unter dem Bett.

Sein Hund war ihm gefolgt. Allerdings verhielt er sich nicht ruhig. Er schnappte immer wieder nach dem Jungen und biss in seine Kleidung. Er versuchte, ihn unter dem Bett hervorzuziehen und ihn dazu zu bringen, aus dem Haus zu flüchten. Schließlich erwischte der Hund den Kragen des Jungen und zog kräftig daran. Dinakaran stand auf, und der Hund trieb ihn an, wie ein Schäferhund es mit seinen Schafen tut. Er schnappte nach den Fersen seines Herrchens, bis dieser die Nachzügler aus dem Dorf eingeholt hatte, die den Hügel hinaufkletterten.

Die Welle brach herein, und Dinakarans Eltern suchten verzweifelt nach ihrem Jungen. Als sie ihn endlich fanden, waren sie außer sich vor Glück. Sie hörten erstaunt zu, als er ihnen erzählte, wie der gelbe Hund darauf beharrt hatte, dass er den Hügel hinaufgerannt war. Das Herrchen war von der Herde abgekommen und hatte sich verirrt, also war der Hund ihm gefolgt und hatte ihn zurückgebracht.

Der Journalist, der diese Geschichte hörte, war zunächst skeptisch, doch nachdem er mit mehreren Augenzeugen gesprochen hatte, kam er zu dem Schluss, dass sie sich wirklich so ereignet hatte. Der Bericht über diese Geschichte erschien in so ziemlich jeder Zeitung der Welt und wurde in viele Sprachen übersetzt. Ein dünner, gelber, unscheinbarer Hund in einem kleinen Fischerdorf in Indien sorgte inmitten der schrecklichen Verwüstung des unvorstellbar grausamen Tsunamis für gute Nachrichten.[69]

Es gibt jemanden, der sogar für noch bessere Nachrichten gesorgt hat. Ähnlich wie der kleine Hund sein Herrchen suchte, um ihn in Sicherheit zu bringen, so hat Gott die Menschen der ganzen Welt aufgesucht, um sie in Sicherheit zu bringen.

Er bietet jedem, der seinen Sohn Jesus Christus als persönlichen Herrn und Retter annimmt, das ewige Leben an. So wie Dinakarans Mutter Tränen der Freude vergoss, als er gefunden wurde, und so wie ein Hirte sich freut, wenn er ein verlorenes Schaf gefunden hat, so freut sich auch Gott, wenn wir uns ihm zuwenden und sein Angebot der Liebe, Erlösung und Gnade annehmen.

Die Dorfbewohner brachten sich auf einem Hügel in Sicherheit. Ein anderer Hügel bietet Sicherheit für unsere Seele, dazu noch ewige Errettung für alle, die sich entscheiden, an Gott und seinen Sohn Jesus zu glauben. Dieser Hügel heißt Golgatha.

Wie *lieben* Sie?

Lieben Sie Ihren Hund? Bestimmt. Liebt Ihr Hund Sie? Vermutlich mehr, als Ihnen bewusst ist. Wir Menschen meinen zu wissen, wie man liebt, doch ist das wirklich der Fall? Unsere Liebe ist häufig verzerrt, oder sie ist eine Mischung aus echter und falscher Liebe, oder wir knüpfen unsere Liebe an bestimmte Bedingungen. Unsere Liebe ist selten ganz rein, weil es so vieles gibt, was der Liebe in die Quere kommen kann. Beispielsweise kann unser Kopf dazwischenkommen und unsere Liebe beeinträchtigen. Unser Gedankenleben kann den Fluss der Liebe blockieren. David Teems beschreibt das gut in seinem Buch *And Thereby Hangs a Tale* (wörtlich übersetzt „Und daran hängt eine Geschichte", gemeint ist in etwa „Davon ließe sich eine Geschichte erzählen"; Anm. d. Ü.).

> Ablenkungen [von der Liebe] kommen in vielerlei Form. *Denken* ist eine davon. Der menschliche Verstand hat eine schier endlose Kapazität, doch so viel er auch leistet, sosehr er sich auch als Maschine erwiesen hat, die so schnell und effizient ist, wie Räder sich drehen können, so kann er doch der schlimmste Feind in Herzensangelegenheiten sein.

Denken ist möglicherweise das größte Liebeshindernis. Liebe und Logik sind unvereinbar. Wir können uns nicht zur Liebe überreden oder sie wegdiskutieren. Der Verstand funkt nur dazwischen. Liebe nimmt einen ganz anderen Teil von uns in Anspruch als unser Verstand, einen gänzlich anders gearteten Bereich, einer, der näher am Göttlichen ist, näher an unserem Ursprung.

Es hat eine Zeit gegeben, in der Herz und Verstand miteinander vereint waren, in der sie absolut übereinstimmten, eine Zeit, in der das Herz über den Verstand herrschte, als der Mensch sein eigenes Herz verstand, als es keine Distanz zwischen ihm und seinem Ursprung gab, als das Herz noch das Machtzentrum darstellte. Damals konnte der menschliche Verstand mit voller Leistung arbeiten, weil er etwas Höherem untergeordnet war. Liebe war das Höchste. Das Herz war noch nicht etwas, was der Erlösung bedurfte.[70]

Unsere Erinnerungen und unsere Vergangenheit kommen der Liebe in die Quere. Das ist bei Ihrem Hund ganz anders. Wird er durch seine Erinnerungen vom Lieben abgelenkt? Wohl kaum. Denken Sie mal darüber nach:

Das Erinnerungsvermögen eines Hundes ist besser als das eines Menschen. Einige mögen diesen Punkt bestreiten, aber angenommen, es stimmt wirklich. Dann liegt das vielleicht daran, dass wir unsere Erinnerungen mit emotionalen Mühlsteinen belasten. Auf die innere Einstellung kommt es an. Ein Hund hat die Fähigkeit, sich ganz dem jetzigen Moment zu widmen, seine ganze Aufmerksamkeit auf diesen Augenblick zu lenken. Er ist bereit, sich ganz

dem Moment hinzugeben, weil der Moment alles ist, was für ihn existiert.
Da er dem Verstreichen der Zeit keine Beachtung schenkt, kann der Hund dem Leben sein volles Maß abgewinnen, seine grenzenlose Großzügigkeit, das, was wir uns selbst verweigern. Wenn ein Hund spielt, dann gibt er sich dem Spiel voll hin. Wenn er liebt, dann investiert er sich ganz und gar in die Liebe. In der Trauer hält er nichts zurück. So sehr ist der Hund im Besitz des Moments, dass er immer für alles bereit ist, was passiert, und diese Bereitschaft bringt die Zeit und ihre eigentümliche Hypnose, die sie auf uns ausübt, zum Schweigen.
Erinnerungsvermögen setzt voraus, zumindest ein wenig Zeitgefühl zu haben. Hunde freuen sich riesig, Menschen oder andere Tiere wiederzusehen, die sie früher einmal gekannt und geliebt haben, selbst wenn sie lange Zeit von ihnen getrennt gewesen sind. In Homers klassischer Geschichte „Die Odyssee" war Odysseus zwanzig Jahre lang von zu Hause weg. Sein Hund Argos ist inzwischen alt und schwach. Er kann sich kaum bewegen und liegt auf einem Düngerhaufen, als sein Herrchen zurückkommt. Er hat Flöhe und ist verwahrlost, doch als er die Stimme seines Herrchens hört, erkennt er sie sofort. Der Hund hat nicht mehr die Kraft, ihm entgegenzukommen, aber er wedelt mit dem Schwanz und legt seine Ohren zurück, von reiner Freude ergriffen. Odysseus muss eine Träne von seiner Wange wischen, damit er seine Identität nicht preisgibt. Dann stirbt der Hund, glücklich und erfüllt. (Unter uns gesagt: Ich hege die Vermutung, dass Homer einen Hund hatte.)
Für einen Hund ist die Vergangenheit nur insoweit von Bedeutung, als sie Angst oder Freude auslöst.

Sie und ich haben eine kompliziertere Einstellung zur Zeit als ein Hund. Hunde belasten sich nicht mit Erinnerungen, weder emotionaler noch anderer Art. Das erklärt vielleicht auch ihre außergewöhnliche Vergebungsbereitschaft.
Hunde leben wirklich so, als ob es kein Morgen gäbe. Das Leben wird auf eine Aufeinanderfolge von klar umrissenen Momenten reduziert. Das macht ihre Liebe reiner und ihren Glauben einfacher. Es prägt die Art, wie sie uns lieben. „Ich gebe dir *jetzt* alles, weil das *Jetzt* alles ist, was ich habe. Das *Jetzt* ist alles, was ich verstehe. Das *Jetzt* bestimmt mein Gedankenleben und lehrt mich, dich zu lieben."[71]

Jack London beschreibt in seinem Buch „Wolfsblut" die Liebe eines Hundes. Der folgende Abschnitt fängt auf wunderbare Weise ein, wie ein Hund durch die Liebe zu seinem Herrchen verwandelt wird:

> Wolfsblut war auf dem Wege, sein eigentliches Wesen zu finden. Etwas wuchs in ihm, obwohl er nicht mehr jung war, dehnte sich aus und entfaltete sich. Unbekannte Triebe und Empfindungen wurden lebendig, sein Betragen veränderte sich. ...
> Ja, Liebe hatte die Stelle der Neigung eingenommen, aber sie war auch das Senkblei gewesen, das die Tiefen seines Wesens berührt hatte, wohin die Neigung nie gedrungen war. Und aus diesen Tiefen war etwas Neues emporgestiegen: die Gegenliebe. Und die Liebe, die ihm gegeben wurde, gab er reichlich wieder. Scott war für ihn ein liebevoller, warmer, strahlender Gott, im Lichte seiner Liebe entfaltete sich Wolfsbluts Wesen wie eine Blume im Lichte der Sonne. ...
> Seine Liebe war mit einer stummen Verehrung vergleich-

bar, die sich nur in seinen Augen ausdrückte. Und blickte der Gebieter ihn dann und wann an oder sprach mit ihm, dann zeigte er eine Art linkischer Verlegenheit, als ob er mit sich kämpfte, seine Liebe zu äußern, aber unfähig war, es zu tun.[72]

Für Hunde ist Liebe nicht bloß ein Spiel. Ihnen ist es ernst. Deshalb ist das so ein herrliches Naturspektakel. Roger Caras hat geschrieben: „Ein Hund ist absolut aufrichtig. Er kann nichts vortäuschen."[73] Vielleicht ist das der eigentliche Grund, warum sie uns solche Freude machen: weil ihr Gedankenleben nicht so ein Wirrwarr ist, wie unseres zu sein scheint. Sie fordern nichts von uns außer uns selbst.

„Hunde täuschen einem nie Gefühle vor, weil sie ihre Gefühle nicht überspielen können."[74] Davon können wir uns etwas abgucken:

Hingabe ist kein Spiel für den Hund. Er nimmt es ernst. Er ist wachsam. Er weiß instinktiv, was Hingabe ist und warum sie so wichtig ist. Hingabe sitzt tief in ihm drin. Sie macht ihn zu dem, was er ist. Sie macht sichtbar, wie ehrfurchtsvoll die Natur ist. In der Hingabe eines Hundes kann man förmlich die Geschichte eines Schöpfers hören, der in allem, was er schafft, Stückchen von sich selbst versteckt und der sich vor allem durch eines auszeichnet: Liebe. Hinter allem, was er unternimmt, steht dieses eine. Es ist das eine, was sein Herz bewegt.
Ein Hund setzt keine Grenzen, wer seiner Liebe wert ist. Entschuldigen Sie meine Vermessenheit, aber ich würde sagen, dass der Hund ein radikales Christentum praktiziert, das überhaupt nicht auf die Person schaut. Die Liebe des Hundes

ist nicht von Vorurteilen oder Vorlieben gefärbt. Seine Liebe ist nicht politisch. Sie kennt weder Rang noch Stand. Er kann auf beiden Extremen des sozialen Spektrums mit der gleichen Aufrichtigkeit und Furchtlosigkeit, mit der gleichen Freude und Überschwänglichkeit lieben. Bettler, Prinz, Neureicher, alter Geldadel oder keinen Cent – das alles spielt für einen Hund genauso wenig eine Rolle wie für Gott.

Das bringt uns zurück zum Hund. Er ist von Freude geprägt. In der ganzen Schöpfung gibt es wohl kein Geschöpf, das ein solch intensiver Liebender ist wie der Hund, und möglicherweise gibt es auch kein Geschöpf, das glücklicher ist. Er ist ganz seinem Herrchen verschrieben. Für ihn ist Hingabe das Leben schlechthin. Er hat sein Paradies entdeckt.

Und er kennt seinen Erlöser. Er beobachtet ihn genau. Er sehnt sich nach ihm, wenn er abwesend ist. Manchmal sehnt er sich sogar nach ihm, wenn er anwesend ist. Selbst ein Hund weiß, dass ohne Anbetung dem Leben etwas Notwendiges fehlt, etwas, von dem die Natur selbst zeugt.[75]

Ohne Anbetung fehlt auch uns etwas.

Was haben Sie also von Ihrem Hund über Liebe gelernt? Und noch wichtiger: Was haben Sie über Liebe von Gott gelernt?

Liebe ist geduldig und freundlich. Sie ist nicht verbissen, sie prahlt nicht und schaut nicht auf andere herab. Liebe verletzt nicht den Anstand und sucht nicht den eigenen Vorteil, sie lässt sich nicht reizen und ist nicht nachtragend. Sie freut sich nicht am Unrecht, sondern freut sich, wenn die Wahrheit siegt. Liebe ist immer bereit zu verzeihen, stets vertraut sie, sie verliert nie die Hoffnung und hält durch bis zum Ende. (1. Korinther 13,4-7)

Wir sind in der Lage, Gott zu lieben, weil er uns zuerst geliebt hat. Vielleicht können unsere Hunde uns helfen, Liebe besser zu verstehen und ihr mehr Ausdruck zu verleihen.

Was machen Sie *beruflich?*

Wenn man erwachsene Menschen zusammenbringt, die sich noch nicht kennen, wendet sich das Gespräch früher oder später höchstwahrscheinlich der Frage zu: „Und was machen Sie beruflich?"

Wir reden viel über unsere Arbeit, unsere Aufgaben, unsere Ziele im Leben. Können Sie sich vorstellen, wie es wäre, einen Haufen Hunde zusammenzubringen und ihrem Geschwätz zu lauschen? Worüber würden sie sich wohl unterhalten? Vielleicht würde ihre Unterhaltung ungefähr so verlaufen:

„Und was macht ihr so beruflich?"
„Ich bin Hirte von Beruf. So wurde ich gezüchtet, und ich liebe es."
„Ich bin Kanalreiniger", erklärt ein Spaniel.
„Ich bin Manager."
„Ich bin Terrorist."
„Ich bin ein Spielzeugzwerg, und zwar ein ganz niedlicher!"

Hunde wurden für bestimmte Zwecke gezüchtet. Die verschiedenen Hunderassen haben alle bestimmte Ähnlichkeiten und Unterschiede. Ganz gleich, was für einen Hund Sie haben, er stammt vom gleichen Tier ab wie alle anderen Hunde auch, und zwar vom Wolf. Ganz genau: Geht man mehrere Tausend Jahre zurück, so war der Vorfahre Ihres Hundes ein Wolf. Der Wolf gehörte zu den ersten Tieren, die vom Menschen gezähmt wurden, und die Aufgabe des zahmen Wolfes bestand darin, ein Jagdgefährte zu sein. Von diesen Wölfen stammen mittlerweile ungefähr 400 Hunderassen ab.

Durch selektive Züchtung, von Menschen vorangebracht, gibt es nun Hunde, die liebend gerne schwimmen, und andere, die es nicht ausstehen können, wenn ihre Pfoten nass werden. Einige wurde speziell gezüchtet, um Wachhunde zu sein, wie Rottweiler und Deutsche Schäferhunde, während andere für die Jagd bestimmt waren, wie Retriever und Spaniels.

Hunde zu klassifizieren, ist nicht exakt wissenschaftlich definiert, doch allgemein gesprochen fallen Hunde in sieben Hauptkategorien. Kennen Sie sie? Hier sind sie: Jagdhunde, Laufhunde, Schäferhunde, Terrier, Arbeitshunde, Gebrauchshunde und Zwerghunde.

Jagdhunde haben bei der Jagd und Spurensuche schon immer eine wichtige Rolle gespielt. Jagdhunde, die sich in erster Linie nach Gerüchen richten, wurden darauf gezüchtet, Geruchsspuren zu folgen. Gewöhnlich haben sie kurze Beine, damit sie ihre Nase leichter nahe am Boden halten können. Ihre großen, flatternden Ohren funktionieren wie Fächer, die ihnen den Geruch ins Gesicht wedeln. Jagdhunde, die sich hauptsächlich nach ihren Augen richten, haben ein scharfes Sehvermögen und können die Beute schon von Weitem ausmachen. Ähnlich wie Menschen konzentrieren sich Jagdhunde teilweise so auf ihre Aufgabe, dass sie taub für andere Befehle werden, wenn sie auf der Jagd sind.

Was ist ein *Laufhund*? Wie der Name schon andeutet, bestand ihre Aufgabe ursprünglich darin, zum erlegten Wild hinzulaufen. Lassen Sie uns das noch etwas konkretisieren (auch wenn einige Leser vielleicht gar nicht so viel wissen wollen). Die Kategorie des Laufhundes kann in vier verschiedene Untergruppen eingeteilt werden: Setter, Vorstehhunde, Retriever und Spaniels. Setter setzen sich nur hin und starren das erlegte Wild an. Vorstehhunde gehen ganz nahe an die Beute heran und zeigen auf das Wild, indem sie die klassische Pose einnehmen, bei dem ein Vorderbein nach hinten geknickt ist, der Schwanz gerade steht und die Nase genau auf die Beute zeigt. Retriever spüren zunächst das Federwild auf und bringen es dazu, aufgeregt aufzufliegen, dann tragen sie das erlegte Wild zu den Schützen. Ihr Fell ist meist wasserabweisend. Auch Spaniels scheuchen Wildtiere auf und bringen sie zu den Schützen, ganz gleich, ob sich das Wild auf dem Land oder im Wasser befindet.

Einmal nahm ich Sheffield, meinen ersten Golden Retriever, mit auf Fasanenjagd. Ich musste ihm überhaupt nichts beibringen. Er suchte nach einem Fasan in dem klassischen Hin-und-her-Muster, und als der Fasan dadurch aufgescheucht wurde und hochflog, erlegte ich ihn. Sheffield fand sofort den toten Vogel, nahm ihn sanft ins Maul und brachte ihn mir. Sein Stolz stand ihm förmlich ins Gesicht geschrieben. „Ich hab's geschafft!", sagte seine Haltung. Bei einer anderen Gelegenheit war ich zusammen mit einem Freund in Nebraska auf der Jagd, und wir hatten einen schwarzen Labrador bei uns, der viel zu viel Energie hatte. Er lief uns voraus und scheuchte die Vögel so schnell auf, dass wir gar nicht dazu kamen, viele Schüsse abzufeuern. Am nächsten Tag ließen wir ihn eine Meile vor dem Jagdort aus dem Jeep, damit er seine überschüssige Energie ablaufen konnte. Als er dann an dem Feld ankam, wo wir jagten, scheuchte und sammelte er die Vögel perfekt. Retriever und Spaniel sind die Macher unter den Laufhunden. Gewöhnlich lieben sie es, nass zu werden und schwimmen zu gehen. Die meisten Laufhunde benötigen regelmäßige körperliche Betätigung, bei der sie sich verausgaben können. Hier ist eine kurze Liste von Laufhunden:

Setter: English Setter, Gordon Setter, Irish Setter, Irish Red and White Setter, Picardie Setter

Vorstehhund: Bracco Italiana (italienischer Vorstehhund), Brittany-Spaniel, English Pointer, Deutsch Kurzhaar, Deutsch Drahthaar, Ungarischer Vorstehhund, Portugiesischer Vorstehhund, Spanischer Vorstehhund, Weimaraner Drahthaar Griffon

Retriever: Chesapeake Bay Retriever, Flat Coated Retriever, Golden Retriever, Labrador Retriever, Nederlandse Kooikerhondje, Novaa Scotia Duck Tolling Retriever

Stöberhund: American Water Spaniel, Cockerspaniel, Clumber Spaniel, English Cockerspaniel, English Springer Spaniel, Feldspaniel, Sussex Spaniel, Welsh Springer Spaniel[76]

Laufhunde sind ideale Haustiere, weil sie sich gut trainieren lassen. Sie sind zum Gehorsam gezüchtet worden und stehen einem liebend gerne zu Diensten.

Hirtenhunde wurden vor mehreren Tausend Jahren von nomadischen Hirten in Asien gezüchtet. Die Hunde arbeiten entweder zusammen in einer Gruppe oder auch alleine. Diese Hunde brauchen viel Aktivität für Leib und Geist. Sie treiben alles vor sich her, was ihnen in die Quere kommt: Gänse, Schafe, Kühe und ja, auch Kinder!

Terrier können ziemlich heißblütig sein. Einige nennen sie sogar „kleine Terroristen“. Sie wurden darauf spezialisiert, Ungeziefer wie Ratten zu töten und kleine Beutetiere auszugraben. Sie sind Energiebündel, die sehr unterhaltsam sind, können aber auch temperamentvoll sein.

Arbeitshunde leisten wirklich Arbeit. In der Vergangenheit haben sie Karren gezogen, Wasserräder gedreht, Butterstampfer in Gang gehalten und sind an Bratenwender angebunden worden, um beim Kochen zu helfen.

Gebrauchstiere sind für einen ganz bestimmten Gebrauch gezüchtet worden. Einige fungierten als Wachhunde für Königshäuser. Bulldoggen wurden darauf gezüchtet, beim Erlegen wilder Bullen zu helfen. Sie wurden trainiert, anzugreifen und sich an dem Tier festzubeißen, ganz gleich, was das Tier machte! Viele Welpen dieser Hunderasse werden mit so riesigen Kiefern und Köpfen geboren, dass sie teilweise mit einem Kaiserschnitt auf die Welt gebracht werden müssen.

Zwerghunde sind natürlich keine echten Zwerge. Sie sind einfach etwas kleiner geraten, haben dafür aber eine umso größere Persönlichkeit. Diese Kleinen lieben es, verwöhnt zu werden. Sie wurden darauf gezüchtet, Gesellschaft zu leisten, und haben deswegen gerne ganz engen Kontakt zu Menschen.[77]

Dann gibt es noch eine weitere Kategorie: Mischlinge, auch als Bastarde und Köter bekannt. Diese Hunde sind nicht weniger bedeutend als die reinrassigen. Aus einigen Mischlingen werden sogar „Designer-Rassen" wie beispielsweise der Amerikanische Labradoodle (eine Mischung aus Labrador und Pudel) und der Cockapoo (eine Mischung aus Cockerspaniel und Pudel).

Genauso wie jede Rasse hat auch jede Hundekategorie ihre eigenen Charakteristiken und Eigenschaften. Ein anderes Wort dafür ist „Begabung". Wir „Hundediener" – was eine treffendere Bezeichnung ist als „Hundebesitzer" – haben ebenfalls eine Vielzahl einzigartiger Begabungen. Wir brauchen die verschiedenen Fähigkeiten der unterschiedlichen Hunde, genauso wie wir die verschiedenen Fähigkeiten unterschiedlicher Menschen in unserem Leben brauchen. In unseren Kirchen und Gemeinden finden wir ein Sammelsurium an Menschen mit verschiedenen Persönlichkeiten, Fähigkeiten und geistlichen Begabungen, die eine feste Gemeinschaft ergeben und dadurch viele Stärken zur Verfügung haben, die den Gemeindemitgliedern zugutekommen und ihnen helfen können, auch Menschen außerhalb der Gemeinde zu erreichen.

Es gibt unterschiedliche Gaben in der Gemeinde, aber es ist ein und derselbe Heilige Geist, der sie zuteilt. Es gibt verschiedene Aufgaben, aber sie sind alle dazu da, Jesus Christus zu dienen. Gott wirkt auf verschiedene Weise, aber es ist immer derselbe Gott, der in uns allen wirkt.

Wie auch immer sich die Gaben des Geistes bei jedem Einzelnen von euch zeigen, sie sollen der ganzen Gemeinde nützen. Dem einen schenkt er im rechten Augenblick das richtige Wort. Ein anderer kann durch den Geist die Weisheit Gottes klar erkennen und weitersagen. Wieder anderen schenkt Gott durch seinen Geist unerschütterliche Glaubenskraft und dem Nächsten die Gabe, Kranke zu heilen. Manchen ist es gegeben, Wunder zu wirken. Einige sprechen in Gottes Auftrag prophetisch; andere sind fähig zu unterscheiden, was vom Geist Gottes kommt und was nicht. Einige reden in unbekannten Sprachen, und manche schließlich können das Gesagte für die Gemeinde auslegen. (1. Korinther 12,7-10)

Was ist Ihre geistliche Begabung? Wie benutzten Sie sie? Was sind die geistlichen Begabungen Ihrer Familienmitglieder? Inwieweit ermutigen Sie sie, von ihren Gaben Gebrauch zu machen?

Gassi gehen

Gassigehen ist etwas, was ich jeden Tag mache, so eine Art Ritual. Es ist fast eine stillschweigende Übereinkunft, die ich mit meinem Hund habe. Diese Zeit ist uns beiden wichtig. Wir festigen dabei unsere Beziehung. Wenn ich es mal auslasse, habe ich das Gefühl, Shadow enttäuscht zu haben, was ein schlechtes Gewissen in mir weckt. Ist das nicht komisch? Vielleicht liegt es daran, dass ich weiß, wie viel es ihm bedeutet. Jeden Tag wartet er zu unserer normalen Zeit schon auf mich. Sein Maul zittert und sein Körper bebt richtig vor Aufregung, wenn er mich kommen sieht, um Gassi zu gehen. Er wippt, er winselt, er redet. Es scheint der Höhepunkt seines Tages zu sein – und vermutlich ist es das auch wirklich. Ich habe sogar gelernt, den Ausdruck „Gassigehen" nicht versehentlich zu verwenden, wenn er in Hörweite ist. Statt dieses Wort auszusprechen, buchstabiere ich es lieber, damit er nicht denkt, dass ich jetzt sofort mit ihm Gassi gehe. In letzter Zeit scheint er jedoch Buchstabieren gelernt zu haben!

Wenn es Zeit für unseren Spaziergang ist, lässt Shadow mich das wissen. Nachdem ich ihn aus seinem Garten gelassen habe, rennt er im Kreis, ein breites, wildes Grinsen auf dem Gesicht. Ich sage „Leine", und dann holt er die Leine und bringt sie mir.

Wenn ich sie habe, kann es etwas schwierig sein, sie an sein Halsband anzuklammern, da er vor Begeisterung nicht stillsitzen kann.

Und wie begeistert bin ich über das Gassigehen? Früher dachte ich, Gassigehen ist ja nur Gassigehen. Aber unsere gemeinsamen Spaziergänge haben mich verändert. Ich habe gelernt, wachsam zu sein. Warum? Weil es eine Katze gibt, die häufig in der Nähe unseres Hauses in den Büschen lauert. Einmal war ich gerade in Gedanken versunken, als Shadow die Katze sah. Sofort setzten sich 35 Kilo Hund rapide in Bewegung. Ich wurde von den Füßen gerissen und auf dem Boden hinter ihm hergeschleift. Und das Schlimmste daran? Zwei Nachbarn haben den ganzen Vorfall gesehen und erinnern mich nur zu gerne daran, wer an jenem Tag mit wem Gassi ging!

Einer der Vorzüge des Gassigehens ist die Bewegung, die man bekommt. Hund und Mensch bleiben dadurch beide in Form. An manchen Tagen gehen wir sehr schnell – sechs Kilometer in der Stunde. Bei einer solchen Geschwindigkeit dauert es meist nicht lange, bis mir Shadow einen bestimmten Blick zuwirft, der besagt: „Nun mach mal langsam. Ich will schnuppern und riechen und mein Revier markieren."

Eine Sache, die mir nicht unbedingt Spaß macht, ist es, diesen kleinen Beutel mit mir herumschleppen und Shadows Kotklümpchen auflesen zu müssen. Denken Sie daran: Je größer der Hund, umso größer der Haufen, den er macht. Es kann ziemlich peinlich sein, wenn ich einem Nachbarn zuwinke und vergesse, was ich da in der Hand halte. Inzwischen habe ich jedoch eine Lösung für das Problem gefunden. Und zwar lasse ich Shadow sein Geschäft *vor* dem Gassigehen verrichten. Er ist trainiert, das auf Befehl hin tun zu können. Ich sage entweder „klein machen" und halte einen Finger hoch, oder ich sage „groß machen" und halte zwei Finger hoch. (Ich habe meine Hunde dadurch trainiert, dass ich bei frischer Tat das Wort „groß" oder „klein" gesagt und die entsprechende Fingerzahl gezeigt habe. Es war reine Vorstellungsverknüpfung und relativ leicht, ihnen den Befehl beizubringen.)

Natürlich geht es beim Gassigehen nicht nur um mich. Fragen Sie sich, was Shadow von unseren gemeinsamen Spaziergängen hält?

Ich habe ihn gefragt: „Shadow, gefallen dir unsere Spaziergänge? Was hältst du von ihnen?" Hier ist seine Antwort:

> „Gassi gehen – klar, das liebe ich. Mal was anderes sehen. Das ist eine super Abwechslung von meinem Garten. Es kann teilweise ziemlich langweilig werden, immer in diesem alten Garten herumzuhängen. Das ist auch einer der Gründe, warum ich oft Löcher buddle und an Sachen herumkaue. Ich brauche eben Abwechslung. Ich brauche 'ne Pause. Oh! Was ist das für ein Geruch? Wow! Ein anderer Hund ist hier heute Morgen auch vorbeigekommen! Oh, tut mir leid. Das hat mich abgelenkt. Und genau deshalb gehe ich auch gerne so *laaaaaaangsam*. Mein menschlicher Kumpel geht manchmal einfach zu schnell. Ich möchte meine Nachbarschaft auskundschaften. Muss ich einfach. Ich möchte neue Gerüche aufnehmen und neue Anblicke genießen. Oh, jemandem ist da ein Stück Pizza auf den Boden gefallen! Mann, Salami und Champignons! Klasse! 'tschuldigung, wo war ich stehen geblieben?
>
> Man schenkt mir viel Aufmerksamkeit, wenn wir unterwegs sind, besonders wenn wir in eine neue Straße einbiegen oder zum Einkaufszentrum gehen. Oh, schau mal die Tauben da drüben! Die fang ich! Mist, jetzt sind sie mir

entwischt. Warum hat Norm nur so an meinem Halsband geruckt? ’tschuldigung, wo war ich stehen geblieben?

Ach ja, genau. He, diese Spaziergänge kommen ja nicht nur mir zugute. Meinem Diener tun die genauso gut. Ja, ich weiß, Norm hält sich für meinen Besitzer und denkt, er trainiert mich, aber in Wirklichkeit ist es anders herum. Ich sag dir, wie man ihn trainiert. Als Erstes habe ich ihm beigebracht, mir beim Spaziergehen immer auf den Fersen zu bleiben. Ich ließ ihn ein Ende meiner Leine an meinem Halsband anbringen und das andere Ende um seine Hand schlingen, damit er sich nicht davonmachen kann. Dann bin ich ganz langsam mit ihm die Straße entlanggegangen und an jedem Baum, Pfahl und Hydranten stehen geblieben, bis er begriffen hat, dass er unter meiner Kontrolle steht.

Klar, zunächst zog und zerrte er immer wieder an der Leine, aber davon habe ich ihn abgebracht, indem ich zwischen seinen Beinen durchhuschte und die Leine um seine Knöchel wickelte. Dann habe ich kräftig gezogen. Das hat ihm gar nicht gefallen. Wenn er versuchte davonzulaufen, habe ich mich auf alle vier Beine gestemmt und bin abrupt stehen geblieben. Mensch, das hat super funktioniert! Da ist er doch glatt auf dem Rücken gelandet. Das musste ich nur ein paar Mal wiederholen, und jetzt folgt er brav meiner Führung.

Und die Geschichte von wegen auf Befehl hin aufs Klo gehen? Ha, dass ich nicht lache! Glaub dem kein Wort. Ich habe ihm beigebracht, diese Worte zu sagen und diese dämlichen Handzeichen zu machen, damit er seinen Freunden etwas zu erzählen hat, während ich herumrenne.

Auf jeden Fall hat Spazierengehen meinem Menschen gutgetan. Inzwischen nimmt er sich richtig Zeit, seine Umgebung wahrzunehmen: die Tiere, Vögel, Katzen, Blumen und die sich verändernden Farben der Blätter an den Bäumen. Diesen letzten Punkt finde ich etwas merkwürdig, aber was soll ich sagen? So ist mein Mensch eben. Ständig redet er von Blättern.

Einer der großen Vorteile für ihn ist, dass er beim Gassigehen so viele neue Menschen kennengelernt hat. Ich ziehe Menschen nämlich wie ein Magnet an. Manchmal dauert unser Spaziergang dreimal so lange wie sonst, weil Norm anhält, um mit Leuten zu reden. Dagegen habe ich aber überhaupt nichts, weil ich dabei gewöhnlich eine dicke Umarmung und ein paar kräftige Streicheleinheiten bekomme. Das liebe ich.

He, gehst du auch mit deinem Hund spazieren? Vielleicht laufen wir uns ja mal über den Weg. Dann können wir zusammen spielen!"

Zu Fuß zu gehen, kann sehr unterschiedlich aussehen. Manchmal ist Gehen nur etwas Nebensächliches und teilweise ist es etwas ganz Bewusstes. In der Bibel kommen die Worte „gehen" und „wandeln" häufig vor. Haben Sie schon einmal in einer Konkordanz alle Verse nachgeschaut, in der „gehen" oder „wandeln" erwähnt werden? Es lohnt sich, das mal zu tun. Es wird Sie ermutigen. Hier sind ein paar Beispielverse:

Aber alle, die ihre Hoffnung auf den Herrn setzen, bekommen neue Kraft. Sie sind wie Adler, denen mächtige Schwingen wachsen. Sie gehen und werden nicht müde, sie laufen und sind nicht erschöpft. (Jesaja 40,31)

Wenn wir im Geist leben, so lasst uns auch im Geist wandeln. (Galater 5,25; Luther 1984)

Wandelt in der Liebe, gleichwie auch Christus uns geliebt und sich selbst für uns gegeben hat als Darbringung und Schlachtopfer, zu einem lieblichen Geruch für Gott. (Epheser 5,2; Schlachter 2000)

Seht nun darauf, wie ihr mit Sorgfalt wandelt, nicht als Unweise, sondern als Weise. (Epheser 5,15; Schlachter 2000)

... damit ihr des Herrn würdig wandelt und ihm in allem wohlgefällig seid: in jedem guten Werk fruchtbar und in der Erkenntnis Gottes wachsend. (Kolosser 1,10; Schlachter 2000)

Weiter nun, ihr Brüder, bitten und ermahnen wir euch in dem Herrn Jesus, dass ihr in dem noch mehr zunehmt, was ihr von uns empfangen habt, nämlich wie ihr wandeln und Gott gefallen sollt. (1. Thessalonicher 4,1; Schlachter 2000)

In diesen Versen wird uns verheißen, dass wir mit Gott gehen können, ohne müde zu werden. Wir werden aufgefordert, im Glauben zu „wandeln", Jesus durch unsere Lebensweise widerzuspiegeln und so zu leben, dass wir Gott „in allem wohlgefällig" sind. Der christliche Glaube ist ein Weg, eine Strecke, die wir zurücklegen müssen, und für diese Reise bietet uns die Bibel bestimmte Wegweiser. Die Art, wie wir unseren Weg bestreiten, zeigt, was für eine Beziehung wir zu Gott haben, und sie zieht andere zu ihm hin.

Wie sieht Ihr Lebensweg aus? Gehen Sie allein durchs Leben oder gehen Sie an Gottes Seite? Jesus war häufig unterwegs. Er ging mit seinen Freunden, er ging mit den Notleidenden, mit den Hoffnungslosen, mit den Ausgestoßenen. Und eines Tages ging er umringt von Menschen und Soldaten und religiösen Leitern. Er ging mit dem Kreuz auf dem Rücken. Er kam beim Gehen ins Stolpern, aber er kämpfte weiter, bis er kaum noch einen Fuß vor den anderen setzen konnte. Selbst als die Wächter einem anderen befahlen, das Kreuz für ihn zu tragen, ging Jesus weiter. Er gab nicht auf. Er hatte ein Ziel: Golgatha. Und er bestritt diesen Weg nicht für sich selbst. Er ging zum Kreuz für Sie und mich und alle Menschen. Sein Weg war der Weg der Erlösung. Ein entschlossener Weg. Ein Weg, der ein Geschenk für die gesamte Welt wurde.

Halleluja! Danke, Jesus, mein Herr!

Angeln gehen

Neulich habe ich mit einem Freund vom Ufer aus geangelt. Eigentlich bin ich mehr ihm zuliebe mitgegangen. Er war schon länger nicht mehr angeln. Sie müssen verstehen, er ist nicht mehr der Jüngste. Er ist nicht mehr so mobil, und er kann kaum noch hören. Als ich ihn fragte, ob wir zusammen zum See wollten, war er hellauf begeistert. Ich wusste, dass es ihm leichter fallen würde, vom Ufer aus zu angeln, als mit mir in meinem alten Boot zu sitzen, das ich dort liegen habe.

Als wir beim See ankamen, gingen wir einen alten, mit Unkraut bewachsenen Weg hinauf zum Damm, weil dort in letzter Zeit einige Barsche einen Schwarm gebildet hatten. Ich wollte so schnell wie möglich mit dem Fischen anfangen, aber mein Freund ließ sich Zeit. Er hielt mehrfach an, betrachtete die Blätter und nahm jedes Getier wahr, das sich in unserer Umgebung befand. Ich folgte seinem Vorbild und drosselte mein Tempo, um zu sehen, was ich mir entgehen ließ.

Als wir schließlich am Damm ankamen, setzten wir uns hin, und ich machte mich daran, die Angel über das abfallende Ufer auszuwerfen. Ich benutzte abwechselnd einen violetten Plastikwurm und einen mit einem Kunstköder bestückten, bleibeschwerten Haken. Mein Freund saß einfach nur auf einem Handtuch und begnügte sich damit, mir zuzusehen, wie ich ein Dutzend Barsche fing und wieder freiließ und dabei über belangloses Zeug plauderte. Vermutlich erzählte ich Geschichten, die er bereits kannte, aber daran störte er sich nicht, wie es andere tun. Dann und wann stand er auf, um sich einen Barsch, den ich gefangen hatte, näher anzuschauen. Er hat im Lauf der Jahre viele Fische gesehen. Beim Angeln vom Boot aus waren ihm sogar wiederholt welche ins Gesicht geklatscht, als ich sie an Bord hievte. Er ist mit alldem spielend fertiggeworden.

Während wir den knappen Kilometer zurück zum Auto gingen, fiel mir auf, wie viel langsamer er geworden war. Er schien müde zu sein, und es kostete ihn Mühe, wieder in den Wagen zu steigen. Ich sagte ihm, dass er sich auf dem Nachhauseweg einfach ausruhen sollte. Wir mussten nicht reden. Ich fragte mich, wie oft er noch in der Lage sein würde, mit mir angeln zu gehen. Irgendwie hatte ich angenommen, dass uns immer die Möglichkeit offenstehen würde, gemeinsam zu angeln. Haben Sie schon mal darüber nachgedacht? Die Menschen gehen stillschweigend davon aus, dass sich nichts verändern wird. Ich weiß, dass mein Freund eines Tages nicht mehr mit mir gehen kann. Auf diesen Tag freue ich mich ganz und gar nicht.

Mein Freund hat ein sehr gutes Auge beim Angeln. Er hat häufig Barsche nahe am Ufer oder neben einem Felsen entdeckt, die mir entgangen waren. Und er verliert den Fisch nicht aus den Augen, bis er gefangen ist. Das Tolle an ihm ist, dass er mir meistens die erste Chance anbietet, den Fisch zu fangen. Nur ab und zu wird er etwas ungeduldig mit mir und fängt ihn stattdessen selbst. Er hat auch eine verblüffende Fähigkeit, Flusskrebse und anderes Getier im Wasser zu entdecken.

Ich habe in unseren gemeinsamen Jahren viel von ihm gelernt, und ich habe immer noch von ihm zu lernen. Auch auf andere Weise hat mein Angelkumpel mein Leben berührt. Er kam ungefähr acht Monate nach dem Tod unseres Sohnes Matthew in mein Leben. Für meine Frau und mich war dieser neue Freund eine Quelle des Trostes, während wir unseren Verlust verarbeiteten. Doch wir waren nicht die Einzigen, denen er geholfen hat. Als meine Mutter einige Jahre später ihre letzten beiden Monate in einem Heim verbrachte, besuchte ich sie jeden Tag und nahm meinen Freund mit. Er baute eine so enge Verbindung zu meiner Mutter und den anderen Heimbewohnern auf, dass einige stundenlang im Eingangsbereich auf ihn warteten. Und wenn er dann kam, leuchteten ihre Gesichter, die meistens ziemlich ausdruckslos waren, hell auf und ein Lächeln kam hervor. Sie umringten ihn richtig. Seine sanfte Berührung und ruhige Gegenwart brachten Freude und Trost und hellten ihre eher eintönige Routine auf. Gewöhnlich lächelte er sie an oder legte seinen Kopf oder eine Pfote in ihren Schoß.

Manchmal habe ich ihnen Geschichten erzählt, wie sich mein Freund in meinem kleinen Gartenteich an Schildkröten oder Flusskrebse angeschlichen hat. Ich erzählte ihnen, wie er einmal seinen Kopf bis über beide Ohren in den Teich tauchte und ich ihm einen Schnorchel aufgesteckt und Fotos von ihm gemacht hatte. Sie lachten alle bei der Vorstellung, dass ein 35 Kilo schwerer Golden Retriever einen Schnorchel trug.

Ein Hund als Freund? Klar doch! Sheffield ist treuer, loyaler, geduldiger und lebensfroher gewesen als viele Menschen, die ich kenne. Und er ist es nie überdrüssig geworden, mit mir angeln zu gehen. Mein liebevoller Gefährte erkrankte an Krebs, doch nach seiner Behandlung schien es ihm wieder besser zu gehen. Dann kam Weihnachten, und nach den Festtagen wurde jeder Tag schwieriger für ihn.

Sein letzter Tag fing an wie jeder andere gewöhnliche Tag auch. Sheffield hob seinen Kopf, um sich umzublicken, senkte ihn dann aber wieder langsam und legte ihn auf den Boden ab. Er bewegte ein paar Mal den Schwanz zur Begrüßung, doch selbst das schien ihn enorme Anstrengung zu kosten. Als er sich schließlich doch noch erhob, stand er lange nur wie betäubt da. Später an dem Morgen rief ich ihn zur Eingangstür, um zu sehen, ob er die Zeitung holen wollte, was normalerweise zu seinem Tagesablauf gehört. Er machte ein paar schwankende Schritte und hielt dann inne, als ob er sich nicht sicher war, in welche Richtung er gehen sollte. Langsam schleppte er sich zur Zeitung, neigte den Kopf und hob sie auf. Er schaffte es gerade so zurück zur Tür, bevor er anhielt. Er schien der völligen Erschöpfung nahe zu sein. Dann wedelte er doch noch einmal mit dem Schwanz und legte die Zeitung ab.

Durch die Jahre hindurch hat Sheffield Tausende Male die Zeitung geholt, und er hat sie mir immer mit einem klar sichtbaren Gefühl des Stolzes gebracht. Manchmal, wenn er die Zeitung erreichte, blickte er erst einmal die Straße entlang, um zu sehen, ob ihm jemand bei seiner guten Tat zuschaute. Der einzige Tag, an dem er ein bisschen über seine Aufgabe murrte, war sonntags. An dem Tag wog die *Los Angeles Times* gewöhnlich mehr als drei Kilo! Doch er schaffte es immer, genau wie an diesem Tag. Allerdings waren wir uns beide schmerzlich bewusst, dass es sein letztes Mal sein würde.

An diesem Abend schickte ich ihn in den Garten hinaus, damit er sein Geschäft verrichten konnte. Als er nach draußen kam, legte er sich einfach hin und legte seinen Kopf auf seine Pfoten. Er schien unbeweglich zu sein. Ich ging nach draußen und half ihm zurück zum Haus. Er ließ sich mit einem Plumps auf der Veranda nieder, sein Atem war kurz und stockend. Meine Frau und ich dachten schon, dass er dort auf der Veranda sterben würde. Doch schließlich raffte er sich doch noch auf und ging in das Zimmer, in dem er normalerweise schlief.

Am nächsten Morgen hatte sich sein Atmen noch verschlimmert, und er konnte kaum ein paar Meter gehen. Solange ich zurückdenken kann, kam Sheffield immer zur mir ins Arbeitszimmer, während ich meine persönliche Andacht hielt. An diesem Morgen machte ich es anders herum. Ich brachte meine Bibel und meine Andachtsbücher in sein Zimmer, setzte mich neben ihn auf den Boden, legte eine Hand auf seinen Rücken, und dann las ich und betete. Es fiel mir nicht leicht, weil ich wusste, was bevorstand, aber gleichzeitig war es auch ein besonderer Augenblick.

Meine Frau und ich fanden es ratsam, mit ihm zu einem Tierarzt zu gehen. Wir legten Sheffield auf ein Handtuch und hoben ihn in den Wagen. Als wir beim Tierarzt ankamen, brachten zwei Arzthelfer eine Trage heraus, legten ihn darauf und brachten ihn in die Praxis. Wir warteten in einem der Zimmer, und es dauerte nur einen Augenblick, bis der Tierarzt zu uns trat und uns mitteilte, dass Sheffield dem Tod nahe war. Der Tierarzt sagte, dass er das Leben meines Freundes noch für kurze Zeit verlängern könnte, wenn wir das wollten. Wir sagten: „Nein, seine Zeit ist gekommen."

Sheffield und ich hatten schon mehrere Tage lang voneinander Abschied genommen, aber jetzt ging ich in das Arztzimmer, um mein endgültiges Lebewohl zu sagen. Ich weiß nicht, ob er noch bei Bewusstsein war oder nicht. Ein Schlauch steckte ihm im Hals, und es war offensichtlich, dass er innerhalb weniger Minuten dahinscheiden würde. Ich rieb ihm sanft den Rücken und den Kopf und verabschiedete mich.

Der 31. Dezember jenes Jahres war einer der längsten Tage

meines Lebens. Genauso wie die Erinnerungen an einen geliebten Menschen, der nicht mehr da ist, Tränen hervorrufen, tun es auch Bilder von Sheffield und Erinnerungen an ihn.

In stillem Gedenken an
River Pines Flame of Sheffield
3. September 1990 – 31. Dezember 2002

Während der Zeit meiner Trauer war ich mit so vielen verständnisvollen Freunden gesegnet. Die Blumen und Karten, die ich bekam, bestätigten, dass Sheffield das Leben von mehr Menschen berührt hatte, als ich mir bewusst gewesen war. Er hat mich gelehrt, was Freundschaft, Treue, Loyalität, Geduld und Liebe bedeuten.

Ich danke Gott, dass Sheffield ein Teil meiner Familie gewesen ist. Ich vermisse ihn immer noch sehr.

Träum weiter

Ihr Hund liegt auf dem Boden ausgebreitet, völlig sorglos, total weg. Sie fragen sich, wie er das schafft, so komplett abzuschalten und die Ruhe zu genießen. Und dann fängt es an. Ein leichtes Schütteln geht durch seine Hinterbeine, dann durch seine Vorderbeine. Sie zucken fast rhythmisch. Sie hören ein leises Knurren, das beinahe schmerzvoll klingt. Er schnappt mit dem Maul, und Sie stellen sich vor, wie er einen im Schlaf erschaffenen Hasen oder dergleichen jagt. Was geht da vor? Hundeträume. Ich habe mir schon immer eine Maschine gewünscht, die die Träume meiner Hunde auf einen Bildschirm projizieren kann. Im Schlaf folgen die Gehirnwellen eines Hundes so ziemlich dem gleichen Muster wie beim Menschen. Sie durchlaufen die gleichen Schlafstadien wie wir.

Einige Forscher sagen, dass es Hinweise gibt, dass Hunde von gewöhnlichen Hundeaktivitäten träumen. Studien zufolge fangen Hunde erst an, sich im Schlaf zu bewegen, wenn sie das Schlafstadium erreichen, das mit Träumen in Verbindung steht. Der Autor von *How Dogs Think* (übersetzt „Wie Hunde denken") schreibt:

Während des Traumstadiums scheinen diese Hunde die Aktivitäten nachzumachen, von denen sie träumen. Forscher haben herausgefunden, dass sich ein schlafender Vorstehhund im Traum sofort daranmacht, nach Wild zu suchen. Ein schlafender Springer Spaniel scheucht in seinen Träumen vermutlich einen imaginären Vogel, während ein träumender Dobermannpinscher vielleicht einen Streit mit einem Traumeinbrecher vom Zaun bricht.

Eigentlich lässt sich ganz leicht feststellen, wann ein Hund träumt. Dazu müssen Sie ihn nur beobachten, nachdem er eingenickt ist. Mit tiefer werdendem Schlaf wird auch sein Atmen regelmäßiger. Bei einem durchschnittlich großen Hund sollte der erste Traum nach ungefähr zwanzig Minuten beginnen. Man kann den Übergang daran erkennen, dass sein Atmen flacher und unregelmäßiger wird. Es kann komische Muskelzuckungen geben, und wenn Sie genau beobachten, können Sie vielleicht sogar sehen, wie sich die Augen Ihres Hundes hinter den verschlossenen Augenlidern bewegen. Die Augen bewegen sich, weil der Hund die Traumbilder ansieht, als befänden sie sich in der realen Welt. Augenbewegungen sind das Hauptmerkmal, dass man gerade einen Traum hat. Wenn Menschen aufgeweckt werden, während ihre Augen im Schlaf zucken – auch bekannt als REM-Schlaf – dann berichten sie fast immer, dass sie gerade geträumt haben.[78]

Träumen alle Hunde auf die gleiche Weise? Nein. Verschiedene Hundearten haben verschiedene Traummuster. Was meinen Sie, wer träumt häufiger – große oder kleine Hunde? Träumen einige Hunderassen mehr, weil sie sehr aktiv sind und mehr erleben als Hunde, die gewöhnlich den ganzen Tag herumsitzen oder -liegen? Ich habe keine Forschungen über Träume bei bestimmten Hunderassen finden können, aber es gibt einige Forschungen über die Größe des Hundes in Beziehung zu Träumen. Kleine Hunde träumen häufiger als große Hunde. Ein Zwergpudel beispielsweise träumt alle zehn Minuten, während ein großer Hund wie die Dänische Dogge oder der Irish Wolfhound durchaus ein, zwei Stunden Pause zwischen den Träumen haben können.

Manchmal sitze ich einfach nur da und schaue meinen beiden Golden Retrievern beim Träumen zu. Wenn einer von ihnen zuckt und stöhnt und winselt, als mache er gerade etwas ziemlich Heftiges oder Schreckliches durch, frage ich mich, ob ich eingreifen soll. Soll ich ihn aufwecken oder nicht? Soll ich ihn weiterträumen lassen? Meist denke ich mir, dass Träumen an sich ja nicht schadet, also lasse ich ihn weiterträumen.

Einmal, als Aspen wieder am Träumen war, sagte ich seinen Namen: „Aspen."

Keine Reaktion.

„Aspen", sagte ich etwas lauter.

Immer noch keine Reaktion.

Schließlich sagte ich mit lauter Stimme: „Aspen!"

Aspen zuckte zusammen. Er machte seine Augen auf und schaute sich um, als ob er sagte: „Was ist los? Ist irgendwas?"

Ich fand, dass er etwas verlegen aussah, auch wenn ich nicht genau weiß, ob sich Hunde überhaupt verlegen fühlen können. Dann schaute Aspen mich an, stieß einen Seufzer aus, rollte sich auf die andere Seite und schlief wieder ein.

Ähneln die Träume von Hunden auch in anderer Hinsicht menschlichen Träumen? Ja, das tun sie. Genauso wie bei uns hängt es vom Alter ab, wie viel sie träumen. Jüngere Hunde träumen viel mehr als ältere Hunde.[79] Wir träumen alle.

Manchmal erinnern wir uns an die Träume und andere Male nicht. Einige Träume sind angenehm, andere eher nicht so. Einige geben uns ein wohliges Gefühl, andere machen uns Angst. Manchmal wünschen wir uns, wir würden von einem geliebten Menschen träumen, der verstorben ist, und zu anderen Zeiten würden wir lieber nicht von ihm träumen.

Wir Menschen haben auch Tagträume. Was für Träume hegen Sie für Ihr Leben? Haben Sie Gott gebeten, Ihnen einen Traum zu geben, der erfüllend für Sie ist und ihm Ehre macht? Tun Sie es; das lohnt sich.

Es kann vorkommen, dass Gott zu uns durch Träume spricht. Das ist in der Bibel mehrfach vorgekommen, besonders im Leben von zwei Josefs: einer im Alten und einer im Neuen Testament (siehe 1. Mose 37 und Matthäus 1).

Teilweise wird unser Schlaf durch unsere Träume gestört. Falls das bei Ihnen häufiger der Fall ist, schlage ich Ihnen vor, ein kurzes Gebet zu sprechen, bevor Sie das Licht ausmachen, und dem Herrn Ihren Schlaf anzubefehlen. Bitten Sie ihn, zu Ihnen zu reden, beunruhigende Träume von Ihnen fernzuhalten und Ihnen die nötige Ruhe zu schenken. Sie können ein ähnliches Gebet sprechen wie dieses:

> Lieber Gott,
> wir danken dir für die Dunkelheit der Nacht, in der die Träume liegen. Führe uns näher an unsere Träume heran, sodass wir von ihnen genährt werden können. Gib uns gute Träume und Erinnerungen an sie, damit wir das Poetische und Geheimnisvolle an ihnen in unseren Alltag tragen können.
> Schenke uns einen tiefen und ruhevollen Schlaf, sodass wir erfrischt und mit genügend Kraft aufstehen können, um eine müde gewordene Welt wieder neu zu beleben.

Wir danken dir für die Beseeltheit, die uns die Sterne geben, die Würde des Mondes und die Schlaflieder, die uns die Grillen und Frösche zusingen.
Hilf uns, der Nacht wieder ihren gebührenden Stellenwert zu geben und sie als ein Heiligtum des Friedens zurückzugewinnen, ein Heiligtum, in der Stille wie Musik in unserem Herzen ist und das Dunkel ein Licht auf unsere Seele wirft. Gute Nacht. Träum was Schönes. Amen.[80]

Danach können Sie die folgenden Bibelverse laut lesen. Vielleicht wird es Sie überraschen, wie viel das ausmachen kann.

Dein Schlaf ist ruhig und tief; vor nichts brauchst du dich zu fürchten – auch nicht vor dem Unglück, das gottlose Menschen plötzlich trifft. Denn der Herr beschützt dich; er lässt dich nicht in eine Falle laufen. (Sprüche 3,24-26)

Darum kann ich beruhigt einschlafen, denn ich weiß: Gott beschützt mich. (Psalm 3,6)

Wenn ich nachts in meinem Bett liege, denke ich über dich nach, meine Gedanken sind dann nur bei dir. (Psalm 63,7)

Als quälende Sorgen mir Angst machten, hast du mich beruhigt und getröstet. (Psalm 94,19)

Ich kann ruhig schlafen, auch wenn kein Mensch zu mir hält, denn du, Herr, beschützt mich. (Psalm 4,9)

Gott redet durch Träume, durch Visionen in der Nacht, wenn tiefer Schlaf auf die Menschen fällt. Sie liegen da und schlummern, doch dann erschreckt er sie mit seiner Warnung, und sie hören aufmerksam zu. (Hiob 33,15-16)

George, die Pest

Eine Pest. Es gibt kein besseres Wort, um George zu beschreiben. Und überhaupt, wer nennt seinen Hund schon „George"? Er war echt eine Klasse für sich. Wenn er jemanden gernhatte, dann hatte er ihn so richtig gern. Und man konnte ihn durchaus auch gernhaben. Es war nur so, dass er etwas aufdringlich und nervig werden konnte, wenn er einen gernhatte. Er war harmlos, hatte aber nicht die besten Manieren und kein Verständnis von Grenzen. Ihm fehlte sozusagen der gesunde Hundeverstand. Er war ein Plagegeist – oder zumindest sorgte er für viele Plagen. Trotzdem kam man einfach nicht umhin, ihn gernzuhaben, auch wenn er die Art von Hund war, der man teilweise lieber aus dem Weg geht. Wenn er gerade schlief, versuchten wir, leise zu gehen oder uns auf Zehenspitzen an ihm vorbeizuschleichen, damit wir ihn nicht versehentlich aufweckten und er uns mit seinem unbändigen Enthusiasmus begrüßte.

Ich kann mich noch gut an mein erstes Erlebnis mit George erinnern. Es war in einem Freizeitheim, sehr idyllisch gelegen in der Nähe von Fallbrook, Kalifornien. Ich hatte ihn am ersten Abend kennengelernt und etwas mit ihm gespielt. Das war noch so eine Sache bei George: Man konnte ihn einfach nicht müde spielen, aber das ist ziemlich normal bei Hunden, die nach Tennisbällen süchtig sind. Der Tag darauf fing mit einem wunderschönen Morgen an, und ich genoss einen Spaziergang allein im Wald. Da fiel mir eine kleine Lichtung auf. Dort bemerkte ich einen Geruch, der nicht nur unangenehm war, sondern bis zum Himmel stank. Als ich näher kam, sah ich einen matschigen Haufen von irgendetwas auf dem Boden – und George wälzte sich darin. Zumindest glaubte ich, dass er es war. Am Abend zuvor war er ein hübscher Weimaraner mit einem üppigen, grauen Fell gewesen. Der Hund, der sich da vor mir im Matsch wälzte, hatte zwar auch noch ein bisschen Grau, aber zum größten Teil bestand er aus schwarzem, klebrigem Zeug. Und der Geruch, den er verströmte, war unerträglich.

Dann passierte es: George musste mich wohl gehört haben, denn er hielt inne, schaute sich um, sprang auf seine Beine und starrte mich an. Ich blieb stehen. Ich wusste, was er als Nächstes machen würde. Sein kurzer Schwanz wedelte, sein Körper bebte und er fing an, vor Freude zu winseln. Ich konnte förmlich lesen, was ihm durch den Kopf ging, und ich wollte mit dem stinkenden George nichts zu tun haben.

Ich drehte mich um und lief weg.

George lief auch.

Ich lief schneller.

George auch.

Bestimmt hielt er das für ein tolles Spiel. Zum Glück erreichte ich die alte Scheune zuerst. Ich rannte durch die Vordertür hinein, dicht gefolgt von George. Dann rannte ich aus der Hintertür hinaus und schloss sie schnell, lief um die Scheune herum und schloss auch die erste Tür. Ich konnte ihn immer noch riechen, aber zumindest war ich jetzt vor ihm sicher. Ich wusste, dass er mich gernhatte, aber das hieß noch lange nicht, dass ich so riechen wollte wie er!

Ich fand heraus, dass George auch ein vorzügliches Erinnerungsvermögen hat. Einige Monate später war ich wieder in dem gleichen Freizeitheim und erkundigte mich (mit gemischten Gefühlen): „Ist George eigentlich auch noch hier?"

„Klar", kam die Antwort. „Ich glaube sogar, dass er dich vermisst hat. Er wird sich freuen, dich wiederzusehen."

Ich sagte: „Oh, super", womit ich meinte: „Ich hoffe, dass er inzwischen gewaschen ist."

Eine der Besonderheiten dieses Freizeitheims war eine schmale Seilbrücke. Sie war vermutlich 60 Meter lang und führte über eine Schlucht, die ungefähr 25 Meter tief war. Die Brücke schwankte und ruckte etwas, wenn man langsam darüberging, aber eigentlich war sie ziemlich sicher. Wenn mehr als einer gleichzeitig über die Brücke ging, war es wichtig, im Gleichschritt zu gehen, das heißt, immer den gleichen Fuß zusammen aufzusetzen, um das horizontale und vertikale Schwanken unter Kontrolle zu halten. Je mehr man aus dem Gleichschritt kam, umso schlimmer wurde das Schwanken, wodurch es dann schwierig wurde, über die Brücke zu gehen.

An diesem Tag wurde die gewöhnlich sichere Brückenüberquerung zu einem gefährlichen Abenteuer. Ich war gerade mitten auf der Brücke, als ich zur anderen Seite hinüberblickte. Mein Herz sank. Da war mein alter Freund George wieder. Und er schaute glücklich drein – sein Schwanz wedelte, sein Maul stand offen, sein Körper bebte. Ich war mir sicher, dass er nichts von Seilbrücken verstand. Er sah mich und wollte mich begrüßen, und das war alles, was für ihn zählte. Er trat auf die Brücke und versuchte dann, in galoppartigen Sprüngen auf mich zuzurennen. Auf einer Seilbrücke ist Springen keine gute Idee!

Die Richtung, in die ich ging, hatte eine Steigung. George sprang noch schneller auf mich zu. Ich versuchte, umzudrehen und zurückzugehen, doch die Brücke hatte andere Pläne. Sie schwang, sie hüpfte, sie wand sich. Sie bewegte sich hin und her, hoch und runter. Ich konnte nicht mehr aufrecht stehen. Es war wie eine Mischung aus einem Erdbeben und einem Tornado. Ich fiel hin. Zum Glück fiel auch George. Er war nur noch ungefähr drei Meter von mir entfernt, und er machte einen richtiggehend panischen Eindruck. Seine Beine zappelten in alle Richtungen. Er versuchte aufzustehen, aber bei dem Schwingen und Hüpfen der Brücke funktionierte das nicht. Natürlich hatten wir inzwischen Zuschauer angelockt – die sich köstlich amüsierten. Um mich vor Georges freundlichem Angriff in Schutz zu nehmen, tat ich das Einzige, was mir unter den Umständen möglich war: Ich kroch auf allen Vieren von der Brücke herunter und ging zurück ins Haus. Das Letzte, was ich von George sah, war, dass er immer noch versuchte, auf seine vier Beine zu kommen.

Am Abend jenes Tages hatte ich wieder mit George zu tun. Die Männer schliefen auf Stockbetten in einer einfachen alten Schlafbaracke. George war mir den ganzen Tag lang nachgelaufen, weil er Aufmerksamkeit wollte. Bei Versammlungen lag er mir zu Füßen und schlief. Beim Mittagessen sabberte er mir auf die Schuhe. Wenn ich spazieren ging, stolperte ich manchmal fast über ihn. Doch nun war Schlafenszeit, und als ich mich oben auf das Stockbett legte und mich auf einen tiefen Schlaf freute, fühlte ich mich sicher vor ihm. Falsch gedacht.

Es war eine kalte Nacht, ziemlich kalt sogar. Doch in meinem Schlafsack war es angenehm warm. Richtig gemütlich. Für mich. Nicht für George. Der war draußen, und dort gefiel es ihm nicht. Er mochte es nicht, wenn ihm kalt war. Alle 45 Sekunden jaulte und meckerte er. Dann war Stille. Dann jaulte und meckerte er wieder. Das wiederholte sich zigmal, bis irgendein „weiser" Mensch ihn in die Schlafbaracke ließ.

Wie zu erwarten war, suchte er mich auf. Er kletterte auf das Bett genau unter mir, was zufällig leer war. Und dann war er still. Aber ihm war immer noch kalt. Woher ich das wusste? Weil ich auf meinem Bett lag und mich bemühte, einzuschlafen, es aber nicht konnte. Warum nicht? Wegen George. Alle 30 Sekunden zitterte er. Und nicht nur ein bisschen, sondern so richtig stark. Das gesamte Stockbett wurde durchgeschüttelt. Klar, ich wusste, dass ihm kalt war, aber trotzdem ... Nach einer halben Stunde, in der ich vergebens hoffte, dass ihm endlich warm werden würde, stand ich schließlich auf und brachte ihn zum Haupthaus, wo es schön warm war. Ich öffnete die Tür und ließ ihn hinein. Für diesen Tag hatte ich genug von George.

Können Sie das nachempfinden? Kennen Sie Menschen, die so ähnlich sind wie George? Manchmal haben wir genug von bestimmten Menschen. Sie sind aufdringlich und respektieren keine Grenzen, sie mischen sich ein und stören. Sie sind nervig. Das erinnert mich an die Beschreibungen einiger Menschen im Buch der Sprüche:

> *Für einen Traurigen Lieder zu singen ist so unsinnig, als würde man im Winter den Mantel ausziehen oder Salz in eine Wunde streuen. (Sprüche 25,20)*

Kennst du jemanden, der sich selbst für weise hält? Ich sage dir: Für einen Dummkopf gibt es mehr Hoffnung als für ihn! (Sprüche 26,12)

Wer einen anderen betrügt und dann sagt: „Ich habe doch nur Spaß gemacht!", der ist wie ein Verrückter, der mit tödlichen Waffen um sich schießt! (Sprüche 26,18-19)

Wenn jemand seinen Nachbarn frühmorgens mit lauter Stimme begrüßt, dann wird es ihm als Verwünschung ausgelegt. (Sprüche 27,14)

Wenn wir solche Bibelstellen lesen, schmunzeln wir vielleicht und denken: „Oh ja. Solche Leute kenne ich." Ich sehe sie als menschliche Versionen von George an. Doch vielleicht wäre es gut, wenn unser nächster Gedanke ist: „Ich hoffe, dass ich nicht wie George oder diese Leute bin! Ich hoffe, dass ich anderen nicht auf die Nerven falle." Und dann sollten wir darauf achten, dass wir den guten Vorsatz auch in die Tat umsetzen.

Versteckt oder *gefunden?*

Erinnern Sie sich daran, was Sie als Kind gespielt haben? Bestimmt haben Sie manchmal Verstecken gespielt. Es ist interessant, dass man sich bei dem Spiel versteckt, um gefunden zu werden. Einige Kinder können bei ihren Verstecken sehr kreativ sein. Wir Erwachsene sind teilweise ähnlich kreativ, wenn es ums Verstecken geht, und wenn wir ertappt werden, kann es ziemlich verheerend sein. Einmal war ich einer von mehreren Sozialarbeitern bei einer Klassenfahrt, und die Kinder wollten gerne „Jagd auf die Sozialarbeiter" spielen. Wir hatten fünf Minuten, um uns irgendwo auf dem Gelände zu verstecken, und dann machten sich 200 Schüler auf die Suche. Ich war fest entschlossen, mich nicht finden zu lassen, damit ich gewinnen würde. Ich ging hinter den Essenssaal, wo große Mülltonnen standen. Ich fand eine, die sowohl leer als auch sauber war. Eilig sammelte ich einige Zeitungen auf, kletterte in die Mülltonne und breitete die Zeitungen über mir aus, damit, falls jemand hineinsehen würde, es so aussah, als wäre nur Müll in der Tonne. Die Zeit verstrich. Ich hörte, wie die Kinder an mir vorbeiliefen. Einer öffnete den Deckel, sah aber nur „Müll" und ging weiter. Noch mehr Zeit verstrich, und ich war drauf und dran, herauszuklettern und mich zum

Siegerstand zu schleichen, als ich eine Tür hörte und sich Fußschritte näherten. Der Deckel hob sich und jemand (vermutlich der Koch) warf eine große Menge Essensreste in die Mülltonne. Ich blieb still, während der Abfall die Zeitungen durchtränkte und mich von Kopf bis Fuß bedeckte. Da wünschte ich mir, ich wäre gefunden worden! Ich sah wie Abfall aus. Ich roch wie Abfall. Ich hatte das Gefühl, ich sei selbst zu Abfall geworden.

Nachdem ich aus der Tonne geklettert war und mich gesäubert hatte, sah ich, dass mehrere andere Sozialarbeiter, die sich normalerweise sehr gut verstecken konnten, bereits gefunden worden waren. Ich fragte mich, wie das passiert war, bis mir ein Junge auffiel, der in der Nähe saß und seinen Arm um einen Spürhund gelegt hatte. Sowohl der Junge als auch der Hund grinsten, und ich wusste, dass sich niemand lange verstecken konnte, solange der Hund in der Nähe war.

Kürzlich habe ich ein entzückendes Buch entdeckt: *What My Dog Has Taught me About Life – Meditations for Dog Lovers* (übersetzt „Was mich mein Hund über das Leben gelehrt hat – Lektionen für Hundeliebhaber"). Einer der Hunde, von denen der Autor erzählt, ist ein Labrador namens Griffin. Der Autor zog Griffin 18 Monate lang als zukünftigen Blindenhund groß und musste dann den Trennungsschmerz durchmachen, als er seinen Liebling der Organisation für Blindenhunde zurückgeben musste. Doch dann bekam er einen Anruf, dass Griffin als Blindenhund nicht geeignet sei, weil er eine Hüftdysplasie habe, d.h. eine Fehlbildung der Knochen. Sie sagten, dass Griffin eventuell eingeschläfert werden müsse, wenn sich sein Zustand verschlimmerte. Als der Autor den Hund zu sich nach Hause holte, mussten seine Knochen wohl Kalk eingelagert haben, denn er lebte noch zehn Jahre, und das ganz schmerzfrei! Hier ist eine weitere Geschichte aus dem Buch, die Ihnen bestimmt gefallen wird:

Kleine Kinder verstecken sich gerne, um gefunden zu werden. Bei Hunden ist das anders. Sie verstecken sich, um *nicht* gefunden zu werden. Man muss nur ein bisschen Wasser in die Wanne lassen, ein paar Handtücher bringen und ein Hundeshampoo hervorholen, und – FLITZ! – Griffin verschwindet sofort und bringt sich in Sicherheit. Woher weiß er das nur?
Rufen. Schmeicheln. Befehlen. Das nützt alles nichts. Er kommt nicht. Man muss ihn schon suchen. Gewöhnlich versteckt er sich entweder unter dem Esstisch, in der hintersten Ecke des Wohnzimmers oder hinter Luci.
Widerwillig bis auf die Knochen zaudert Griffin, zieht sich zurück, rollt sich auf den Rücken mit den Pfoten über seiner Brust. Er sieht aus wie ein Haufen Elend, das von seiner hingestreckten, reumütigen Position aus um Gnade winselt. Armes Würstchen!
„Was ist denn daran so schlimm? Das ist doch nur ein Bad! Und du brauchst definitiv eines."
Dabei ist Griffin nach dem Bad immer bester Laune. Abgetrocknet, durchgeschüttelt, befreit rennt er durchs Haus. Und von irgendwo tief im Innern ertönt der zufriedenste Laut, der im Hundereich bekannt ist: „GGRAUUU!"
Griffin ist nicht der Einzige, der sich versteckt, um nicht gefunden zu werden. Auch ich neige dazu, mich vor meiner eigenen Badezeit zu verstecken. Wenn es in meinem Leben etwas schmuddelig wird und ich die Kontrolle verliere, ist die Versuchung groß, mich zurückzuziehen und zu verstecken.
Wir beide bevorzugen es, wenn das Leben bequem ist und alles vorhersagbar verläuft. Wir beide haben eine hohe Toleranz für persönliche Schmuddelei, ohne ein starkes Be-

dürfnis zu verspüren, uns zu reinigen. Wir beide kümmern uns gerne um unsere eigenen Sachen, ohne dass andere uns dazwischenfunken. Griffin hat kein großes Talent im Verstecken. Ich wünschte, ich könnte dasselbe über mich sagen.

Ich habe viele Ebenen, hinter denen ich mich verstecken kann – selbst gemachte Masken. Da müssen Sie nur mal Luci fragen. Sie wird Ihnen sagen, dass Maskenspiele oft nicht so amüsant sind wie beim Fasching. Sie hasst Masken – ihre eigenen und meine.

Irgendwie setzt sich immer wieder die Vorstellung in mir fest, dass mein wirkliches Ich nicht gut genug ist. Ich fühle mich zu unsicher, um mich aus meinem Versteck hinauszuwagen. Ich zweifle die Motive von jedem an, der mich mit etwas aufsucht, was einem Waschlappen gefährlich ähnlich sieht.

Das ist von Anfang an so gewesen. Die erste Frage, die an den ersten Menschen gerichtet wurde, lautete: „Wo bist du?" Adam, der sich versteckt hatte, um nicht gefunden zu werden, war erwischt worden. Das Beste, was ihm nach seinem verbotenen Snack passieren konnte, war, dass Gott ihm sagte: „Zeit für ein Bad, Adam! Du brauchst wirklich eines. Hör auf, herumzuschleichen. Wenn du erst mal wieder sauber bist, wird dir nach Tanzen zumute sein."

In Francis Thompsons bemerkenswertem Gedicht jagt uns der „Himmelshund" durch die Hallen der Zeit, erschnüffelt uns und klebt uns an den Fersen, während wir angsterfüllt vor Gott flüchten. Wir verstecken uns in der Dunkelheit. Dann, eines Tages, haben wir kein Versteck mehr, keine Maske, die wir uns aufsetzen können, und wir wenden uns unserem lebenslangen Verfolger zu. Der Himmelshund kommt auf uns zu, doch nicht um unsere Seele zu verschlingen, sondern um uns die Füße zu waschen und uns rein zu machen.[81]

Es war doch nur *gut* gemeint ...

Ich habe den Tag noch lebhaft in Erinnerung: Ich war auf einem College-Ausflug. Wir wollten ein Krankenhaus besuchen, und ich hatte eine weiße Hose an, die damals als „Segeltuchhose“ bekannt war. Ich hatte mehrere Studenten im Auto. Unterwegs holten wir uns einige Colas. Da ich der Fahrer war, konnte ich meinen Cola-Becher nicht in der Hand halten. Stattdessen hielt ich ihn mit meinen Zähnen fest. Wenn ich einen Schluck wollte, legte ich einfach den Kopf in den Nacken und ließ die Flüssigkeit in meinen Rachen träufeln. Das funktionierte eigentlich auch ganz gut, bis das Mädchen neben mir ihre Hand zu mir hinüberstreckte, so, als ob sie meinen Becher anstoßen und verschütten wollte. Ich reagierte, indem ich den Mund auftat und sagte: „Mach das ja nicht!“

Sie können sich vorstellen, was dann passierte. Als ich meinen Mund öffnete, fiel der Becher heraus, und der Inhalt mitsamt der Eiswürfel spritzte über meine weiße Hose. Ich war pitschnass, aber alle anderen im Auto amüsierten sich köstlich und lachten laut über meine Zwangslage. (Nach meinem Dafürhalten übertrieben sie es etwas mit dem Lachen.)

Als ich zum Studentenwohnheim zurückkam, zog ich als Erstes meine immer noch feuchte Segeltuchhose aus und zog eine neue, identische Hose an. (Ja, mir muss die Farbe und der Stil damals echt gefallen haben.) Ich erledigte ein paar Sachen auf dem Campus, bevor ich wieder zurück auf mein Zimmer ging.

Ich beschloss, die Studentenleben-Trümmer aufzuräumen, die überall herumlagen. Als ich in die Hocke ging, um einen großen Karton mit Papieren aufzuheben, hörte ich ein Reißen und spürte, wie etwas nachgab. Oh ja – ich hatte einen Riss in der Hose. Und nicht bloß einen kleinen, sondern einen Riesenriss. Ich konnte bereits die Kälte auf meiner Haut spüren. Der Schaden überstieg meine Flickkünste, also musste ich schon wieder eine neue Hose anziehen. Richtig geraten: Ich schlüpfte in meine dritte und letzte weiße Segeltuchhose. Ich dachte: „Zwei von drei ruiniert. Das reicht für einen Tag." Die dritte Hose war sauber und auch etwas größer, also musste ich mir keine Sorgen machen, dass sie zerriss.

Dann kam Beowulf. Er war ein großer, weißer Hund. Habe ich „groß" gesagt? Ich meine *kolossal!* Und er war überschwänglich freundlich. Niemand wusste, wo er herkam oder wer sein Besitzer war. Er gehörte einfach zum Campus. Er schien immer in der Nähe zu sein. Manchmal war er eingeladen, manchmal nicht. Er hatte ein ziemlich gutes Leben, da er ein geselliger, fröhlicher, freundlicher, extrovertierter Hund war. Wenn das Wetter warm war und das Seminar draußen auf dem Rasen stattfand, lud er sich selbst ein, setzte sich zu uns und lauschte, als sei er einer der Studenten. Gewöhnlich bekam er dabei zahlreiche Snacks und reichlich Aufmerksamkeit. Und Prüfungen musste er auch nicht ablegen. Wenn er so richtig Hunger hatte, wusste er sich zu helfen. In dem Fall platzierte er sich meist vor den Essenssaal und wimmerte (wer konnte dem widerstehen?) oder ging zu den Mülltonnen und wartete darauf, dass jemand mit Essensresten kam. Er war definitiv gut genährt!

Beowulf mochte mich, keine Frage. Wenn er mich sah, löste er sich von den anderen und kam auf mich zugerannt, um mich zu begrüßen. Das war ja meist auch völlig in Ordnung – nur heute nicht. Als ich aus dem Studentenwohnheim kam, sah ich ihn, und er sah mich. Er war im Schmutz gewesen. Er hatte im Schlamm gebadet. Ich konnte sehen, wie der Schlamm mindestens zwanzig Zentimeter hoch an seinen Beinen klebte. Zwischen uns lagen gut fünfzig Meter, und er lief sofort auf mich zu. Schlamm und Speichel flogen durch die Luft. Beowulfs Schwanz wedelte. Er freute sich riesig, mich zu sehen, und wollte mich mit seiner Liebe und Zuneigung überschütten.

Sonst ja, aber nicht heute!, dachte ich. Ich versuchte, mich vor ihm in Sicherheit zu bringen, aber ich war nicht schnell genug. Er raste auf mich zu und sprang mich an. Seine schmutzigen Pfoten drückten gegen meine Brust. Als ich von ihm zurückwich, rutschten seine Pfoten an mir herunter, an meinen Hosenbeinen entlang. Jetzt hatte ich auf jedem Hosenbein einen zehn Zentimeter breiten schwarzen Streifen, der sich von oben bis unten hinzog. Meine Segeltuchhose war schwarz-weiß.

Ich blickte den riesigen Hund an und schimpfte: „Wie konntest du nur?"

Er schaute mich an, als ob er sagen wollte: „Ganz einfach. Ich liebe dich und wollte dich begrüßen!"

Ja, er meinte es gut, aber die Folgen waren für mich katastrophal. Er machte sich glücklich davon, ohne sich auch nur im Geringsten bewusst zu sein, was er angerichtet hatte. Meine Freunde und Kommilitonen genossen den Vorfall mächtig und applaudierten dem vierfüßigen Ungeheuer sogar.

Beowulfs Reaktion erinnert mich daran, wie viele von uns es zwar gut meinen, aber trotzdem unerwünschte Ergebnisse erzielen. Wir wollen etwas Hilfreiches sagen, was aber dann die gegenteilige Wirkung hat. Ich versuche, den folgenden Spruch zu beherzigen. Finden Sie sich darin wieder? *„Wer viele Worte macht, wird sicher schuldig – darum hält der Kluge sich zurück." (Sprüche 10,19)* Frei übertragen könnte man es so formulieren: „Rede nicht so viel. Sonst trittst du nur ins Fettnäpfchen. Sei vernünftig und stelle das ständige Plappern ab!" Wir glauben vielleicht, dass unsere detaillierten Ratschläge genau das sind, was ein Familienmitglied oder Freund braucht, aber das ist nicht unbedingt der Fall. Weniger Worte sind häufig angebrachter, als ohne Ende zu reden. Das ermöglicht uns auch, vorher zu überlegen, was wir sagen, statt nur etwas gedankenlos auszuplappern. Hier sind noch mehr Weisheiten aus dem Buch der Sprüche:

> *Wenn kluge Menschen sprechen, wird Wissen begehrenswert; ein Dummkopf gibt nur Geschwätz von sich. (Sprüche 15,2)*

> *Jeder freut sich, wenn er treffend zu antworten weiß – wie gut ist ein wahres Wort zur rechten Zeit! (Sprüche 15,23)*

> *Ein weiser Mensch gibt Acht auf seine Worte, denn wer sich selbst beherrschen kann, ist vernünftig. Sogar einen Dummkopf könnte man für klug halten – wenn er sich nicht durch seine eigenen Worte verraten würde! (Sprüche 17,27-28)*

Die meisten von uns versuchen, durch das, was wir tun und sagen, hilfreich zu sein. Häufig meinen wir zu wissen, was für einen anderen am besten wäre. Doch wissen wir das wirklich? Es kann besser und sicherer sein, den anderen wissen zu lassen, dass wir zur Verfügung stehen, falls er oder sie Hilfe braucht.

Eine gute Frage, die wir dem anderen stellen können, ist auch etwas, was wir sagen oder für ihn tun können.

Ich bin ein Trauma- und Trauertherapeut. Ich bin viel mit Trauernden zusammen, gewöhnlich während äußerst schmerzvollen Zeiten in ihrem Leben. Viele haben mir nicht nur vom Schmerz ihres Verlustes erzählt, sondern auch von dem Schmerz, der dadurch ausgelöst wird, dass andere ihnen gegenüber unbedachte Worte gebrauchen oder meinen, die Lösung für ihre Situation zu wissen. Wenn jemand trauert, braucht und will er keine Lösung. Er braucht einfach nur Trost. Er braucht Menschen, die ihm geduldig zur Seite stehen, still bei ihm sitzen oder fragen, ob sie irgendetwas für ihn tun können. Wir müssen die Luft nicht unbedingt mit Worten füllen, wenn die Seele eines Menschen gerade schmerzt. Wir können ihm einfach Gesellschaft leisten. Wir können bei ihm sein. Also, bevor wir unsere guten Vorsätze in die Tat umsetzen, sollten wir Gott erst einmal um Weisheit und Führung bitten. Und dann können wir einen vorsichtigen Schritt wagen, indem wir den Trauernden fragen: „Was würde dir momentan am meisten helfen?" Die Antwort ist vielleicht einfach nur unsere liebende Gegenwart.

Das nächste Mal, wenn Sie es gut meinen und drauf und dran sind, etwas Voreiliges zu tun, denken Sie an Beowulf und meine weiße Segeltuchhose.

Hundewahrheiten oder Mythen?

Es gibt vieles, was über Hunde erzählt wird. Einiges davon ist wahr, einiges ist möglich, einiges sind Mythen. Letztgenannte Kategorie ist im Überfluss vorhanden, und viele Hundebesitzer glauben diesen angeblichen Informationen. Was ist mit Ihnen? Wir wollen uns einmal einige geläufige Aussagen anschauen und Ihr Wissen prüfen.

Hunde respektieren denjenigen, der sie am meisten füttert. Wahr, möglich oder falsch? Falsch. Die Beziehung zu Ihrem Hund basiert viel mehr auf Ihrer Führung als auf Ihrer Fütterung. Es ist die emotionale Verbindung, die Sie zu Ihrem Hund aufbauen, auf die es ankommt. Das heißt: Derjenige, der Ihren Hund am meisten trainiert, ist auch derjenige, der die Verbindung zu ihm knüpft. Deshalb sollte möglichst jedes Familienmitglied am Hundetraining beteiligt sein, damit der Hund zu allen eine Verbindung aufbauen kann.

Hunde haben keine Gefühle. Haben Sie Ihren Hund „Mr Spock" getauft? Ist Ihr Hund ein Roboter? Ihr Hund ist genauso ein Lebewesen wie Sie. Hunde haben Emotionen und Gefühle. Sie verspüren Liebe, Ärger, Frust, Verzweiflung, Depression und Hoffnung, um nur einige Emotionen zu nennen. Ich habe einige Hunde kennengelernt, die ihre Gefühle besser im Griff haben als manche Menschen.

Hunde sind Tiere, also gehören sie nach draußen. Erstens ist ein Hund ein Rudeltier, also braucht er enge soziale Bindungen. Hunde leben gerne in Familien, nicht in Einzelhaft. Ihr Hund braucht Zeit mit Ihnen und Ihrer Familie, drinnen und draußen. Hunde, die ohne diesen engen Kontakt leben, können labil und aggressiv werden.

Hunde brauchen viel Platz, und größere Hunde brauchen mehr Platz als kleinere. Stimmt nicht. Einige kleine Hunde brauchen mehr Bewegung als größere. Sie selbst sind vermutlich wählerischer als Ihr Hund, wie viel Raum Sie brauchen und wo Sie leben wollen. Große Hunde können in einer kleinen Stadtwohnung leben, solange sie trotzdem Bewegung bekommen und Zeit mit Ihnen verbringen können. Ein Hund rennt lieber zwanzigmal einem Tennisball hinterher, den Sie für ihn geworfen haben, als dass er 2000 Quadratmeter Land ganz für sich alleine hat.

Einem alten Hund kann man keine neuen Tricks beibringen. Ältere Hunde sind wie ältere Menschen. Es kann etwas länger dauern als früher, und der Körper ist nicht mehr ganz so gelenkig, aber ältere Geschöpfe konzentrieren sich häufig besser aufs Lernen und können auf vergangenes Wissen zurückgreifen. Ein älterer Hund lernt vielleicht nicht ganz so schnell wie ein Welpe, aber man kann ihm immer noch praktisch alles an- oder abtrainieren.

Hunde, die schnell lernen, sind klüger als Hunde, die langsam lernen. Das stimmt! Lerngeschwindigkeit ist ein Indikator für Intelligenz, aber das ist nur einer von mehreren Indikatoren. Verschiedene Hunderassen und verschiedene Hunde nehmen Informationen verschieden schnell auf. Ein Hund, der schnell lernt, kann das Gelernte teilweise auch wieder schnell verlernen, und ein langsamerer Hund behält das Gelernte eventuell länger.

Wenn mein Hund mich liebt, tut er alles, was ich von ihm will. Selbst Menschen sind nicht so. Gehorsam ist mehr die Folge von Training als von Liebe. Es ist wichtig, Ihrem Hund beizubringen, sich Ihren Wünschen gemäß zu verhalten. Ich habe schon zu viele Menschen erlebt, die ihrem Hund beibringen, ungehorsam zu sein. Könnte es vielleicht die Folge von falscher oder inkonsequenter Erziehung sein, wenn Ihr Hund nicht kommt, sobald er gerufen wird? Wie läuft das ab? Angenommen, Sie rufen Ihren Hund und er kommt nicht. Sie rufen erneut, mit strengerer Stimme. Er kommt, aber wenn er bei Ihnen ankommt, schimpfen Sie ihn dafür aus, dass er nicht gleich beim ersten Mal gekommen ist. Nur verbindet Ihr Hund das Ausschimpfen nicht mit seinem anfänglichen Ungehorsam. Er denkt nur: „Warum sollte ich kommen? Dann werde ich ja nur ausgeschimpft."

Hunde richten Chaos an, wenn ihr Herrchen nicht da ist. Ja und nein. Die meisten von uns haben schon Geschichten über Hunde gehört, die das Innere eines ganzen Autos zerfetzt oder ein ganzes Haus auf den Kopf gestellt haben. So ein Hund ist nicht boshaft. Auch hat er kein „Zerstörungs-Gen". Ihm war einfach langweilig! Wenn Sie Ihren Hund längere Zeit allein lassen, ohne dass er etwas zu tun hat, dann passen Sie auf! Der wird nämlich schon eine Beschäftigung finden. Kinder sind häufig ganz ähnlich. Ein paar Euro mehr für Hundespielzeug auszugeben, ist viel billiger, als eine neue Couch oder einen neuen Esstisch zu kaufen.

Eine weitere Hilfe ist es, wenn Sie Ihrem Hund nicht im ganzen Haus freien Lauf lassen. Machen Sie ihm deutlich, was sein Territorium ist. Schalten Sie das Radio in seinem Bereich an, damit er bekannte Geräusche hat, wenn er alleine ist. Geben Sie ihm stabile, biegsame Spielsachen. Denken Sie daran, dass ein bellender, buddelnder, kauender Hund häufig ein gelangweilter Hund ist. Es kann helfen, einen zweiten Hund zu haben, damit sie sich gegenseitig Gesellschaft leisten und sich austoben können. Am besten ist, wenn sie von verschiedenen Würfen stammen und es einen Altersunterschied zwischen ihnen gibt. Welpen vom selben Wurf entwickeln eine sehr enge Bindung, und das kann es schwieriger machen, dass die Hunde eine enge Verbindung zu Menschen aufbauen. Empfehlenswert ist auch, die Hunde getrennt voneinander und außer Sichtweite des anderen zu trainieren.

Reinrassige Hunde sind nicht so intelligent wie Mischlinge. Das ist eine Vereinfachung. Es stimmt, dass einige Hunderassen so sehr durch Inzucht gezüchtet worden sind, dass sie einige unerwünschte physische und geistige Merkmale entwickelt haben. Doch wie ein Hundetrainer angemerkt hat: „Wann immer ein Hundebesitzer sein Tier dumm nennt, ist das fast ausschließlich auf einen Mangel an angemessenem Training zurückzuführen. Mangelnde Intelligenz des Hundes ist nicht das Problem, sondern mangelndes Trainingsvermögen des Menschen."[82]

Menschen sind nicht immun gegen falsche Vorstellungen. Männer glauben Mythen über Frauen. Frauen glauben Mythen über Männer. Wir glauben Mythen über Prominente, die wir im Internet oder in Zeitschriften lesen. Wir glauben Mythen über andere Religionen. Und möglicherweise glauben wir sogar Mythen über unseren eigenen christlichen Glauben. Woraus schöpfen wir unseren Glauben? Aus dem, was andere geschrieben, gesagt oder gepredigt haben? Möglich. Doch zum Glück gibt es eine Quelle für unseren Glauben, der wir vertrauen und auf die wir uns verlassen können, und zwar die Bibel, Gottes Wort. Und sie ist für jeden von uns genug:

Denn die ganze Heilige Schrift ist von Gott eingegeben. Sie soll uns unterweisen; sie hilft uns, unsere Schuld einzusehen, wieder auf den richtigen Weg zu kommen und so zu leben, wie es Gott gefällt. So werden wir reife Christen und als Diener Gottes fähig, in jeder Beziehung Gutes zu tun. (2. Timotheus 3,16-17)

Herr, wie kann ein junger Mensch leben, ohne schuldig zu werden? Indem er sich nach deinen Geboten richtet. Auch ich will dir treu sein; lass mich nicht von dem Weg abkommen, den du mir gezeigt hast! Tief präge ich mir dein Wort ein, damit ich nicht vor dir schuldig werde. Ich will dir danken und dich preisen, Herr! Lehre mich, deinen Ordnungen immer mehr zu gehorchen! Alle deine Anweisungen sage ich mir immer wieder auf. Ich freue mich über deine Gebote wie über großen Reichtum. Ich denke über deine Vorschriften nach und halte mich daran. Deine Gesetze machen mich glücklich; nie werde ich dein Wort vergessen. (Psalm 119,9-16)

Gottes Wort hat einen bestimmten Zweck. Es vermittelt *Wahrheit*, nicht Mythen. Es bietet Antworten, nicht Fragen. Es zeigt uns die beste Lebensweise. Wer sich nach dem richtet, was in der Bibel steht, kann gewiss sein, dass er der Wahrheit folgt. Lesen Sie die beiden Bibelstellen am besten gleich noch mal. Sie können sie sogar einen Monat lang jeden Tag laut lesen. Sie werden Ihnen ein Leben lang Gewissheit geben.

Ein *verwundeter* Heiler

Dies ist die Geschichte von Bucky, einem Golden Retriever, der ein verwundeter Heiler war. Er wurde trainiert, um ein Begleithund zu werden, doch sein vorheriger Besitzer hatte ihn häufig geschlagen und getreten, wodurch Bucky oft schwere Angstanfälle hatte. Er erwies sich als zu nervös und ängstlich für die Aufgaben, die man ihm zugedacht hatte, also brach man das Trainingsprogramm bei ihm ab.

In der Hoffnung, ihm helfen zu können, adoptierte ihn David Ebel, ein Mitarbeiter der Heilsarmee. Nach einiger Zeit nahm er Bucky mit, wenn er Patienten im Krankenhaus besuchte. David Edel beschreibt, wie sich Bucky entwickelt hat.

> Wir bekamen Bucky, als er acht Monate alt war. Als ich Bucky mit nach Hause nahm, machte ich mir Sorgen, weil er immer noch auf alles überreagierte, was ihm Angst machte. Selbst ein Blatt, das im Wind wehte, erschreckte ihn so sehr, dass er sich umdrehte und davonlaufen wollte.
>
> Als wir essen gehen wollten, suchten wir ein abseits gelegenes Selbstbedienungsrestaurant aus, in dem eine ruhige und entspannte Atmosphäre herrschte. Wir setzten uns an einen der Metalltische. Ich beschloss, es für alle so leicht wie

möglich zu machen. Also schlug ich vor, dass meine Frau mit den beiden Hunden sitzen blieb, während ich das Essen holte. Ich machte Buckys Leine am Arm des schweren Stuhls fest und versuchte meiner Frau deutlich zu machen, dass sie dort sitzen sollte, damit er sich sicher fühlte. Allerdings verstand sie nicht, was ich ihr sagen wollte, und setzte sich stattdessen auf einen anderen Stuhl. Bucky sah, wie ich von ihm wegging, und versuchte mir zu folgen, wodurch der Metallstuhl über den Betonboden schleifte. Das jagte ihm solch eine Angst ein, dass er sofort hysterisch wurde und von einer Panikattacke überrollt wurde. Er zog den Stuhl hin und her und schien zu glauben, dass er von dem Stuhl gejagt wurde, was alles nur noch schlimmer machte.

Ich lief zu ihm, hielt ihn fest und beruhigte ihn. Nach einer Minute oder so (die mir in Zeitlupe eher wie Wochen vorkam) kam einer der anderen Restaurantgäste, der gesehen hatte, was passiert war, und machte Bucky vom Stuhl los. In weniger als fünf Minuten hatte sich Bucky wieder beruhigt. In dem Moment wusste ich, dass er mich genauso brauchte, wie ich ihn brauchte. Zwischen uns war eine Verbindung entstanden.

Als wir auf dem Parkplatz der Heilsarmee in Escondido ankamen, führte ich Bucky vom Auto zum Gebäude, doch Bucky zog an der Leine und schien mich zum anderen Ende des Parkplatzes führen zu wollen. Ganz gleich, was ich sagte oder tat, er blieb so beharrlich, dass ich mich schließlich entschied, nachzuschauen, worauf er denn so fixiert war.

Als wir uns der anderen Ecke des Parkplatzes näherten, sah ich, dass dort unweit vom Eingang zum Sozialamt ein alter, verrosteter Pick-up stand. Bucky gab nicht nach, bis wir zur Beifahrertür herumgegangen waren und dort auf eine ältere Dame stießen, die gerade einige Lebensmittel in den Wagen lud.

„Entschuldigen Sie", sagte ich. „Ist mit Ihnen alles okay?"

„Sehe ich so aus, als wenn alles in Ordnung wäre?", kam die weinende Antwort.

„Ich bin David Edel, und meine Frau und ich sind Pastoren bei der Heilsarmee. Ich hatte das Gefühl, vielleicht gäbe es hier ein Problem."

„Nun, mein Mann, mit dem ich 38 Jahre lang verheiratet war, hat mich heute Morgen verlassen. Er hat mich nur kurz angerufen, um zu sagen, dass ich jetzt auf mich gestellt bin. Und das bin ich auch, und zwar zusammen mit unserem 35-jährigen, behinderten Sohn und ohne Geld auf der Bank. Das hat er alles abgehoben. Er hat das neue Auto mitgenommen und mir diesen alten Wagen dagelassen, der undichte Reifen und kaum noch Benzin im Tank hat. Und als ich die Bank anrief, um in Erfahrung zu bringen, wie viel noch auf dem Konto ist, wurde mir mitgeteilt, die Raten für das Haus seien die letzten drei Monate nicht bezahlt worden, und ich wurde gefragt, wann man mit einer Zahlung rechnen könne.

Dann habe ich den Energieversorger angerufen und dieselbe Geschichte gehört.

Ich brauche ein künstliches Kniegelenk und zwei Hüftgelenke, und ich habe keine Krankenversicherung. Ich kann schon seit fünf Jahren nicht mehr arbeiten. Was soll ich jetzt bloß machen?" Sie hielt einen Moment inne. „Was hat Sie überhaupt dazu gebracht, mit mir zu reden?", fragte sie dann.

„Mein Hund hat mich zu Ihnen geführt", erwiderte ich.

„Oh! Selbst die Hunde merken, dass ich verlassen bin!"

Wir taten unser Möglichstes, der Frau zu helfen, und ich dankte Gott dafür, dass Bucky mich zu ihr gezerrt hatte. Was für ein Zufall!

In den darauffolgenden zwei Monaten bemerkte Bucky noch zweimal ein Problem und machte mich auf jemanden aufmerksam, der große Not hatte und den ich sonst völlig übersehen hätte. Wohl doch kein Zufall. Eher eine von Gott gefügte Begegnung!

Ich habe viele Jahre lang Notfallhilfe bei Katastrophen geleistet. Als Feuerwehrseelsorger, Mitarbeiter in der Traumatherapie nach belastenden Ereignissen und schließlich als Einsatzleiter und Trainer war es mir wichtig, dass Bucky in der Lage sein musste, mit traumatisierten Menschen mitfühlen und ihnen Trost spenden zu können. Als Bucky zunehmend ein „Stammspieler" auf meinen Runden als Seelsorger wurde, zeigte sich, dass er die seltene Gabe hatte, die Nöte anderer intuitiv wahrzunehmen. Er schaffte es, seine normale Scheu zu überwinden und den Betroffenen viel Trost zu spenden.

Bucky wurde zu einem festen Bestandteil des Krankenhauses vor Ort, und die Ärzte, Pfleger, die anderen Mitarbeiter und Patienten schienen alle erpicht darauf zu sein, ihre „Bucky-Zeit" zu bekommen.

Eines Tages, als Bucky und ich gerade in der Abteilung für traumatisierte Patienten waren, bat mich der Chefarzt, noch einen Patienten zu besuchen, der ein Schädel-Hirn-Trauma erlitten hatte. Als wir ins Zimmer kamen, sahen wir schnell, dass dieser junge Mann in einem ziemlich schlimmen Zustand war. Obwohl sich seine Augen aufhellten, als er Bucky sah, bekam er nichts weiter zustande, als den Hund mit zwei Fingern zu berühren.

Mike hatte schwere Kopfverletzungen erlitten, als er zusammengeschlagen worden war. Die Chirurgen mussten einen Teil seines Schädels entfernen, damit sich die Schwellung zurückbilden und Heilung stattfinden konnte. Ich versprach, dass Bucky und ich in einer Woche wiederkommen würden.

Als wir am darauffolgenden Donnerstag zurückkamen, war gerade das Beatmungsgerät entfernt worden, und Mike flüsterte laut: „Könnten Sie ihn hier nach oben tun?“ Ich hob sanft Buckys Vorderbeine und legte sie aufs Bett. Das hatte ich schon häufiger mit ihm ausprobiert, doch bisher hatte sich Bucky jedes Mal geweigert, das Bett zu berühren. Doch dieses Mal schien er bereit zu sein!

Mike sagte zu Bucky: „Du bist so ein schönes Tier! Oh Gott, du hast ihn so schön gemacht. ... Wenn ich ihn sehe, kann ich wieder Hoffnung schöpfen. Danke, Gott!“

Dann sah ich, dass Bucky nicht mehr nur einfach an Mikes Bett gelehnt stand, sondern sich mit dem Vorderkörper ganz aufs Bett gelegt hatte; nur seine hinteren Zehen berührten noch den Boden.

Ich sagte zu Mike: „Das macht er zum ersten Mal. Sieht so aus, als wolle er mit Ihnen im Bett sein. ... Soll ich ihn wieder runternehmen?“

Mike sagte: „Nein! Bitte helfen Sie ihm hoch.“

Schon bald waren Bucky und Mike „Schmusekumpels“. Eine Dreiviertelstunde später nahm ich den lächelnden, schmusenden Bucky wieder von dem lächelnden, jedoch erschöpften Mike herunter.

Später bekam ich einen Anruf von einem Krankenhausmitarbeiter. Er erzählte mir, dass Mike ursprünglich geplant hatte, sich nach der Entlassung aus dem Krankenhaus umzubringen. Doch nachdem ich ihm erzählt hatte, dass Bucky etwas nervös war, weil er sich immer noch davon erholte, dass er misshandelt worden war, hatte Mike beschlossen: Wenn Gott Bucky heilen und gebrauchen konnte, dann sollte er aufhören, sich selbst wegen seiner Probleme zu bemitleiden und es lieber Bucky gleichtun. Mike beschloss, herauszufinden, wie er anderen helfen konnte.

Später begegneten wir Mike noch einmal, als er wieder ins Krankenhaus musste, damit der Teil, der von seinem Schädel entfernt worden war, wieder eingesetzt werden konnte. Mike und Bucky feierten ein lebhaftes Wiedersehen!

Wer hätte ahnen können, dass ein scheuer, junger, nervöser Hund die Berufung entdecken würde, andere zu ermutigen, die ebenfalls ein Trauma erlitten haben?[83]

Bucky war verwundet und traumatisiert, und das hat sich auf seine Persönlichkeit ausgewirkt. Doch aufgrund dieser Erlebnisse konnte er Mitgefühl und eine tiefe Sensibilität entwickeln. Jetzt hilft er anderen auf eine Weise, die nur ihm möglich ist. In Gottes Plan wird keine Krise, kein Verlust oder Trauma je verschwendet. Vielleicht haben auch Sie traumatische Erlebnisse gehabt. Wenn Sie von diesen Erlebnissen gelernt haben, versetzt Sie das in eine ideale Lage, anderen zu helfen. Der Apostel Paulus hat geschrieben:

Gepriesen sei Gott, der Vater unseres Herrn Jesus Christus, der Vater voller Barmherzigkeit, der uns in jeder Not tröstet! In allen Schwierigkeiten ermutigt er uns und steht uns bei, sodass wir auch andere trösten können, die wegen ihres Glaubens leiden müssen. Wir trösten sie, wie Gott auch uns getröstet hat. (2. Korinther 1,3-4)

Wie sind Sie durch Gott getröstet und ermutigt worden?

Wie sind Sie durch andere Menschen getröstet und ermutigt worden?

Wie könnten Sie andere trösten und ermutigen?

Anmerkungen

Begrüßung

1 Max Lucado: *The Applause of Heaven*, Word Publishing 1990, S. 182. Dt.: „Der Himmel applaudiert", Francke-Buchhandlung 2004.

2 Ebd., S. 183-184.

3 Ebd., S. 189-190.

Die Stimme des Herr(che)n(s)

4 Howard Macy: *Rhythms of Inner Life*, Chariot Victor 1999, Kapitel 1.

Immer der Nase nach

5 Frei nach Stanley Coren: *How Dogs Think*, Free Press 2004, S. 54-55. Dt.: „Wie Hunde denken und fühlen", Kosmos Verlag 2005.

6 David Baldacci: *Hell's Corner*, Grand Central Publishing 2010, S. 67. Dt.: „Der Auftrag", Bastei Lübbe 2014.

7 Coren: *How Dogs Think*, S. 73.

8 Frei nach Brad Steiger und Sharry Hansen Steiger: *Dog Miracles*, Adams Media 2001, S. 169.

9 Coren: *How Dogs Think*, S. 54-55.

10 Steiger und Steiger: *Dog Miracles*, S. 171.

11 Lloyd Ahlem: *Do I Have to Be Me?: The Psychology of Human Need*, Regal Books 1973, S. 76.

Haben Hunde Persönlichkeit?

12 Bonnie Bergin: *Bonnie Bergin's Guide to Bringing Out the Best in Your Dog*, Little, Brown & Co. 1995, S. 76.

13 Ebd., frei wiedergegeben, S. 73-77.

14 Ebd., frei wiedergegeben, S. 78.

Nach Hause finden

15 Frei nach Steiger und Steiger: *Dog Miracles*, S. 76-79.

Sie machen wohl Witze!

16 Brian Kilcommons und Sarah Wilson: *Tails from the Bark Side*, Warner Books 1997, S. 44-48.

17 Charles Swindoll: *The Finishing Touch*, Word Publishing 1994, S. 220.

Veränderung?

18 Frei nach A.W. Tozer: *The Knowledge of the Holy*, Harper Brothers 1961, S. 61-62. Dt.: „Das Wesen Gottes", Hänssler-Verlag 1985 und 1996.

19 Frei nach J.I. Packer: *Knowing God*, InterVarsity 1973, S. 68-73. Dt.: „Gott erkennen: Das Zeugnis vom einzig wahren Gott", Liebenzeller Mission 1977.

Verirrt und gefunden

20 Für weitere Informationen lesen Sie Patricia Dibsie: *Love Heels*, Yorkville Press 2003.

Friede ist möglich!

21 John Ortberg: *Love Beyond Reason*, Zondervan 2001, S. 170. Dt.: „Die Liebe, nach der du dich sehnst: Vom Kopf ins Herz – Gottes Liebe fühlen lernen", Projektion J 2001.

22 Ebd., S. 170-171.

Nichts Gutes im Schilde führen

23 Rebecca Currington: *Best Friends Forever – Me and My Dog: What I've Learned About Life, Love, and Faith from My Dog*, Bethany House 2010, S. 64-67.

Suchen Sie Nähe?

24 Currington: *Best Friends Forever*, S. 52-55.

Die stille, sanfte Stimme

25 Frei nach Steiger und Steiger: *Dog Miracles*, S. 39-41. Mit freundlicher Genehmigung.

Der streunende Hund

26 Currington: *Best Friends Forever*, S. 27.

27 Frei nach H. Norman Wright: *A Better Way to Think*, Revell 2011, S. 87-88.

Die Zehn Gebote: Teil 1

28 Richard Lederer: *A Treasury for Dog Lovers*, Howard Books 2009, S. 42.

Die Zehn Gebote: Teil 2

29 Lederer: *A Treasury for Dog Lovers*, S. 42.

Die Zehn Gebote: Teil 3

30 Lederer: *A Treasury for Dog Lovers*, S. 42-43.

Älterwerden

31 Frei nach Paula Payne Hardin: *What Are You Doing with the Rest of Your Life?*, New World Library 1992, S. 29-30. Dt.: „Vielleicht die besten Jahre überhaupt", Integral-Verlag 1995.

32 Paul Tournier: *Learn to Grow Old*, SCM 1971, S. 192. Dt.: „Die Chance des Alters", Herder Verlag 1985.

33 Rob Moll: *The Art of Dying: Living Fully into the Life to Come*, IVP 2010, S. 26.

34 Ken Gire: *The Reflective Life: Becoming More Spiritually Sensitive to the Everyday Moments of Life*, Chariot Victor 1998, S. 85-86.

Vom Wort durchtränkt

35 Frei nach Norman Wright: *What Men Want*, Regal Books 1996, S. 158-161.

Loyalität und Treue

36 Frei nach Albert Peyson Terhune: *A Book of Famous Dogs*, Triangle Books 1914, S. 84-87.

Das Wort „Hund"

37 *Canary Islands*, nachzulesen hier: http://www.ctspanish.com/communities/canarym/canary%20islands.htm. Zugegriffen am 1. Februar 2013.

38 Frei nach Lederer: *Treasury for Dog Lovers*, S. 5-17.

39 Lösungen: Dogleg, Hundstage, Hundepaddeln.

Verloren

40 Samsons Geschichte wurde Norm Wright von Don und Billie erzählt.

41 Fritz' Geschichte wurde Norm Wright von Martha erzählt.

Die Berührung des Herr(che)n(s)

42 Frei nach Linda Tellington Jones: *Getting in Touch with Your Dog*, Trafalgar Square Publishing 2001, S. 58. Dt.: „Tellington-Training für Hunde", Frankh-Kosmos Verlag 2010.

43 Ortberg: *Love Beyond Reason*, S. 56-58.

Ihr Stammbaum

44 Frei nach Lederer: *Treasury for Dog Lovers*, S. 73-77.

Wachhund oder bewachter Hund?

45 Frei nach Bergin: *Bonnie Bergin's Guide*, S. 30.

46 Frei nach Gary Rosberg: *Guard Your Heart*, Multnomah 1994, S. 15-17.

Erdbeben!

47 Frei nach Coren: *How Dogs Think*, S. 111-118.

Wer's glaubt, wird selig ...

48 Will Rogers: *The Dog Who Paid Cash, The Autobiography of Will Rogers*, Houghton Mifflin Company 1949.

49 Veronica Geng: *Canine Chateau, Love Trouble Is My Business*, HarperCollins Publishers 1988.

Freundschaft

50 Patrick Morley: *The Man in the Mirror*, Wolgemuth and Hyart 1989, S. 133.

51 Zitiert in Garber: *Dog Love*, Touchstone 1997, angeführt in Jeffrey Moussaief Masson: *Dogs Never Lie About Love*, Three Rivers Press 1998, S. 4. Dt.: „Hunde lügen nicht. Die großen Gefühle unserer Vierbeiner", Autorenhaus-Verlag 2010.

52 Frei nach Masson: *Dogs Never Lie About Love*, S. 4.

53 Voltaire: *Dictionnaire philosophique*.

54 Zitiert in Helen und George Papashvily: *Dogs and People*, angeführt in Masson: *Dogs Never Lie About Love*, S. 11.

55 Masson: *Dogs Never Lie About Love*, S. 11.

56 James Thurber: *Thurber's Dogs*, Fireside 1992, S. 205-206. Dt.: „So spricht der Hund", Rowohl-Taschenbuchverlag 1958.

57 Frei nach Morley: *Man in the Mirror*, S. 135-136. Mit freundlicher Genehmigung.

Machen Hunde sich Sorgen?

58 John Haggai: *How to Win over Worry*, Harvest House Publishers 1987, S. 16-17.

59 Gregory Jantz: *Overcoming Anxiety, Worry and Fear*, Revell 2011, S. 179.

Tanzende Hunde

60 M.R. Wells, Kris Young und Connie Fleishauer: *Paws for Reflection*, Harvest House Publishers 2009, S. 45-46.

61 Ken Gire: *The Divine Embrace*, Tyndale House 2003, S. 7-8.

Lieblingsgeschichten über Hunde

62 Jack London: *The Call of the Wild*, Crosset & Dunlap 1903, S. 150-151. Dt.: „Ruf der Wildnis", Reclam 2012.

63 Ebd., S. 169-170.

64 Ebd., S. 173.

65 Dick Dickinson: Paraphrase von 1. Korinther 13,4-8, Inner Community Counseling Center, Long Beach, Kalifornien.

Älter werden

66 Lorry Lutz: *Looking Forward to the Rest of Your Life?: Embracing Midlife and Beyond*, Baker Publishing Group 2004, S. 73-74.

67 Tournier: *Learn to Grow Old*, S. 174-175.

68 Ebd., S. 210-211.

Tsunami-Hund

69 Frei nach Susy Flory: *Dog Tales*, Harvest House 2001, S. 123-27.

Wie lieben Sie?

70 David Teems: *And Thereby Hangs a Tale*, Harvest House 2010, S. 153-154.

71 Ebd., S. 94-95.

72 Jack London: *White Fang*, 1906, Kapitel 20. Dt.: „Wolfsblut", List Taschenbuch 2009.

73 Roger Caras, *A dog is listening. The way some of our closest friends view us*, Touchstone 1993.

74 Jeffrey Masson: *Why We Cherish Dogs*, 1997. Nachzulesen hier: www.nikkicraft.com/doggies/masson.html. Zugegriffen am 22. Mai 2013.

75 Teems: *And Thereby Hangs a Tale*, S. 50-52.

Was machen Sie beruflich?

76 Die Informationen über Laufhunde entstammen der Website vom AKC, der Website des Westminster Kennel Club und Petwave.com.

77 Frei nach Lisa Mendoza, *Hi, It's Me, Your Dog*, Quill Driver Books 2000, S. 28-38.

Träum weiter

78 Coren: *How Dogs Think*, S. 298-299.

79 Ebd., frei wiedergegeben, S. 297-299.

80 Michael Leuing: *A Common Prayer*, HarperCollins 1991.

Versteckt oder gefunden?

81 Gary Stanley: *What My Dog has Taught Me About Life*, Honor Books 2007, S. 120-122.

Hundewahrheiten oder Mythen?

82 Frei nach Bergin: *Bonnie Bergin's Guide*, S. 47.

Ein verwundeter Heiler

83 Unterhaltung zwischen Major Ebel und Norm Wright.

Weitere Buchtipps

Phillip Keller
Was mein Hirtenhund mich lehrte
ISBN 978-3-86827-275-8
durchgehend vierfarbig
112 Seiten, gebunden

In diesem Buch erzählt Phillip Keller eine wahre Geschichte aus seinem Leben, die für ihn zu einem Bild für Gottes verändernde Kraft der Liebe geworden ist. In jungen Jahren baut er sich seine eigene Schaffarm auf Vancouver Island in Kanada auf. Als Hütehund erwirbt er einen Border Collie, ein wildes und misstrauisches Tier, zu dem er mit viel Geduld und Verständnis eine Beziehung aufbaut. Die Hündin Lass hat so manche Lektion zu lernen, bis sie Vertrauen zu ihrem Hirten fasst und mit Freude das auslebt, was in ihr steckt – Schafe zu hüten. Ein wundervolles Gleichnis dafür, wie der gute Hirte an uns und mit uns arbeitet, um das zu wecken, was in uns steckt.

Steffi Baltes
Die Schöpfung jubelt dir zu
24 geistliche Impulse aus der Natur
ISBN 978-3-86827-472-1
durchgehend vierfarbig
192 Seiten, gebunden

In diesem Geschenkbuch wirft Steffi Baltes einen Blick auf die Vielfalt unserer heimischen Tier- und Pflanzenwelt, die uns zeigt, wie wundervoll Gott die Natur geschaffen hat. Aber nicht nur das. Wir können auch von ihr lernen. In jedem Geschöpf finden wir etwas Besonderes, durch das der Schöpfer zu uns sprechen möchte.
In 24 geistlichen Impulsen, denen jeweils ein Bibelvers vorausgeht, wird ein spezielles Charakteristikum eines Tieres oder einer Pflanze vorgestellt, das uns in unserem Glauben inspirieren kann. Persönliche Beispiele ermutigen den Leser auf seinem Weg mit Gott.
Ein Buch für alle, die Tiere und die Natur lieben und dem Schöpfer aller Dinge (neu) nahekommen möchten. Eine Einladung, über das Geschenk der Schöpfung nachzudenken. Eine Anregung zum Freuen, Loben und Beten.